DECF
CORRIGÉS DU MANUEL

Contrôle de gestion

Épreuve n° 7

Collection Expert Sup
DECF

Manuels et Corrigés du manuel

Épreuve n°1, *Droit des sociétés*, France Guiramand et Alain Héraud.
  + Corrigés du manuel
Épreuve n°1, *Droit fiscal*, Emmanuel Disle et Jacques Saraf.
  + Corrigés du manuel
Épreuve n°2, *Relations juridiques*, Paulette Bauvert et Nicole Siret.
Épreuve n°3, *Organisation et gestion de l'entreprise*, Jean-Luc Charron et Sabine Sépari (Corrigés inclus dans le manuel).
Épreuve n°4, *Gestion financière*, Jean Barreau et Jacqueline Delahaye.
  + Corrigés du manuel
Épreuve n°5, *Mathématiques*, Rachid Zouhhad, Jean-Laurent Viviani et Françoise Bouffard (Corrigés inclus dans le manuel).
Épreuve n°6, *Comptabilité approfondie et révision*, Robert Obert.
  + Corrigés du manuel
Épreuve n°7, *Contrôle de gestion*, Claude Alazard et Sabine Sépari.
  + Corrigés du manuel

Cas pratiques

Épreuve n° 1, *Droit des sociétés*, France Guiramand.
Épreuve n° 1, *Droit fiscal*, Patrick Pinteaux et Charles-Édouard Godard.
Épreuve n° 2, *Relations juridiques*, Paulette Bauvert et Nicole Siret.
  + Corrigés
Épreuve n° 4, *Gestion financière*, Jean Barreau et Jacqueline Delahaye.
Épreuve n° 5, *Informatique*, Félix Jolivet et Gérard Reboul.
Épreuve n° 6, *Comptabilité approfondie et révision*, Robert Obert.

La collection **Expert Sup** :

- Des **Manuels** complets et à jour avec de nombreux exemples et des énoncés d'applications. Les **Corrigés** de ces applications sont publiés séparément.
- Des **Cas pratiques** avec corrigés commentés et rappels de cours.
- Des **Annales corrigées**, millésimées, comportant les sujets officiels actualisés et des corrigés commentés.

Claude ALAZARD
Agrégée d'économie et gestion
Professeur en classes préparatoires
au DECF

Sabine SÉPARI
Agrégée d'économie et gestion
Docteur en sciences de gestion
Maître de conférences à l'université
Paris XI-Orsay

DECF
CORRIGÉS DU MANUEL

Contrôle de gestion
Épreuve n° 7

4e édition

DUNOD

Ce pictogramme mérite une explication. Son objet est d'alerter le lecteur sur la menace que représente pour l'avenir de l'écrit, particulièrement dans le domaine de l'édition technique et universitaire, le développement massif du **photocopillage**.

Le Code de la propriété intellectuelle du 1er juillet 1992 interdit en effet expressément la photocopie à usage collectif sans autorisation des ayants droit. Or, cette pratique s'est généralisée dans les établissements d'enseignement supérieur, provoquant une baisse brutale des achats de livres et de revues, au point que la possibilité même pour les auteurs de créer des œuvres nouvelles et de les faire éditer correctement est aujourd'hui menacée.

Nous rappelons donc que toute reproduction, partielle ou totale, de la présente publication est interdite sans autorisation du Centre français d'exploitation du droit de copie (**CFC**, 20 rue des Grands-Augustins, 75006 Paris).

© Dunod, Paris, 1998
ISBN 2 10 003776 5
ISSN 1269-8792

Toute représentation ou reproduction intégrale ou partielle faite sans le consentement de l'auteur ou de ses ayants droit ou ayants cause est illicite selon le Code de la propriété intellectuelle (Art L 122-4) et constitue une contrefaçon réprimée par le Code pénal. • Seules sont autorisées (Art L 122-5) les copies ou reproductions strictement réservées à l'usage privé du copiste et non destinées à une utilisation collective, ainsi que les analyses et courtes citations justifiées par le caractère critique, pédagogique ou d'information de l'œuvre à laquelle elles sont incorporées, sous réserve, toutefois, du respect des dispositions des articles L 122-10 à L 122-12 du même Code, relative à la reproduction par reprographie.

Sommaire

Première partie
Le contrôle de gestion aujourd'hui

1. Le contrôle de gestion et le contexte de gestion : apparition et évolution — 1
2. Le contrôle de gestion et les formalisations des organisations — 3
3. Le contrôle de gestion et les domaines de la gestion — 7
4. Le contrôle de gestion, système d'information — 10

Deuxième partie
Les outils du contrôle de gestion

Sous-partie 1 : Les outils du calcul de coûts
5. Les coûts et la comptabilité analytique — 14
6. Le seuil de rentabilité — 31
7. Les coûts partiels : variables ou directs — 46
8. Le coût marginal — 57
9. L'imputation rationnelle des charges fixes — 66
10. Le calcul des coûts par la comptabilité par activités (ABC) — 79

Sous-partie 2 : Les outils de la gestion budgétaire
11. Planification et gestion budgétaire — 95
12. Centres de responsabilité et cessions internes — 96
13. Contrôle budgétaire du résultat et de l'activité commerciale — 109
14. Contrôle budgétaire de l'activité productive — 117
15. La gestion budgétaire des ventes — 132
16. La gestion budgétaire de la production — 139
17. La gestion budgétaire des approvisionnements — 151
18. La gestion budgétaire des investissements — 162
19. Le budget général et les états financiers prévisionnels — 182
20. Prévisions et maîtrise de la masse salariale — 190

Sous-partie 3 : De nouveaux indicateurs pour piloter la performance
21. Des essais de dynamisation des budgets — 200
22. Le surplus de productivité globale — 204
23. La gestion de la qualité totale — 211
24. Les tableaux de bord — 219
25. Le pilotage permanent de l'organisation : management par activités et méthodes des coûts cibles — 223

Troisième partie
La mise en œuvre du contrôle de gestion

26. L'organisation du contrôle de gestion — 232

Le contrôle de gestion et le contexte de gestion : apparition et évolution

LE CONTRÔLE DANS L'ORGANISATION

Idée directrice

Le contrôle de la gestion des entreprises est important et nécessaire mais il est difficile de délimiter tous les types de contrôle qui se superposent.

Termes à définir

Contrôle de gestion : ensemble des procédures et des systèmes d'information qui constitue :
– une aide à la décision,
– une aide à l'efficacité,
– une aide à la régularité.
pour contrôler la production et l'ensemble de l'activité d'une entreprise, pour s'assurer que les ressources ont été utilisées avec efficacité et efficience.

Éléments de réponse

1) Toute organisation a besoin de mettre en place des systèmes de contrôle de son activité.
L'auteur distingue trois types de contrôle selon leur champ d'action :
– *le contrôle organisationnel interne* correspond aux objectifs de l'entreprise. Il doit permettre de coordonner et d'évaluer les actions individuelles des acteurs par rapport aux objectifs de l'organisation dans son ensemble. Il consiste à répartir les tâches, à définir les rôles et à comparer les résultats pour éventuellement recentrer les actions ;
– *le contrôle de gestion* s'intéresse à la définition et à la mise en place des instruments de pilotage pour surveiller l'activité, ses résultats et aider aux décisions ;
– *l'audit interne* concerne les règles et les procédures mises en place pour gérer les ressources. Il doit établir si les procédures de contrôle élaborées par le contrôle de gestion existent et sont bien employées.

Contrôle organisationnel interne =	Contrôle de gestion =	Audit interne =
pour orienter les conduites, pour définir les règles d'accomplissement des actions choisies = règles d'exécution	pour choisir les actions et les moyens, et définir l'évaluation des résultats = règles d'évaluation + règles de décision	pour surveiller l'existence et l'application des autres règles = règles de surveillance
→	pour l'organisation ←	

2) Le contrôle de gestion est au cœur du fonctionnement de l'activité mais il est vrai qu'il existe des zones de superposition entre toutes les formes de contrôle apparaissant dans les organisations.

Le contrôle de gestion cherche à comparer les réalisations des actions menées aux objectifs fixés par l'organisation. Le contrôle de gestion doit donc définir les règles de choix des actions et mettre en place les méthodes pour suivre les résultats. Il traitera les informations recueillies pour calculer les écarts entre les réalisations et les prévisions. Le contrôle de gestion a besoin en amont du contrôle organisationnel interne pour définir les objectifs et en aval de l'audit interne pour surveiller l'application des procédures de contrôle.

2 Le contrôle de gestion et les formalisations des organisations

① L'ENTREPRISE SYSTÈME

Idée directrice

La démarche système s'applique tout à fait à l'entreprise et à toute organisation.

Termes à définir

Variété : dans l'approche système la variété est le nombre d'états différents que peut prendre le système.

Efficacité : une action ou une organisation est efficace si elle atteint le ou les objectif(s) assigné(s).

Éléments de réponse

1) L'environnement

- Il comporte plusieurs éléments appelés **événements.**
  Exemple : l'environnement de l'entreprise comprend des clients, des fournisseurs, des banquiers.
- Un événement est un ensemble **d'états** différents.
  Exemple : le client de l'entreprise peut avoir des besoins différents, des profils et des comportements divers.
- Les propriétés de l'environnement sont les relations entre les états et les événements.
  Exemple : parmi toutes ses banques, la banque B est le partenaire privilégié de l'entreprise. Si la relation est stable elle devient une **contrainte.**
- Si il y a plusieurs relations entre états et événements ce sont les **variétés** de l'environnement.
  Exemple : le fournisseur F de l'entreprise livre deux produits très différents quant aux caractéristiques et aux prix ; donc les négociations avec ce fournisseur varieront selon le produit.

L'environnement actuel, économique et technologique, qui est **COMPLEXE** et **incertain** pour toutes les entreprises, est appréhendé avec la systémique en fonction *de la nature et du nombre de variétés* qu'il peut avoir.

2) Les caractéristiques de l'entreprise système

- Comme tout système, l'entreprise est composée de sous-systèmes en interdépendance et hiérarchisés.
- Comme tout système, l'entreprise est ouverte sur son environnement.
- Comme tout système, l'entreprise est finalisée avec des objectifs hiérarchisés, fonction de l'environnement, du système et qui peuvent évoluer.
- Pour atteindre les objectifs, l'entreprise, comme tout système, met en place des procédures de (auto) régulation.

3) Le contrôle de gestion et l'information

- Le pilotage de toute entreprise requiert des décisions qui sont aidées et préparées par le système d'information.
- L'entreprise a besoin d'information sur son environnement mais aussi d'information sur son organisation interne ; *le contrôle de gestion est un de ces systèmes d'information internes.*
- Le contrôle de gestion doit permettre de mesurer les écarts entre les objectifs assignés au système et les réalisations ; pour juger de l'efficacité et pour aider à la régulation et donc au pilotage.
- La qualité de tout système d'information et du contrôle de gestion en particulier, dépend des *critères* qui sont choisis pour mesurer l'activité ; donc des *indicateurs qui constitueront les clignotants du pilotage.*
  Exemple : le coût de revient, les budgets de vente, les tableaux de bord quantitatifs.

② LES ANALYSES THÉORIQUES SOUS-JACENTES AU CONTRÔLE DE GESTION

Idée directrice

Les recherches en sciences de gestion et les enrichissements de la théorie des organisations font progresser la compréhension du contrôle de gestion et font évoluer son champ d'action.

Termes à définir

Cybernétique : science étudiant le comportement de régulation d'une machine ou d'un système par des rétroactions (feed-back) automatiques ou non pour lui permettre de s'adapter aux évolutions et d'atteindre son objectif.

Théorie de l'agence : théorie modélisant les relations entre des acteurs (au sein d'une organisation ou à l'extérieur) en fonction des mandats (contrats) passés entre eux et des coûts de ces contrats. Une relation d'agence se crée lorsqu'un agent agit comme représentant d'une autre personne dans un domaine décisionnel particulier.

Éléments de réponse

Deux conceptualisations dans deux domaines différents de l'organisation permettent d'approfondir l'analyse du contrôle de gestion :
- *le contrôle de gestion est un système d'information,* un tableau de bord comme un ensemble de clignotants pour mesurer, suivre, recentrer, modifier l'activité, les choix et les procédures de travail. **La théorie de l'information et la cybernétique** développent cette dimension ;
- *le contrôle de gestion permet de déléguer des responsabilités* à des ensembles de personnes, des groupes de l'organisation, de fixer des objectifs et d'évaluer leurs résultats. Cette forme de mandat est étudiée par la **Théorie de l'agence.**

a) Cybernétique

L'apport essentiel de cette approche réside dans la notion de régulation d'un système grâce aux informations qui permettent une rétroaction. Plus l'environnement sera complexe et incertain, plus les informations nécessaires pour réguler seront nombreuses, qualitatives et quantitatives, aléatoires et lointaines. Le contrôle de gestion est donc ce système de régulation, traitant une multitude d'informations pour aider le système de décision à rétroagir mais la cybernétique ne tient pas compte de l'expérience, des compétences des hommes et de leur irrationalité qui transparaissent dans le système d'information «contrôle de gestion».

Schéma 1

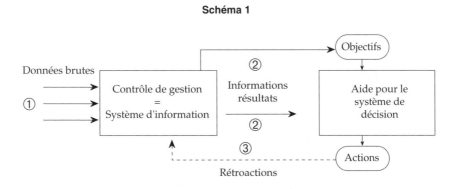

b) Théorie de l'agence

L'organisation est constituée d'acteurs qui passent entre eux des contrats. Des relations de mandats ou d'agence entre responsables et collaborateurs sont implicites ou explicites pour répartir et déléguer le travail. Le contrôle de gestion, au travers des contrats budgétaires correspond à cette notion de mandat et de surveillance.

Schéma 2

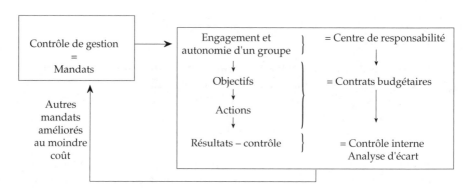

3 Le contrôle de gestion et les domaines de la gestion

① ÉVOLUTION DES ORGANISATIONS

Idée directrice

Les évolutions portent aussi bien sur les tâches et les procédures de travail, l'information et sa circulation, les qualifications et la responsabilité des acteurs de l'organisation.

Éléments de réponse

On passe d'une vision statique, taylorienne, cloisonnée, stable, rationnelle de l'organisation (éloignée de la réalité humaine) à une vision dynamique évolutive, instable, polyvalente, communicante et impliquant les acteurs. C'est une approche plus réaliste, intégrant de nombreuses variables quantitatives et qualitatives mais plus difficile à gérer car chaque organisation est contingente.

Extraits de l'article d'où est tiré le tableau

Vers de nouveaux modèles d'organisation et de gestion ?

Les capacités de réactivité au marché et la flexibilité sont devenues les maîtres-mots.
Les technologies de l'information constituent un outil indispensable pour tenter de diminuer les incertitudes liées au marché et communiquer en temps réel dans l'entreprise.
Les niveaux hiérarchiques sont réduits, les responsabilités sont décentralisées et les fonctions s'organisent en réseau.
Qualité et mobilisation du personnel tendent à devenir un atout central.
L'implication individuelle et collective devient décisive.

Évolution du contenu du travail
Enrichissement des tâches

L'opérateur intervient progressivement sur un processus global et non plus sur un poste particulier. L'attention s'est déplacée du travail individuel vers le collectif. Là où primait l'efficience de l'opération prime à présent l'efficience de l'inter-opérations.
Les échanges de rôle et de compétence sont fréquents, la complexité des techniques et la masse croissante d'informations ne pouvant en aucun cas être maîtrisée par une seule personne.
La polyvalence progresse à tous les niveaux, mais la liberté se trouve limitée par l'interdépendance. Une coopération fondée sur l'interaction non programmée des individus et des sous-ensembles de l'organisation apparaît de plus en plus nettement.
Enfin, il faut noter une diminution de l'effort et un plus grand confort grâce au développement des procédures, à la diminution des irrégularités et à la plus grande transparence des savoir-faire utilisés.
Les compétences sont transdisciplinaires.
On constate qu'il est demandé de plus en plus à de très nombreux salariés de tous niveaux de qualification, de manifester de nouvelles compétences telles que autonomie, responsabilité, communication, élaboration de projet…

Reconnaissance du rôle déterminant de l'homme

Le facteur de production absolument décisif est le savoir.

Ainsi, dans toute organisation, l'homme occupera une place centrale.

La matière grise apparaît de plus en plus comme la ressource principale pour permettre à l'homme d'anticiper l'accélération des changements et l'accroissement de la complexité des systèmes qu'il contribue à développer.

À la différence des autres ressources, la connaissance s'accroît quand on la partage.

Le frein à la robotisation par les industriels de l'automobile démontre les limites du tout technologique et le rôle irremplaçable des ressources humaines.

Ces dernières sont en train de devenir un nouveau paramètre de la concurrence.

Ce qui signifie également que l'accent soit mis sur les rapports fondés sur la coopératioon, entre firmes et institutions, mais aussi entre l'ensemble des participants d'une entreprise aux processus de création, de production et de diffusion technologique.

Le temps des réseaux

La volonté d'intégrer de façon efficace le développement technologique et l'innovation amène les entreprises à développer la fonction de recherche interne, la veille technologique, à intégrer les sous-traitants dans le processus de conception des produits et à développer un partenariat avec d'autres entreprises ou avec des laboratoires publics.

Elles coopèrent ainsi avec l'ensemble des acteurs de l'innovation. Ces nouveaux acteurs constituent des réseaux, qualifiés par certains de réseaux «technico-économiques».

Les frontières réelles de l'entreprise sont de plus en plus floues. Ainsi, l'unité de référence ne sera plus dans l'avenir la firme, le centre de recherche, le consommateur, mais un système de relations coordonnées entre les différents acteurs.

Source : C. Afriat, «Technologies nouvelles et organisations socio-productives», *Alliance des organisations citoyennes*, n° spécial *Emploi-activité*, janvier 1995.

② LA GESTION DES PROCESSUS

Idée directrice

La gestion des processus est un renversement complet de la problématique taylorienne.

Éléments de réponse

1) La transversalité de l'organisation permet :
- de réagir plus vite aux évolutions environnementales, d'augmenter la flexibilité,
- de concevoir et de produire plus vite, de réduire les délais,
- de diminuer les coûts et d'obtenir des gains de productivité,
- de renforcer la communication, la qualité et la synergie entre les acteurs,
- de mieux gérer les flux et de simplifier les procédures, tant dans l'organisation qu'avec les partenaires de l'environnement.

2) Le contrôle de gestion a été conçu pour une organisation taylorienne, cloisonnée avec une division des tâches et des services. Avec une approche par les processus et la gestion de projets, il faut repenser les principes d'élaboration et les objectifs que l'on fixe au contrôle de gestion :
- pour piloter des processus (et non plus des produits) ;
- pour évaluer les variables caractéristiques (quantitatives et qualitatives), facteurs clés de succès ;

Le contrôle de gestion et les domaines de la gestion

- pour relier des services et des activités au lieu de les séparer ;
- pour aider aux décisions stratégiques et pas seulement techniques.

③ PEUGEOT

Idée directrice

La gestion par projet est fondée sur la communication et la synergie des acteurs.

Éléments de réponse

Caractéristiques nouvelles et spécifiques d'une organisation par projet ou «plateau» pour Peugeot :
- des hommes de métier, de niveau hiérarchique différent, dialoguent et travaillent ensemble pour réfléchir à de nouveaux produits depuis la conception jusqu'à la fabrication industrielle ;
- une plus grande communication, une synergie sont recherchées par cette organisation aplatie qui doit permettre de répondre à la demande en diminuant les coûts, les délais et en augmentant la qualité ;
- des responsabilités et des délégations importantes sont données à chaque groupe s'occupant d'un «lot» pour maîtriser totalement le projet ;
- les groupes d'acteurs travaillant sur des zones différentes de la voiture doivent intégrer les objectifs et les contraintes des autres, trouver des solutions conjointes, prendre en compte les conséquences «aval» de décisions en amont du processus ;
- la demande de travail est fondée sur des objectifs à atteindre quantifiés en coûts. Les groupes de travail doivent trouver des solutions satisfaisant la technique et la qualité qui ne dépassent pas un certain coût.

4 Le contrôle de gestion, système d'information

① LES QUALITÉS DE L'INFORMATION COMPTABLE

Idée directrice

L'information n'a de valeur qu'en fonction de ses caractéristiques.

Termes à définir

Efficience : une action est efficience si la minimisation des ressources pour la réaliser a été obtenue.

Éléments de réponse

a) Les caractéristiques de l'information comptable

Comme toute information, une information comptable doit posséder plusieurs qualités pour être efficace : **Âge, coût, rapidité, accès, lisibilité, fiabilité.**
Il faut donc définir la pertinence d'une information c'est-à-dire son adéquation au besoin ; une information est pertinente si elle arrive au bon moment au bon endroit et qu'elle est utile à celui qui la reçoit sans être trop coûteuse.
Les chiffres et les tableaux de l'information comptable doivent donc posséder ces caractéristiques.

b) Les caractéristiques du système d'information comptabilité analytique

La comptabilité analytique est un système d'information qui permet d'observer à la loupe les activités de production d'une entreprise :
– coût de revient d'un produit,
– marges, rentabilité par produit,
– budgets d'investissements, de vente.
Elle traite des informations mesurant la réalité pour les analyser et les comparer aux objectifs et aux prévisions.

Le contrôle de gestion, système d'information

L'optique productive de la comptabilité analytique intègre également les aspects financiers et commerciaux au travers des budgets et tableaux de bord.
Ce système d'information analyse le passé et le présent pour aider à gérer l'avenir.

② LA PERTINENCE DES SYSTÈMES D'INFORMATION

Idée directrice

Le système comptable est un système d'information indispensable à la gestion, à la prise de décision mais il doit posséder certaines qualités pour être utile.

Termes à définir

Performance : pour être compétitive, une entreprise doit être performante, c'est-à-dire atteindre ses objectifs tout en minimisant les ressources utilisées pour l'atteindre. La performance intègre donc l'efficacité (atteindre les objectifs) et l'efficience (minimisant les moyens internes).

Éléments de réponse

- Un système d'information assure toutes les étapes du traitement de l'information : saisie, stockage, traitement, diffusion.
- Le concept de système d'information intègre aussi bien les supports de traitement de transmission (papier, informatique) que les principes et les modèles de fonctionnement pour transformer les données (les règles de la comptabilité générale).
- Les systèmes d'information ponctuels ou plus généraux doivent aider le système décisionnel. Ce sont les clignotants du tableau de bord de l'entreprise ; ils aident donc au pilotage de celle-ci.

Les systèmes d'information deviennent des éléments stratégiques pour l'entreprise dans un environnement **complexe** et **incertain.**

Les caractéristiques d'un système d'information pertinent et efficace

- Un système d'information pertinent est celui qui répond aux besoins de ses utilisateurs. Il est pertinent donc utile si la **bonne** information arrive au **bon moment** au **bon endroit.**
- Un système d'information est **efficace** s'il répond aux objectifs qui lui ont été assignés ; par exemple donner une estimation de la part de marché de l'entreprise par produit et par zone géographique sur les trois années à venir. Il faut que les informations possèdent de nombreuses qualités pour que le système d'information soit efficace : fiabilité, lisibilité, âge récent.
- Un des problèmes rencontrés par les entreprises face à la multiplicité des systèmes présents c'est leur cohérence, leur intégration et leur coordination.

③ ÉVOLUTION DES ORGANISATIONS ET DES OUTILS

Idée directrice

L'article présente une synthèse analytique et complète de l'évolution corrélée des organisations et des outils de gestion qu'elles utilisent.

Terme à définir

• *Instrumentation* : ensemble des outils, des techniques, des méthodes qui aident les gestionnaires à la décision et au pilotage des organisations. L'instrumentation est en relation avec le modèle de représentation choisi de l'organisation : c'est une représentation provisoire de l'organisation utilisée et orientée par les acteurs.
• *Apprentissage organisationnel* : processus permanent d'expériences, d'essais-erreurs, d'échecs et de succès, de tâtonnements qui procurent une richesse, des savoir-faire, des compétences individuelles et collectives profitables à l'ensemble de l'organisation. Les routines mises en place pour résoudre les problèmes sont remises en causes et renouvelées.

Éléments de réponse

1) Tendances d'évolution de l'organisation et des outils

• Les conditions économiques concurrentielles actuelles complexes, incertaines se traduisent, au sein des organisations, par la recherche de flexibilité, de réactivité, de variété des produits, de multiperformance et nécessitent des outils de gestion qui représentent mieux la réalité du fonctionnement de l'entreprise.
Il ne s'agit pas de renier tous les instruments mis en place dans les organisations tayloriennes mais de réfléchir aux nouveaux besoins et donc aux nouvelles caractéristiques des outils d'aide à la décision et au pilotage.
• Si les organisations doivent évoluer vers plus de souplesse, de réactivité en temps, espace, diversité des produits et des activités, si les stratégies sont en parties fondées sur les compétences de ses acteurs, alors les outils de gestion doivent également intégrer ces caractéristiques : flexibilité, simplicité, interactivité, décentralisation.
• Il faut aussi noter la multiplicité des outils apparaissant dans tous les domaines de la gestion même peu technique et la multiplication des usages et des usagers qui peut induire des difficultés d'intégration, de coordination, d'évolution.

2) Utilisations repérables des outils : conclusions

• L'instrumentation de gestion peut être classée en trois catégories : alors qu'auparavant, on demandait aux outils de mesurer seulement le fonctionnement de l'organisation, il s'agit maintenant d'en comprendre le fonctionnement à partir de

Le contrôle de gestion, système d'information

la représentation qu'ils proposent, mais aussi d'être des outils d'accompagnement du changement, et de réflexion pour trouver de nouvelles voies d'amélioration.
Donc, au delà de l'objectif de calculs, les trois utilisations actuelles de l'instrumentation de gestion seraient :
- investigation du fonctionnement organisationnel ;
- accompagnement de la mutation ;
- exploration du nouveau.

- Plusieurs conclusions ou évolutions des outils apparaissent donc :
- les outils ne sont pas stables ; comme les structures, il faut les gérer, les faire évoluer en fonction des besoins de l'organisation,
- les outils sont conçus par les utilisateurs, simples et ergonomiques, à chaque niveau de structure,
- les outils n'imposent pas de solution mais participent au dialogue des acteurs,
- les outils sont utilisés pour aider au changement, à l'amélioration permanente de l'organisation.

L'objectif de **conformation** (résultat, écart, prescription) se trouve supplanté par l'objectif de **connaissance** (les acteurs apparennent à faire mieux par les outils, apprentissage organisationnel).
Toutes ces évolutions sont présentes dans le contrôle de gestion avec des tableaux de bord plus proches du terrain, avec des indicateurs quantitatifs et qualitatifs, avec des outils qui suivent les processus horizontaux d'activités.

5 Les coûts et la comptabilité analytique

① ANALYSE DE COÛTS

Partie I

Questions 1 et 2

	A	B	C
Quantités	8 000	5 000	6 000
Charges variables	160 000	125 000	180 000
Hypothèse 1 : *(proportionnellement aux quantités soit 570 000/19 000 par unité)*			
Charges fixes réparties	**240 000**	**150 000**	**180 000**
Coût de revient	400 000	275 000	360 000
Coût de revient unit.	50	55	60
Prix de vente proposé (1)	55	60,5	66
Hypothèse 2 : *(proportionnellement aux charges variables soit 570 000/465 000 par franc de C.V.)*			
Charges fixes réparties	**196 129**	**153 226**	**220 645**
Coût de revient	356 129	278 226	400 645
Coût de revient unit.	44,52	55,65	66,77
Prix de vente proposé (1)	48,96	61,21	73,45
Hypothèse 3 : *(par tiers)*			
Charges fixes réparties	**190 000**	**190 000**	**190 000**
Coût de revient	350 000	315 000	370 000
Coût de revient unit.	43,75	63	61,67
Prix de vente proposé (1)	48,13	69,30	67,83

(1) Prix de vente proposé = Coût de revient unitaire x 1,10

Question 3 : Produits homogènes et au processus de production semblables ⇒ répartition au prorata des quantités. Poids important de la matière première (charges variables) dans le coût des produits ⇒ répartition au prorata des charges variables. Système simple mais arbitraire ⇒ répartition égalitaire.

De toute façon, à ce niveau d'analyse, le système de calcul des coûts des produits est approximatif.

Les coûts et la comptabilité analytique

Partie II – Question 1 : Résultat réel

	A	B	C	Total
Px de vente unitaire	55	65	57	
Chiffre d'affaires	440 000	325 000	342 000	1 107 000
Charges variables	160 000	125 000	180 000	465 000
Charges fixes	240 000	150 000	180 000	570 000
Résultat	40 000	50 000	– 18 000	72 000

Question 2

- Résultat globalement positif (+ 72 000) qui représente 6,5 % du chiffre d'affaires.
- Rentabilité différente selon les produits : 9 % du CA pour le produit A, 15 % du CA pour le produit B et une perte importante pour le produit C qui est vendu, dans le cas de l'hypothèse retenue, en-dessous de son coût de revient.

Partie III – Question 1

	A	B	Total
Chiffre d'affaires	440 000	325 000	765 000
Charges variables	160 000	125 000	285 000
Marge/coûts variables	280 000	200 000	480 000
Charges fixes			570 000
			– 90 000

Question 2 : Diminution de résultat de 162 000 F. Cela représente la marge sur coût variable de C, soit 342 000 – 180 000 = 162 000, qui avait pour rôle de contribuer à la couverture des charges fixes. La perte de – 18 000 F de la partie II générée par le produit C était imputable au mode de calcul du coût de revient et plus précisément à la répartition des charges de structure.

Partie IV – Question 1

	A	B	C	Total
Chiffre d'affaires	440 000	325 000	342 000	1 107 000
Charges variables	160 000	125 000	180 000	465 000
Marge sur coûts variables	280 000	200 000	162 000	642 000
Charges fixes directes	120 000	210 000	140 000	470 000
Marge sur coûts spécifiques	160 000	– 10 000	22 000	172 000
Charges fixes communes				100 000
Résultat				72 000

Question 2 : Le produit C se révèle extrêmement prometteur puisqu'il couvre non seulement ses charges fixes propres, mais également 22 % des charges communes.

À l'opposé, le produit B ne dégage pas une marge sur coût variable suffisante pour couvrir les charges fixes qu'il génère. Sa suppression doit être envisagée : résultat si on supprime B : 72 000 – (– 10 000) = 82 000. (Le fait de supprimer B entraîne la disparition des charges fixes directes du produit B soit 210 000 F.)

② CHARGES INCORPORABLES

Nature des charges	Compt. générale		Compt. analytique		Dce d'incorporation	Nature des différences d'incorporation
	Année	Mois	Année	Mois		
Comptes 60 à 66 (1)	–	127 000	–	127 000	–	
Comptes 67 – Ch. exceptionnelles		2 300	–	–	– 2 300 F	973 – Dce sur autres charges de la CG
Comptes 68 11						
– Frais d'établissement	18 000	1 500	–	–	– 1 500 F	Charges non incorporables
– Immos corporelles :						
moitié 1 : 210 000 x 10 %	21 000	1 750	21 000	1 750 } 5 000	+ 3250 F } + 1750	Charges d'usage
moitié 2 : 300 000 x 20 %	21 000	1 750	60 000			
		5 000		6 750		971 – Dce sur amortissements et provisions
Compte 6815						
– Litige exceptionnel	120 000	10 000	–	–	– 10 000	Charges non incorporables
– Autres provisions pour risques	140 000	11 667	180 000	15 000	+ 3 333	Charges étalées
		21 667		15 000	– 6 667	971 – Dce sur amortissements et provisions
Compte 6872						
– Provisions réglementées	36 000	3 000	–	–	– 3 000	971 – Dce sur amortissements et provisions
Rémunération des capitaux propres 400 000 x 6 % x 1/12	–	–	2 000	2 000 } 9 500	+ 2 000 } + 9 500	Charges supplétives
Rémunération de l'exploitant	–	–	9 500			
		0		11 500	+ 11 500	972 – Dce pour éléments supplétifs.
		158 967		160 250	+ 1283	

On vérifie que : Charges incorporables en CA = Charges de la CG + Dce d'incorporation
160 250   158 967   (+ 1 283)

(1) Les charges abonnées de chauffage sont incluses dans les 127 000 F et n'entraînent pas de différence d'incorporation.

Les coûts et la comptabilité analytique

③ SA LES MINOTERIES RÉUNIES

1) Tableau de répartition des charges directes

Calcul des prestations réciproques entre le centre force motrice et le centre gestion du matériel, soit F le total du centre «force motrice», soit E le total du centre «gestion du matériel».

$F = 870\,000 + 15\,\% \ E$
$E = 110\,000 + 10\,\% \ F$

$E = 110\,000 + (87\,000 + 0{,}015\ E)$

$E = 200\,000$
$F = 900\,000$

	Force motrice	Gestion du matériel	Transport	Nettoyage	Réparation	Broyage	Distribution
Totaux primaires	870 000	110 000	2 082 000	297 240	2 422 260	3 850 500	2 465 200
Force motrice	– 900 000	90 000	–	90 000	180 000	450 000	90 000
Gestion du matériel	30 000	– 200 000	30 000	30 000	30 000	60 000	20 000
	0	0	2 112 000	417 240	2 632 260	4 360 500	2 575 200
Unité d'œuvre			quintal de mses transportées	heure machine	heure machine	quintal broyé	100 F de ventes
Nbre d'U.O.			330 000	3 477	4 618	174 420	321 900
Coût de l'U.O.			6,40	120	570	25	8

2) Calcul des coûts de revient

a) Coût d'achat du blé

	Q	PU	M
Achats	185 000	64,2	11 877 000
Centre transport	185 000	6,4	1 184 000
	185 000		13 061 000

b) Inventaire permanent du blé

	Q	PU	M		Q	PU	M
Stock initial	25 350		1 663 500	Consommation	173 736	70	12 161 520
Achats	185 000		13 061 000	Stock	36 614	70	2 562 980
	210 350	70	14 724 500		210 350		14 724 500

c) Coût du blé nettoyé

	Q	PU	M
Consommation de blé	173 736	70	12 161 520
Centre nettoyage	3 477	120	417 240
Déchets	2 736	35	− 95 760
	171 000	73	12 483 000

d) Coût du froment

	Q	PU	M
Blé nettoyé	171 000	73	12 483 000
Centre préparation	4 618	570	2 632 260
Main-d'œuvre directe			59 280
	174 420	87	15 174 540

e) Coût du son

Quantité du son obtenu : 174 420 x 20 % = 34 884 quintaux.
Coût de production d'un quintal de son :
- Prix de vente :   145   F
- Frais de distribution :   − 12,5 F
- Frais de manutention :   − 40
                            _____
                            92,5 F

Coût de production du son produit = 92,5 F x 34 884 = 3 226 770 F.

f) Coût de production de la farine en vrac

	Q	PU	M
En cours initial			1 830 175
Froment	174 420	87	15 174 540
Centre broyage	174 420	25	4 360 500
Main-d'œuvre directe			221 025
− en-cours final			− 1 615 150
− coût de production du son	34 884	92,5	− 3 226 770
	139 536	120	16 744 320

g) Inventaire permanent de la farine en vrac

	Q	PU	M		Q	PU	M
Stock initial	30 464		4 505 680	Ventes	145 000	125	18 125 000
Production (1)	139 536	120	16 744 320	Stock	25 000	125	3 125 000
	170 000	125	21 250 000		170 000		21 250 000

(1) 174 420 x 80 %

Les coûts et la comptabilité analytique

h) Coût de revient de la farine

	Farine en sachets de 1 kg			Farine en sacs de 50 kg		
Farine	36 250	125	4 531 250	108 750	125	13 593 750
Emballage (sachet ou sac)	3 625 000	0,30	1 087 500	217 500	4	870 000
Centre transport	36 250	6,40	232 000	108 750	6,4	696 000
Centre distribution	97 875	8	783 000	224 025	8	1 792 200
Main-d'œuvre directe			72 500			13 050
	3 625 000	1,85	6 706 250	217 500	7,8	16 965 000

④ SOCIÉTÉ «LES SABLIÈRES DE SOLOGNE» *(d'après DESCF 1991)*

La mise en place d'une comptabilité analytique dans une société telle que «Les sablières de Sologne» peut se réaliser en plusieurs étapes :
1. déterminer les objectifs de ce système d'information ainsi que les coûts que l'on veut obtenir,
2. définir des centres d'analyse et leur unité d'œuvre,
3. analyser la constitution de chacun des coûts à calculer.

Ce travail doit être effectué dans une optique opérationnelle (obtenir les données demandées) mais aussi sur un horizon à plus long terme où l'on pourra superposer au découpage en centres d'analyse une structure de centres de responsabilité qui autorisera un contrôle de gestion efficace.

a) Les objectifs de cette comptabilité analytique

Mme Chantereau en nomme trois :
- **calculer** les coûts des différentes productions de l'entreprise. Ce calcul doit permettre une détermination de prix de vente qui semble prioritaire (compte tenu du contexte commercial hautement concurrentiel) par rapport à la maîtrise régulière des coûts ;
- **évaluer** les stocks : ce travail nécessite de connaître les entrées et sorties en quantités et de valoriser les éléments stockés. Il obligera sans doute à la mise en place de moyens de pesage ;
- **introduire** le contrôle de gestion dans l'entreprise par la mise en place de tableau de bord où la direction souhaiterait trouver des indicateurs sur les points clés de la gestion : ce travail n'est pas demandé dans cet exercice mais il doit guider la conception de la comptabilité analytique afin de faciliter le passage du calcul des coûts au suivi des différentes activités.

Tel que l'évoque Mme Chantereau, les points clés qu'elle désirerait maîtriser, sont, outre la rentabilité générale de l'entreprise :
- le suivi des frais financiers et accessoirement des frais administratifs,
- le manque de dynamisme de la direction commerciale du à une mauvaise affectation des tâches (exploitation des camions),
- la qualité de l'entretien du parc de machines.

Ainsi la performance de l'entreprise dépend pour une bonne part de la qualité des activités dites de soutien comme l'entretien ou la gestion des camions ; peu de problèmes à proprement parler productifs ont été nommés par Mme Chantereau.

b) Définir les centres d'analyse et leur unité d'œuvre

Il faut définir les différents centres d'analyse en différenciant :
- les centres de structure,
- les centres opérationnels :
  - centres principaux,
  - centres auxiliaires.

- *Centres de structure*

Ici, il est possible d'en définir deux, compte tenu des points clés de la gestion mise en évidence plus haut :
- centre **administratif,**
- centre de **financement.**

Les charges déversées dans ces centres permettront de suivre à terme le gonflement des frais administratifs en les isolant et le coût des problèmes de trésorerie.

Ces centres, de part la nature des charges qu'ils regroupent, n'ont pas de mesure de leur activité par des unités d'œuvre. Ils sont imputés dans les coûts des produits vendus par l'intermédiaire de taux de frais : il faut donc définir des assiettes de répartition : fréquemment le coût de production des produits vendus est retenu.

- *Centres principaux*

Le centre **approvisionnement** : il regroupe toutes les charges indirectes liées aux achats du traitement III. L'unité d'œuvre peut être soit une unité de quantité approvisionnée, par exemple la tonne, si les produits sont homogènes, soit le montant des achats.

Les centres de **production** seront au nombre de quatre : un centre *extraction*, un centre *traitement I*, un centre *traitement II* et un centre *traitement III*. Chaque centre recevra les charges générées par l'activité de production : main-d'œuvre, fournitures diverses, amortissement. Les charges affectées dans ces centres sont pour la plupart semi-directes (charges directes par rapport au centre d'analyse, mais indirectes par rapport aux produits obtenus).

Les unités d'œuvre les plus fréquentes pour des centres de production sont :
- les heures de main-d'œuvre directe lorsque celle-ci est prédominante dans le processus,
- les heures machines lorsque l'on ne peut mesurer facilement l'heure de main-d'œuvre directe ou que le fonctionnement de la machine est prédominant dans le processus,
- les quantités obtenues de produits.

Ici le choix peut s'opérer entre les deux dernières unités d'œuvre : compte tenu de l'importance de l'outillage et de sa polyvalence géographique l'heure machine

Les coûts et la comptabilité analytique

peut être retenue pour le centre *extraction* ainsi que pour le *traitement III* qui travaille à la commande ; par contre en tenant compte de la fabrication des produits liés (gravillons de calibres différents) et en admettant l'existence de moyens de comptage il sera retenu pour le *traitement I* et *II* pour unité d'œuvre les tonnes extraites.

Le centre **distribution** regroupe toutes les charges indirectes liées à la commercialisation des différents produits.

- *Centres auxiliaires*

Ils fournissent des prestations aux centres principaux. Dans notre exemple, il est possible de créer :
– un centre **entretien**,
– un centre **gestion des camions**,
– un centre **énergie**.

Le centre **énergie** regroupe toutes les charges générées par la fabrication de l'électricité. Ses coûts pourront se déverser dans les centres consommateurs sur la base de consommations réelles si on peut les mesurer : cela demande l'installation de compteurs divisionnaires dans les différents ateliers de traitement. L'unité d'œuvre retenue sera le KWH consommé.

Le centre **gestion des camions** : à terme ce centre sera érigé en centre de responsabilité, mais déjà son rattachement hiérarchique pose un problème : dépendant de M. Roy, il empêche celui-ci de dynamiser l'équipe de vente ; il semble que la charge de travail de cette gestion demande une personne à part entière (poste à créer ??). Dans le contexte hautement concurrentiel de l'entreprise, la qualité du produit peut provenir de services accessoires comme la livraison ; par ailleurs, cette gestion est cruciale pour la rentabilité de l'entreprise compte tenu de la dispersion géographique des lieux de production. Ces raisons peuvent pousser à un rattachement à la direction générale si l'on envisage la logistique comme un problème de nature stratégique.

Ce centre va récupérer toutes les charges relatives aux camions : main-d'œuvre, consommables, crédit-bail ou amortissements, assurances. Les charges d'entretien des camions posent un problème particulier : sont-elles rattachées à ce centre, ou sont-elles regroupées dans le centre entretien qui les reversera au centre gestion des camions ?

La réponse est locale et dépend de la façon dont est organisé cet entretien : si il est effectué en interne par un personnel polyvalent qui peut sans problème faire de la maintenance de matériel de production et celle des camions, le rattachement au centre **entretien** s'impose ; à l'inverse, si le personnel est spécifique ou si l'entretien est effectué en externe, alors un rattachement au centre **gestion des camions** semble logique.

Compte tenu de l'homogénéité des matières transportées (en interne ou vers l'extérieur), l'unité d'œuvre retenue peut être la tonne/Km. Le coût de ce centre serait ainsi reversé soit dans le coût des produits extraits soit dans le coût de distribution des produits vendus. Les bons de transport doivent pouvoir fournir la quantité et la destination des produits transportés.

Le centre **entretien** : il sera, à terme lui aussi érigé en centre de responsabilité puisque la qualité actuelle des prestations offertes est sujette à caution.

Pour l'instant, il regroupe toutes les charges d'entretien : fournitures diverses, main-d'œuvre, amortissement des outillages d'entretien, etc. Le problème de l'entretien des camions a été évoqué plus haut.

L'unité d'œuvre probable sera l'HMOD car c'est sans doute celle qui est la plus facilement dénombrable (la durée des réparations doit figurer sur les bons d'intervention du personnel).

Quelque fois on retient le coût de l'immobilisation entretenu considérant que plus une immobilisation est onéreuse, plus son entretien l'est aussi. Ici, ce choix ne semble pas approprié car le matériel vieillissant doit demander des interventions sans lien direct avec sa valeur réelle.

c) Analyser la constitution de chacun des coûts à calculer

- *Charges à prendre en compte*

Il s'agit de tenir compte :
- de l'abonnement de certaines charges ; exemple : assurance, crédit-bail, amortissement,
- de l'évaluation différente des charges d'amortissement en utilisant des charges d'usage à la place des dotations de la comptabilité générale,
- d'éléments supplétifs éventuels : sans doute la rémunération conventionnelle des capitaux.

- *Composition des coûts*

Coût de production des tonnes extraites

Ce coût comprend :
- des charges directes : main-d'œuvre d'extraction,
- des charges indirectes :
  - le coût du centre extraction, en fonction du temps machine utilisé par carrière,
  - le transport des produits extraits vers les centres de traitement,
  - le coût de l'entretien (en provenance du centre auxiliaire).

Remarque : ce coût est calculé pour le calcaire brut et le tout venant et se déverse respectivement dans le coût du *traitement I* et *II*.

Un système de pesage devrait être installé à l'entrée des lieux de traitements pour connaître les quantités de produits extraits. Ce moyen de comptage et le calcul du coût précédent permet une évaluation des stocks de calcaire et de tout venant.

Coût de production des tonnes traitées en traitement I ou II :
- charges directes :
  - le coût des tonnes de produits de base consommés (calcaire brut ou tout venant),
  - la main-d'œuvre directe des traitements concernés,

Les coûts et la comptabilité analytique

– charges indirectes : le coût du centre de traitement concerné (par répartition secondaire il aura reçu le coût de l'énergie consommée et celui de l'entretien de ses installations).

Ce coût est calculé par type de produits finis obtenus (6). Le comptage installé sur les installations permet un dénombrement des produits entrant en stock.

Coût de production du traitement III :
Travaillant à la commande ce coût ne permettra pas d'évaluation de stock :
– il comprend les charges directes :
  - le coût d'achat des éléments approvisionnés (laitier pré, CPJ45, gypsonat et sablon),
  - le coût des produits obtenus en *traitement I* et *II* et consommé en *traitement III*.
– des charges indirectes : le coût du centre *traitement III*.

Le coût de revient des produits sera obtenu en tenant compte des coûts de commercialisation (centralisés dans le centre distribution), et une quote-part des charges des centres de structure.

d) Conclusion

Cette comptabilité analytique s'appuie sur le processus actuel de production de l'entreprise. Toute modification du processus devra entraîner une remise à plat du système d'information analytique. Cette mise à jour doit être envisagée pour maintenir l'adéquation entre le système de calcul des coûts et leur pertinence.

⑤ ENTREPRISE INDUSTRIELLE

1) Écriture correspondant au tableau de répartition

925	Centre Approvisionnement et Manutention	67 500	
9271	Centre Atelier A	180 000	
9272	Centre Atelier B	315 000	
9273	Centre Atelier C	520 000	
928	Centre Distribution	64 000	
929	Autres frais à couvrir	2 700	
971	Différences d'incorporation sur amortissements et provisions	7 200	
905	Charges réfléchies		1 120 292
942	Stock des matières consommables		32 900
972	Différences d'incorporation pour éléments supplétifs (770 000 x 5 %/12)		3 208

2) Calcul du coût de revient de la commande 1723

Le centre approvisionnement est imputé à :
60 % au coût d'achat à répartir en fonction des quantités achetées soit :
  67 500 x 0,60 = 40 500.

a) Coût d'achat des matières premières

	M1	M2	M3
Achats	50 880	62 400	21 600
Centre approvisionnement	13 500	18 000	9 000
	64 380	80 400	30 600

b) Coût unitaire moyen pondéré

$$M1 : \frac{(3\,296{,}8 \times 25) + 64\,380}{(25 + 15)} = 3\,670$$

$$M2 : \frac{(2\,790 \times 10) + 80\,400}{(10 + 20)} = 3\,610$$

$$M3 : \frac{(2\,407{,}50 \times 8) + 30\,600}{(8 + 10)} = 2\,770$$

c) Coût de production de la commande 1723

Matières premières utilisées	5,430 x 3 670	19 928
	4,620 x 3 610	16 678
	2,940 x 2 770	8 143
Main-d'œuvre directe	2 030 x 36,80	74 704
	840 x 34,40	28 896
	420 x 38,40	16 128
Centre de production	2 030 x 30	60 900
	680 x 175	119 000
	1 240 x 200	248 000
		592 377

NB : Le coût des sorties de matières est arrondi au franc inférieur.

d) Coût de revient de la commande 1723

Coût de production		592 377
Centre approvisionnement	$0{,}40 \times 67\,500 \times \frac{5}{9}$	15 000
Centre de distribution	0,05 x 700 000	35 000
		642 377
Prix de vente		700 000
Résultat analytique		57 623

3) Recherche des différences de traitement comptable

Recherche des différences d'inventaire

Matières	Stock réel	Stock théorique	Différences	Valeur
M_1	24,35	$40 - 4,3 - 5,43 - 3,78 - 2,11 = 24,38$	0,03 Mali	110,1
M_2	16,44	$30 - 3,78 - 4,62 - 3,24 - 1,87 = 16,49$	0,05 Mali	180,5
M_3	10	$18 - 2,12 - 2,94 - 1,91 - 1,05 = 9,98$	− 0,02 Boni	− 55,4
				+ 235,2

	Différences de traitement	Solde Débiteur	Solde Créditeur
971.	Différences d'incorporation sur amortissements et provisions	7 200	
972.	Différences d'incorporation pour éléments supplétifs		3 208
973.	Différences d'incorporation sur autres charges de la comptabilité générale (charges exceptionnelles)	32 140	
974.	Différences d'inventaire constatées	235,2	
975.	Différences sur coûts et taux de cession (solde de 929. Autres frais à couvrir)	2 700	
977.	Différences d'incorporation sur produits de la comptabilité générale (17 300 + 2 150)		19 450
	Totaux	42 275,2	22 658

4) Écritures de concordance

97	Différence de traitement comptable	19 617,2	
972	Différences d'incorporation pour éléments supplétifs	3 208	
977	Différences d'incorporation sur produits	19 450	
971	Différences d'incorporation sur provisions		7 200
973	Différences d'incorporation sur autres charges		32 140
974	Différences d'inventaire constatées		235,2
975	Différences sur coût et taux de cession		2 700
	Regroupement au compte 97 pour solde des autres comptes		
981	Résultat sur la commande 1722	73 080	
982	Résultat sur la commande 1723	57 623	
97	Différences de traitement comptable		19 617,2
98	Résultat de la comptabilité analytique		111 085,8
	Regroupement au compte 98 pour détermination du bénéfice de janvier		

⑥ SOCIÉTÉ PLASTYMÈRE

1) Coût des granulés finis obtenus

a) Calculs préliminaires

Poids des granulés finis obtenus : 800 t + 48 t – 160 t = 688 t
Coût des tonnes équivalentes :

	M.P. principale	Matières additives	M.O.D.	Autres charges
granulés terminés (100 %)	688 t	688 t	688 t	688 t
en-cours clôture (160 tonnes)	100 % ⇒ 160 t	80 % ⇒ 128 t	50 % ⇒ 80 t	60 % ⇒ 96 t
	848 t	816 t	768 t	784 t
consommations mois en-cours ouverture	(1) 4 800 000 F 396 240 F	3 123 520 F 320 000 F	11 992 000 F 602 680 F	8 883 280 F 756 000 F
	5 198 240 F	3 443 520 F	12 794 880 F	9 639 280 F
COÛT DE LA TONNE ÉQUIV.	**6 130 F**	**4 220 F**	**16 660 F**	**12 295 F**

(1) 570 000 + 1 160 000 + 1 500 000 + (250 T x 6 280) = 4 800 000 F.

b) Coût des produits terminés

688 t (6 130 F + 4 220 F + 16 660 F + 12 295 F) = 688 t x 39 305 F = **27 041 840 F**

2) Coût de l'en-cours de clôture, vérification

a) Coût de l'en-cours de clôture

(6 130 F x 160 t) + (4 220 F x 128 t) + (16 660 F x 80 t) + (12 295 F x 96 t) =
4 034 080 F

b) Vérification

En-cours ouverture	2 277 120 F	Granulés finis	27 041 840 F
Consommations période	28 798 800 F	En-cours clôture	4 034 080 F
	31 075 920 F		31 075 920 F

⑦ ENTREPRISE LAMBDA

1) Coût d'entrée en stock de la matière M1

a) Quantité de matière stockée M1

Soit x la quantité de matière stockée, on sait que :
   Matière traitée dans l'atelier   = matière stockée + déchets

   16 500 kg x 0,98   =   X   + 10 % X

Les coûts et la comptabilité analytique

On obtient X = 14 700 kg, et déchets = 1 470 kg.

b) Coût d'entrée en stock de M1

Charges directes			
• Achat HT	16 500 kg	12 F	198 000
• MOD atelier spécifique	400 h	32 F	12 800
Charges indirectes			
• Centre approvisionnement	14 700	17,20	252 840
• Centre TT spécifique	16 500	5,76	95 040
A déduire			
• Production de déchets	1 470	2,5 F	< 3 675 >
Coût d'entrée de MP1	14 700	37,75	555 005

c) Inventaire permanent de MP1

Stock initial	2 000		64 565	Consommation	13 090	37	484 330
Entrées	14 700		555 005	Dce inventaire	10	37	370
				Dce taux	13 100	0,10	1 310
				Stock final	3 600	37,10	133 560
	16 700	37,10	619 570		16 700	37,10	619 570

Ce travail nous permet de calculer les coûts d'unité d'œuvre de la répartition secondaire.

Tableau de répartition des charges indirectes

	TT M1	Approvt	Usinage	TT. Corosion	Distrib.
Total RS	95 070	256 550	160 470	131 980	40 560
Nature UO	kg traité	kg stocké	H MOD	H MOD	F de CA HT
Nbre UO	16 500	14 915 [1]	4 520	6 600	2 508 600 [2]
Coût UO	5,7618	17,2008	35,5022	19,996	1,6168 %
Coût arrondi	5,76	17,20	35,50	20	1,62 %
≠ de taux	− 30	− 12	− 10	+ 20	+ 69,32

(1) 14 700 kg de MP1 et 215 kg de peinture.   (2) (1 500 boîtes × 1 490 F) + (7 200 pds × 3 800 F le cent.).

2) Valorisation des encours

a) En-cours atelier Usinage

• *Niveau d'achèvement par rapport aux différents éléments de coûts*

→ **Matière** : elle est introduite en début de cycle. Tout produit (fini ou en-cours) est donc totalement achevé par rapport à elle, degré d'avancement = 100 %.

L'utilisation des équivalents terminés n'est pas nécessaire puisque 1 en-cours est équivalent à 1 ET.

Production de la période ayant utilisé les 13 090 kg de MP1 consommées (cf. texte) :

Produits finis − En-cours initiaux + En-cours finals
13 000   −   240   +   260   = 13 020

→ **MOD et centre Usinage** : pas d'information spécifique. On considère que ces éléments sont incorporés au fur et à mesure du processus de production.

On utilise donc les notions d'équivalents terminés :

120 encours à 20 % d'avancement = 24 produits ET
140 encours à 50 % d'avancement = 70 produits ET
                                  ─────────────
                                  94 ET

Temps de fabrication (MOD) : le texte précise utilisation de rendements standards (0,30 h par kg).

Ici on a donc : 94 ET x 0,30 h = 28,2 heures.

- *Valorisation des en-cours*
  → Matière : 260 en-cours x consommation unitaire

  $260 \times \dfrac{484\,330}{13\,020} = 9\,671,72 =$ 9 672

  → MOD : 28h 20 x 70 F = 1 974 =   1 974
  → Centre Usinage : 28h 20 x 35,50 = 1 001,1 =   1 001
                                                ──────
                                                12 647

- *Coût de production à la sortie de l'Atelier d'usinage*

Matières premières	13 090 kg x 37 =	484 330
MOD	4 520 h x 70 =	316 400
Centre Usinage	4 520 h x 35,50 =	160 460
		961 190
En-cours initial		+ 34 996
En-cours final		− 12 647
		983 539

soit 75,65684 F le kg de produit usiné, coût arrondi à 75,66 F.

c) En-cours atelier Anti-corrosion

- *Niveau d'achèvement par rapport aux différents éléments de coûts*

→ **Produit en provenance de l'atelier précédent** : c'est lui qui reçoit le traitement. Il est donc complètement achevé pour subir ce traitement.

Il faut seulement tenir compte du changement d'unité de référence.

$$\dfrac{1 \text{ kg de produit}}{\text{à la sortie d'usinage}} = \dfrac{4 \text{ produits finis}}{\text{en TT anti-corrosion}}$$

donc (680 + 520) en-cours en PF sont équivalents à 300 kg de produits sortie usinage.

Les coûts et la comptabilité analytique

→ **Matière de l'atelier** : vaporisée en continu, elle est consommée en fonction du niveau d'achèvement des en-cours.
→ **MOD et centre Anti-corrosion** : même remarque que pour la matière.
Soit 680 en-cours à 70 % d'avancement = 476 produits ET
    520 en-cours à 60 % d'avancement = 312 produits ET
                                        788 Équivalents Terminés

- *Coût de sortie de la matière M2 (peinture)*
    → Coût d'achat de M2 :   = Prix d'achat + Centre approvisionnement
                               = (215 kg x 242 F) + (215 kg x 17,20)
                               = 52 030 + 3 698
                               = 55 728
    → Cump de la matière M2 $= \dfrac{2\,692 + 55\,728}{15 + 215} = \dfrac{58\,420}{230}$
                               = 254 F le kg.
    → Consommation de la période = 210 kg à 254 F = 53 340 F.

- *Nombre de produits traités par ces 210 kg*
    → Les en-cours initiaux pour la fin de leur production soit :
      (800 x 20 %) + (200 x 20 %) = 200 ET.
    → Les produits commencés et finis sur la période soit :
      (24 400 + 27 600) − (800 + 200) = 51 000 pds.
    → Les en-cours finals pour le début de leur production soit 788 ET.
Au total : 51 988 produits ou produits équivalents terminés.

- *Valorisation des en-cours*
    → Produits de l'Atelier usinage : 300 kg x 75,66   = 22 695
    → Matière M2 $\dfrac{53\,340\,\text{F} \times 788}{51\,988} = 808,49$ =   808
    → MOD 788 ET x 0,125 h x 50 F   = 4 925
    → Centre anti-corrosion : 788 ET x 0,125 h x 20 F   = 1 970
                                                            30 398 F

3) Facturation à un client

a) Corps de la facture

9 000 unités de P.F. = 3 000 sachets = 300 boîtes.

Montant brut	300 boîtes à 1 490 F	447 000	F
Escompte 1 %		− 4 470	F
	Net financier	442 530	F
TVA 20,6 %		+ 91 161,18	
		533 691,18	
Emballages consignés 6 palettes à 45 F		+ 270	
	NET À PAYER	533 691,18	F

b) Coût de revient et résultat analytique

- *Coût de production d'un produit PF*

Produit semi-fini	13 000 kg pour	983 539
Matière M2	210 kg pour	53 340
MOD	6 600 h pour	330 000
Centre anti-corrosion	6 600 h pour	132 000
		1 498 879
En-cours initial		+ 20 379
En-cours final		− 30 398
		1 488 860

$$\text{CUMP d'un PF} \frac{(2\,000 \times 29{,}30\,F) + 1\,488\,860}{2\,000 + 52\,000} = 28{,}656 \approx 28{,}66\,F$$

- *Coût de revient de la commande*

Coût de production des produits sortis	9 000 pds x 28,66 F =	257 940
Sachets consommés	3 000 x 1,05 x 0,50 F =	1 575
Boîtes consommées (1)	300 boîtes x 5,12 F =	1 536
Centre distribution	447 000 F x 1,62 % =	7 241
		268 292

$$(1)\ \frac{(1\,120 \times 5{,}70\,F) + (5\,000 \times 5\,F)}{6\,120}$$

- *Résultat analytique*

Prix de vente	447 000
Coût de revient	268 292
	178 708 F

c) Comptabilisation vente et résultat

907	Produits réfléchis	447 000		
976	Dce Incorporation/autres charges de la CG	4 470		
	98 R. analytique/Cde		447 000	
	905 Ch. réfléchies		4 470	
9427	Emb. chez les clients	210		6 palettes au CUMP
	9426 Emb. en magasin		210	de la période
98	R. analytique/Cde	268 292		précédente
	95 Coût de revient/Cde		268 292	

6 Le seuil de rentabilité

① ENTREPRISE SUREAU

Partie I

Marge sur coûts variables = Marge/Cts variable d'achat
− Charges variables de distribution
= 40 % − 20 % = 20 %

$$S^* = CAC = \frac{\text{charges fixes}}{\text{taux de marge}} = \frac{1\,920\,000}{20\,\%} = 9\,600\,000 \text{ F.}$$

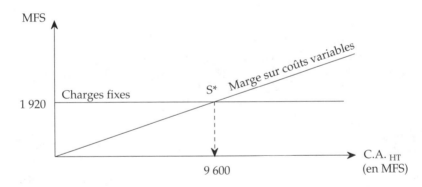

Partie II

Nouveau montant des charges fixes = 1 920 000 − 288 000 = 1 632 000 F.
Nouveau seuil : 1 632 000/0,20 = 8 160 000 F.

$$\% \text{ de baisse} = \frac{9\,600\,000 - 8\,160\,000}{9\,600\,000} = 0,15 \approx 15\,\%.$$

Partie III

Nouveau taux de marge = 40 % − (20 % × 1,10) = 18 %
Cette marge doit couvrir les charges fixes et le résultat :
   1 920 000 F + 1 392 000 F = 3 312 000 F
Donc le seuil est de : 3 312 000 F/0,18 = 18 400 000 F.

Partie IV

Niveau des ventes	< 12 millions	de 12 à 16 millions	≥ 16 millions
Charges fixes 1 920 000		2 640 000	4 000 000
Marge sur coût variable $0{,}20 \times CA_{HT}$		2 400 000	3 200 000
1) Résultat aux bornes inférieures		– 240 000	– 800 000
2) Seuil de rentabilité Charges fixes / 0,20		13 200 000	20 000 000
3) Taux de marge pour un résultat nul aux bornes inférieures		$\dfrac{2\,640\,000}{12\,000\,000}$ ⇓ 22 %	$\dfrac{4\,000\,000}{16\,000\,000}$ ⇓ 25 %
Taux de marge/ct d'achat (tx de marge + CV de distribution)		(22 % + 20 %) 42 %	(25 % + 20 %) 45 %

4) Pour être sûr de dégager un résultat positif dans tous les cas possibles, il faut retenir le taux de marge sur coût d'achat le plus élevé soit 45 %.

Partie V

Marge sur coûts variables d'achat = 42 %
Taux de marge sur coûts variables = 22 %

$CF_1 = 1\,920\,000 \Rightarrow S^*_1 = 8\,727\,273$ $CF_2 = 2\,640\,000 \Rightarrow S^*_2 = 12\,000\,000$
$CF_3 = 4\,000\,000 \Rightarrow S^*_3 = 18\,181\,818$

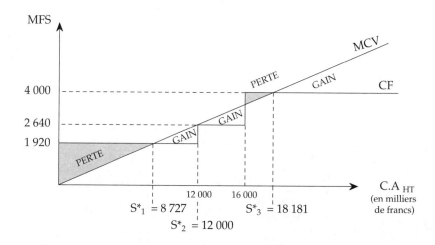

Les chiffres d'affaires où l'entreprise réalise une perte sont les zones suivantes :
- de 0 à 8 727 273 F,
- de 16 000 000 F à 18 181 818 F.

Le seuil de rentabilité

② SOCIÉTÉ AGRO

1) Résultat dégagé pour chaque modèle

Type de trémie	T_1	T_2	T_3
Résultat pour 2 500 000 sachets	638 000	1 125 000	1 540 000
Charges fixes	812 000	2 000 000	3 960 000
Marge sur coûts variables (pour 2 500 000 sachets)	1 450 000	3 125 000	5 500 000
Marge unitaire	0,58 F	1,25 F	2,20 F
Marge/CV pour 1 980 000 sachets	1 148 400	2 475 000	4 356 000
Résultat attendu (MCV − CF)	336 400	475 000	396 000
Seuil de rentabilité (en unités) (CF/Marge unitaire) ⇒ N* = Nbre de sachets	812 000/0,58 1 400 000 sachets	2 000 000/1,25 1 600 000 sachets	3 960 000/2,20 1 800 000 sachets
1) Taux de marge de sécurité $\frac{2\,500\,000 - \text{SR}}{2\,500\,000}$	44 %	36 %	28 %
2) Équation du résultat MCV$_{unit}$ × Qté − C. fixes Niveau d'indifférence	$R_1 =$ 0,58 Q − 812 000 $R_1 = R_2$ 1 770 000 sachets	$R_2 =$ 1,25 Q − 2 000 000 $R_2 = R_3$ 2 060 000 sachets	$R_3 =$ 2,20 Q − 3 960 000

3) Graphique

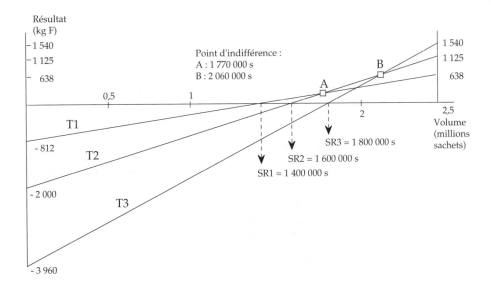

③ **ENTREPRISE GAMMA**

I. Étude de l'exploitation de l'année N − 1

1) Tableau d'exploitation année N − 1

Chiffre d'affaires		100 %	625 400
Charges variables		72 %	450 288
• Consommation MP	147 267		
• Main-d'œuvre	130 200		
• Fabrication	67 200		
• Administration	32 130		
• Entretien	49 920		
• Ventes	23 571		
Marge sur coûts variables		28 %	175 112
Charges fixes			110 604
• Fabrication	33 600		
• Administration	48 195		
• Ventes	28 809		
		10,3 %	64 508

2) Date du seuil de rentabilité

$$S^* = \frac{110\,604}{0,28} = 395\,014\ F$$

En 360 jours, le CA est de 625 400 F. Combien de jours ont été nécessaires pour obtenir un CA de 395 014 ?

$x \rightarrow 395\,014$

$x = \dfrac{395\,014 \times 360}{625\,400} = 227,38\ J \approx$ 18 août (soit 7 mois et 17 jours 38).

a) Coefficient de volatilité

$$L0 = \frac{MCV}{R} = \frac{175\,112}{64\,508} = 2,71457$$

b) Commentaires et signification

Pour une variation de 1 % du CA, le résultat subira une augmentation de 2,71 %. Le levier opérationnel s'écrit encore :

$$E\frac{R}{CA} = \frac{\frac{\Delta R}{R}}{\frac{\Delta CA}{CA}} = \frac{\Delta R}{R} \cdot \frac{CA}{\Delta CA} = \frac{\Delta R}{\Delta CA} \cdot \frac{CA}{R}$$

Le seuil de rentabilité

or : $\dfrac{CA}{R} = \dfrac{625\,400}{64\,508} = 9{,}695$

et : $\dfrac{\Delta R}{\Delta CA} = \dfrac{R_2 - R_1}{CA_2 - CA_1}$

Soit x le coefficient multiplicateur de l'année 2 par rapport à l'année 1.

$R_2 - R_1 = 175\,112\,x - 110\,604 - 64\,508$
$ = 175\,112\,x - 175\,112$
$CA_2 - CA_1 = 625\,400\,x - 625\,400$

donc :

$\dfrac{\Delta R}{\Delta CA} = \dfrac{175\,112\,x - 175\,112}{625\,400\,x - 625\,400}$ et qd $x \to \infty$

$\dfrac{\Delta R}{\Delta CA} = \text{Lim } \dfrac{\Delta R}{\Delta CA} = t = 0{,}28$

On peut écrire : $E\dfrac{R}{CA} = 0{,}28 \times 9{,}695 = 2{,}7146$

Ne peut être utilisé que si le prix de vente est stable et les conditions d'exploitation sont inchangées (CV unit. constantes et C. fixes identiques).

3) Diminution maximale du PV après seuil

Au seuil, les CF sont entièrement couvertes, les seules charges sont donc des charges variables ⇒ on peut avoir :

$$PV = CV \Rightarrow \downarrow \text{du PV} = \% \text{ MCV}$$

soit 28 %

4) Diminution annuelle des ventes en volume

Baisse annuelle du CA ⇒ due au ↓ de prix ⇒ (cf + haut)
⇒ due au ↓ des Qtés.

Marge de sécurité = CA − CAC
= 625 400 − 395 014
= 230 386

Indice de sécurité = $\dfrac{MS}{CA} = \dfrac{230\,386}{625\,400} = 36{,}83\,\%$

II. Prévisions des résultats de l'année N

1) Réduction de 10 % du PV

On sait que $\dfrac{\Delta P}{P} = -10\,\%$ et $e\dfrac{Q}{P} = \dfrac{\dfrac{\Delta Q}{Q}}{\dfrac{\Delta P}{P}} = -3$

donc : $\dfrac{\Delta Q}{Q}$ = (– 3) x (– 10 %) = 30 %

CA : 625 400 x 0,90 x 1,30	731 718	1
CV : 450 288 x 1,30	585 374,4	
MCV :	146 343,6	0,20
CF :	110 604	
Résultat :	35 739,6	0,048

ΔR = 35 739,6 – 64 508 = – 28 768,4 soit une ↓ de 44 %. Pour une baisse du PV de 10 % et une augmentation du CA de 17 %, le résultat diminue de 44 %.

L'utilisation du coefficient de volatilité est impropre car le taux de marge varie entre les deux hypothèses et l'augmentation du CA est due en partie à une baisse des prix.

2) Élasticité minimum qui permet de ne pas abaisser le résultat

R = 64 508
CF = 110 604 } MCV = 175 112

Soit t, le coefficient multiplicateur en volume du CA.

- *Solution 1*

$$625\ 400 \times 0{,}90 \times t \ - \ 450\ 288 \times t = 175\ 112$$
$$CA \ - \ CV = MCV$$
$$562\ 860\ t \ - \ 450\ 288\ t = 175\ 112$$
$$112\ 572\ t = 175\ 112$$
$$t = 1{,}55$$

donc : $\dfrac{\Delta Q}{Q} = 55\ \%$ $\dfrac{\Delta P}{P} = -10\ \%$ e $\dfrac{Q}{P} = -\dfrac{55}{10} = -5{,}5$

- *Solution 2*

$$\Delta MCV = \Delta CA - \Delta CV$$
$$\downarrow$$
$$0{,}28 = 1 \cdot t \cdot 0{,}9 - 1 \cdot 0{,}72 \cdot t$$

t = 1,55 ⇒ Élasticité > à – 5,5 maintien le résultat.

Intérêt :   MCV souvent fixe pour une industrie. Mais chaque produit peut avoir des élasticités différentes dans une même industrie. L'élasticité varie avec le temps, l'espace, le niveau de prix.

3) MCV pour maintenir le résultat si e = – 3

MCV = 175 112
CA = 731 718   } ⇒ donc le taux de marge = 23,93 %

III. Étude prévisionnelle de l'année N + 1

1) Tableau d'évolution mensuelle

	Janv/Fév	Mars à sept	Oct/Nov/Déc
CA	54 120	67 650	67 650
CV	40 590	43 590	39 390
MCV	13 530 (25 %)	24 060 (35,56 %)	28 260
CF abonnées	9 200	9 800	11 800
Résultat	4 330	14 260	16 460
MCV cumulée	27 060	195 483	244 860
CF Totales	110 400	116 400	122 400

2) Représentation graphique en fonction du temps exprimé en mois

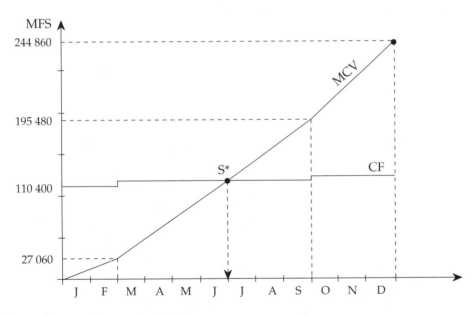

Le seuil est atteint vers la fin juin.

3) Analyse de l'augmentation du résultat

Résultat de janvier 4 330
Résultat de septembre 14 260   } Écart de résultat : + 9 930 qui s'explique par :

- *Écart de volume de vente*
  (67 650 – 54 120) x 0,25   = + 3 382,50
- *Écart de variation de marge*
  (35,56 % – 25 %) 67 650   = + 7 143,84

• *Écart sur charges fixes*
   (9 800 – 9 200)   = – 600

                                                    + 9 926,34

ce qui, aux arrondis près, est la variation du résultat de janvier à septembre.

④ PRODUIT ROX

1) Prix de vente maximisant le bénéfice

Pour maximiser le résultat, il faut exprimer les équations du chiffre d'affaires attendu et du coût total. Comme il existe un lien entre le niveau des prix et les quantités vendues, il faut exprimer la relation qui lie les variations de prix à celles des quantités vendues. Pour cela, on se sert de l'élasticité donnée dans le texte. Ainsi :

$$e_{D/P} = \frac{\frac{\Delta D}{D}}{\frac{\Delta P}{P}} = \frac{\Delta D}{D} \times \frac{P}{\Delta P} = \frac{P}{D} \times \frac{\Delta D}{\Delta P} = -2$$

Or le rapport $\frac{P}{D}$ est connu, il est égal à : $\frac{75}{45\,000}$

donc : $\frac{\Delta D}{\Delta P} = -2 \times \frac{45\,000}{75} = -1\,200$

De cette relation, on peut exprimer ΔD en fonction de ΔP. Il vient :
   $\Delta D = -1\,200\, \Delta P$.

Par ailleurs ΔP est égal au prix de référence multiplié un taux de variation. Appelons ce taux x, il vient que : $\Delta D = -1\,200\,(75\,x)$
                                                                              $\Delta D = -90\,000\,x$

Ayant exprimé la variation des quantités en fonction de la variation des prix, on peut écrire les équations demandées.

Chiffre d'affaires attendu

   $(D + \Delta D) \times (P + \Delta P) = [45\,000 + (-90\,000\,x)] \times [75 + (75\,x)]$
   $= 3\,375\,0000 - 6\,750\,000\,x + 3\,375\,000\,x - 6\,750\,000\,x^2$
   $= 6\,750\,000\,x^2 - 3\,375\,000\,x - 3\,375\,000$

Coût total = charges variables + charges fixes
   $= 60 \times (D + \Delta D) + 500\,000$
   $= 60\,(45\,000 - 90\,000\,x) + 500\,000$
   $= 5\,400\,000\,x - 3\,200\,000$

La fonction du résultat s'écrit donc :

   CA –   = $-6\,750\,000\,x^2 + 3\,375\,000\,x + 3\,375\,000$
   – Coût total = $5\,400\,000\,x - 3\,200\,000$

   Résultat   = $-6\,750\,000\,x^2 + 2\,025\,000\,x + 175\,000$

Le seuil de rentabilité

Pour un profit maximum, il faut rechercher l'extremum de la fonction du résultat en dérivant cette fonction. Dérivée du résultat : $-13\,500\,000\,x + 2\,025\,000$.
Cette dérivée s'annule pour $x = 0{,}15$.
Le résultat sera maximisé pour un prix de vente majoré de 15 %, soit :
  $75 + 75 \times 0{,}15 = 86{,}25$ F
La demande s'établira à $D + \Delta D = 45\,000 - (90\,000 \times 0{,}15) = 31\,500$
Le résultat attendu sera de :

Chiffre d'affaires	$86{,}25 \times 31\,500 =$	2 716 875
Charges variables	$60 \quad \times 31\,500 =$	− 1 890 000
Marge sur coûts variables		826 875
Charges fixes		− 500 000
Résultat attendu		326 875

2) Zone de profitabilité du produit Rox

Il s'agit de rechercher le prix de vente qui permet d'atteindre le seuil de rentabilité. On a démontré que le résultat s'exprimait par :

$$-6\,750\,000\,x^2 + 2\,025\,000\,x + 175\,000$$

Il faut chercher les valeurs de x qui annulent cette équation (trinôme du second degré). Le déterminant est égal à $\Delta = b^2 - 4ac$, soit après calcul :
  $\Delta = 8\,825\,625{,}001 \cdot 10^6$.

Les deux racines de ce trinôme sont égales à :

$$x' = \frac{-b + \sqrt{\Delta}}{2a} = -0{,}07 \quad \text{soit} - 7\,\%$$

$$x'' = \frac{-b - \sqrt{\Delta}}{2a} = +0{,}37 \quad \text{soit} + 37\,\%$$

L'entreprise est donc dans une zone de profitabilité pour des prix compris entre :
  $P' = 75 \times (1 - 0{,}07) = 69{,}75 \qquad p'' = 75 \times (1 + 0{,}37) = 102{,}75$
et une demande correspondante comprise entre :
  $D' = 45\,000 - (90\,000 \times (-0{,}07)] = 51\,300$
  $D'' = 45\,000 - [90\,000 \times (+37\,\%)] = 11\,700$

⑤ SOCIÉTÉ X

1) Seuil de rentabilité et date

Chiffre d'affaires	480	
Charges variables (200 + 80 + 40 + 20 + 20)	− 360	taux = 0,25
MCV	120	MCV unitaire = 500
Charges fixes (40 + 20 + 40)	− 100	
Résultat	20	

→ Seuil de rentabilité : 100/0,25 = 400 millions.

→ Soit en quantité : $\dfrac{400 \text{ millions} \times 240\,000}{480 \text{ millions}} = 200\,000$ unités

→ Date du point mort :

	CA	Cumul CA
janv./fév.	120 millions	120 millions
mars/avril/mai	72 millions	192 millions
juin/juillet	48 millions	240 millions
sept./oct.	96 millions	336 millions
nov./déc.	144 millions	480 millions

Le seuil est atteint pendant la période nov./déc.

Date = $\dfrac{400 - 336}{144}$ x 2 mois = 0,88 mois, soit 27 jours ou encore 27 novembre.

2) Le levier opérationnel se définit comme MCV/R et ici il prend la valeur $\dfrac{120}{20} = 6$ ·

Pour une augmentation du chiffre d'affaires de 10 %, le résultat augmenterait de :

$$10\% \times L0 = 10\% \times 6 = 60\%$$

Vérification : CA : 480 x 1,1 = 528
               CV : 360 x 1,1 = 396
               _____
               MCV   132
               CF :   = 100
               _____
                               32

soit une augmentation de + 12, qui rapporté au résultat précédent est égal à 60 %.
Les conditions d'utilisation du coefficient de volatilité ou levier opérationnel sont :
– prix de vente unitaire inchangé,
– conditions d'exploitation sans changement.
Cela signifie que l'augmentation du chiffre d'affaires provient uniquement d'un accroissement des volumes vendus.

3) Proposition du directeur du marketing

Soit R_M le résultat attendu de cette proposition, il faut que

$$R_M > R \quad \text{soit } 500\,Q_M - 104\,466\,000 > 20\,000\,000$$

$Q_M \geq 248\,932$ unités,   soit 3,73 % d'augmentation des quantités.

Le seuil de rentabilité

4) Proposition du directeur technique

Soit R_T le résultat attendu de cette proposition, il faut que :

$$R_T > R \quad \text{soit} \quad (500 + 100)\, Q_T - 112\,000\,000 > 20\,000\,000$$

$$Q_T \geq 220\,000 \text{ unités}$$

5) Proposition du représentant

Soit R_R le résultat attendu de cette proposition, il faut que $R_R \geq R$. Posons :
$$[(2\,000 \times 0{,}90) - 1\,500] \times Q_R - 100\,000\,000 \geq 20\,000\,000$$
$$Q_R = 400\,000 \text{ unités}$$

$$\frac{\Delta Q}{Q} = \frac{(400\,000 - 240\,000)}{240\,000} = +67\,\% \qquad \frac{\Delta P}{P} = -10\,\%$$

donc :

$$E\frac{Q}{P} = \frac{\dfrac{\Delta Q}{Q}}{\dfrac{\Delta P}{P}} = \frac{+67\,\%}{-10\,\%} = -6{,}7$$

L'élasticité doit être inférieure à – 6,7.

6) Proposition du directeur technique et baisse des prix de 5 %

Nouveau prix de vente : 2 000 x 0,95 = 1 900 F
Charges variables : 1 500 F – 100 F = 1 400 F $\Big\}$ MCV unitaire = 500 F

$$500\, Q_T - 112\,000\,000 \geq 20\,000\,000$$
$$Q_T = 264\,000 \text{ unités.}$$

7) Programme de production annuelle

Soit Q la production mensuelle.
Si le seuil est atteint le 30 septembre, il vient que :

MCV de janv à mai + MCV de juin-juilt + MCV septembre = CF totales

(500 Q x 5) + (600 Q x 2) + 500 Q = 100 + 12 + 4,476 millions de francs

$$Q = 27\,730$$

soit annuellement 27 730 x 11 = 305 030 unités

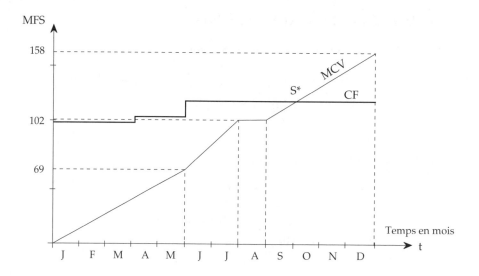

Équation de la marge sur coûts variables

Janvier à mai ⇒ $y = 13\,865\,000\,t$

Juin-juillet ⇒ $y - 69\,325\,000 = 16\,638\,000\,(t - 5)$
                  $y = 16\,638\,000\,t - 13\,865\,000$

Sept à décembre ⇒ $y - 102\,601\,000 = 13\,865\,000\,(t - 8)$
                  $y = 13\,865\,000\,t - 8\,319\,000.$

8) Seuil en avenir incertain

- *Cas 1 : Variables discrètes*

    Prob {CA ≥ 400 millions} = Prob {CA = 480} + Prob {CA = 550}
    $$= 0{,}6 + 0{,}2$$
    $$= 0{,}8 \text{ soit } 80\,\%$$

- *Cas 2 : Variables continues*

    Soit une loi normale de paramètres : $CA \to \mathcal{N}(480\,;\,150)$

    $$\text{Prob } \{CA \geq 400\} = \text{Prob}\left\{t \geq \frac{400 - 480}{150}\right\}$$
    $$= \text{Prob }\{t \geq -0{,}53\}$$
    $$= 1 - \text{Prob }\{t < -0{,}53\}$$
    $$= \pi(t) = 0{,}53$$

Dans la table de la loi normale centrée réduite on lit $\pi(t) = 70\,\%$.

Le seuil de rentabilité

⑥ SOCIÉTÉ ACCAM

Première partie

1) Pourcentage de baisse possible après le point mort

→ CF totales : 540 000 + 420 000 + 36 000 = 996 000

→ Seuil de rentabilité : 996 000/0,30 = 3 320 000 F

→ Qtés produites au point mort :
Production en progression géométrique de raison 1,10 et de premier terme 700 et 7 termes :

formule générale $S = \dfrac{a(1-q)^n}{1-q} \Rightarrow Q^* = \dfrac{700(1-(1,1)^7)}{1-1,1} = 6\,641{,}91 \simeq 6642$

Vérification :

J	F	M	A	M	J	J	
700	770	847	932	1 025	1 128	1 241	= 6 643

arrondi à 6 640 unités

Prix de vente unitaire : 3 320 000/6 640 = 500 F
M/Coût variable unitaire : 150 ⇒ CV unitaire 350 F

→ A partir du 1er août jusqu'au 31 décembre, plein régime soit 5 mois à 1 500.
Production de la période 6 640 + (1 500 x 5) = 6 640 + 7 500 = 14 140
Soit x le prix de vente des batteries après le 1er août :

CA	–	CV	–	CF	=	Résultat
(3 320 000 + 7 500 x)	–	(14 140 x 350)	–	996 000	=	10 % (3 320 000 + 7 500 x)
3 320 000 + 7 500 x	–	4 949 000	–	996 000	=	750 x + 332 000
				6 750 x	=	2 957 000
				x	=	438,07 ≈ 438 F.

% de baisse : $\dfrac{438}{500} \times 100 = 87{,}6\,\% \Rightarrow 12{,}40\%$ de baisse.

2) Tableau d'exploitation différentiel

CA	6 640 x 500		3 320 000	⎫ 6 605 000
	7 500 x 438		3 285 000	⎭
CV	14 140 x 350		4 949 000	
		MCV	1 656 000	
		CF	996 000	
		R.	660 000	

3) Ajustements prévisions N

→ Production jusqu'au 31 mai 19N :
$$\frac{700\left(1-(1,1)^5\right)}{-0,1} = 4\,273,57 \approx 4\,270$$

→ Marge sur coûts variables générée jusqu'au 31 mai 19N :
$$4\,270 \times 150 = 640\,500$$

→ CF restant à couvrir :
$$\left[996\,000 + \left(540\,000 \times 10\,\% \times \frac{7}{12}\right)\right] - 640\,500$$
$$= (996\,000 + 31\,500) - 640\,500$$
$$= 387\,000$$

→ Marge sur coûts variables unitaire à partir du 1er juin :
$$CV = 350 + 10\,\% \,(120) = 362$$
$$MCV = 500 - 362 = 138$$

→ Qté à produire pour atteindre le point mort :
$$387\,000 / 138 = 2\,800 \text{ batteries}$$

→ Date du point mort :

	J	J	A
/mois	1 128	1 241	1 365
/cumul		2 369	3 734
		S*	

A produire sur août :
431 → x J
1 365 → 30 J
≈ 10 jours

→ Production totale au jour du point mort :
$$4\,270 + 2\,800 = 7\,070$$

→ Production jusqu'au 31 décembre :
$$1\,500 \times 4\,{}^2/_3 = 7\,000$$

CA prévu	(7 070 x 500 F) + (7 000 x)	= 7 000 x + 3 535 000
CV	(4 270 x 350 F) + (9 800 x 362 F)	= − 5 042 100
CF	(996 000 + 31 500)	= − 1 027 500
	Résultat	= 700 x + 353 500

Il vient que :
$$6\,300\,x = 2\,888\,100$$
$$x = 458,42$$

Soit un % de baisse de : $\dfrac{500 - 458,42}{500} = 8,30\,\%$.

Le seuil de rentabilité

Deuxième partie

- Résultat année N + 1   1 050 800
Accroissement des marges du à l'économie de matières premières
    VT = 150 x 1/4 x 14 400   +   540 000
    PL = 230 x 1/4 x 6 300   +   362 250

Résultat N + 2	1 953 050

- Résultat année N + 2   1 953 050
+ Amortissement vieux matériel   +   420 000
− Amortissement nouveau matériel   − 1 500 000
+ Marge sur 10 000 VT (exportation)
    (450 − 324,5) x 10 000   + 1 255 000

Résultat N + 3	2 128 050

- Résultat année N + 3   2 128 050
− Amortissement nouveau procédé   −   300 000
+ Économie d'énergie
    (180 x 1/2 x 6 300)   +   567 000
− Hausse de la main d'œuvre
    132 x 0,05 x 24 400   −   161 040
    190 x 0,05 x 6 300   −   59 850
− Recrutement chef de production   −   336 000

Résultat N + 4	1 838 160

7 Les coûts partiels : variables ou directs

① SOCIÉTÉ SANTAL

1) Coût de revient unitaire et 2) Résultat analytique

	Articles x (24 000)	Articles y (6 000)	Total
Coût de production			
• matières premières	199 200	78 000	277 200
• main-d'œuvre directe	84 000	36 000	120 000
• frais d'atelier	383 600	164 400	548 000
	666 800	278 400	945 200
Coût de distribution	37 800	8 100	45 900
Coût de revient total	704 600	286 500	991 100
Coût de revient unitaire	29,36	47,75	–
Chiffre d'affaires	840 000	360 000	1 200 000
Résultat analytique	135 400	73 500	208 900

3) Marge unitaire sur coûts variables

Les charges fixes sont uniquement constituées d'une partie des frais d'atelier (320 000 F) et elles ont été réparties proportionnellement à la main d'œuvre directe soit :

$$\text{pour x : } \frac{320\,000 \times 84\,000}{120\,000} = 224\,000$$

$$\text{pour y : } \frac{320\,000 \times 36\,000}{120\,000} = 96\,000$$

	Articles x	%	Articles y	%	Total	%
Chiffre d'affaires	840 000	100	360 000	100	1 200 000	100
Charges variables	480 600		190 500		671 100	
Marge/CV	359 400	42,78	169 500	47,08	528 900	44,075
MCV unitaire	14,975		28,25			
Charges fixes					320 000	
Résultat					208 900	

4) Seuil de rentabilité

Le seuil est atteint quand la MCV = CF soit

$$320\,000 = 0{,}44075\,\text{CA} \Rightarrow \text{CAC} = 726\,035$$

soit $\boxed{\text{Seuil} = 727\,000}$

La combinaison productive représente un CA de 200 F ($4x$ à 35 F + $1y$ à 60 F). Pour atteindre le seuil, il faut :

$$727\,000 / 200 = 3\,635 \text{ combinaisons soit :}$$

$$\boxed{\begin{array}{l} 3\,635 \times 4 = 14\,540 \text{ articles } x \\ 3\,635 \times 1 = 3\,635 \text{ articles } y \end{array}}$$

5) Nouveau prix de vente

a) Le produit y présente un pourcentage de résultat analytique par rapport au chiffre d'affaires de :

$$73\,500 / 360\,000 = 20{,}42\,\%$$

Il faut donc trouver un prix de vente pour x qui donne un taux identique

• Chiffre d'affaires :	24 000 p	avec p le prix de vente cherché
• Coût de revient : – charges de production – charges de distribution	 – 666 800 – 4,5 % x 24 000 p	
Résultat	= 20,42 % x 24 000 p	

après résolution, on obtient :

$$18\,020\,p = 666\,8700 \rightarrow \boxed{p = 37\,\text{F}}$$

b) Il faut obtenir un résultat de 385 000 F. Pour ce faire, la MCV doit être égale à :

$$\begin{aligned} \text{MCV} &= \text{CF} + \text{Résultat} \\ &= (320\,000 + 12\,500) + 385\,000 \\ &= 717\,500 \end{aligned}$$

Cette marge représente 44,075 % du CA donc :

$$\text{CA} = 717\,500 / 44{,}075\,\% = 1\,627\,906 \text{ arrondi à } 1\,628\,000 \text{ F}$$

soit 8 140 combinaisons productives de 200 F (cf. question d), et la vente des articles x et y doit s'établir à :

$$\boxed{\begin{array}{l} 32\,560 \text{ articles } x \\ 8\,140 \text{ articles } y \end{array}}$$

Cela représente un accroissement de 124 % des quantités vendues.

② PRODUITS JOINTS OU LIÉS

1) Résultats analytiques

La production obtenue est de :   1 400 T de compost brut,
                                 100 000 l de graisses brutes,
                                 1 200 T de «base» brute.

→ Compost : 1 400 T de compost brut donnent 1 400 x 0,95 soit 1 330 T de compost compacté ou encore 266 000 galettes de 5 kg.
→ Graisses : 100 000 l donnent 9 000 bidons de 10 l.
→ Base : 1 200 T de «base» brute donnent 1 200 T x 0,90 = 1 080 T de base traitée soit 1 080 000 paquets de 1 kg.

Les coûts indivis de ces produits conjoints sont de :
    3 500 000 + 200 000 + 600 000 + 390 800 = 4 690 800 F

	Galettes de compost	Bidons de graisses	Paquets de base	Total
Quantités	266 000	9 000	1 080 000	
Prix de vente	12 F	190 F	2,70 F	
CA en MFS	3 192	1 710	2 916	7 818
Coûts indivis (60 % du CA)	1 915,2	1 026	1 749,6	4 690,8
Coûts complémentaires	950	340 (1)	70,2 (4)	
		396 (2)	12,96 (3)	1 769,16
Coût de revient	2 865,2	1 762	1 832,76	6 459,96
Résultats analytiques	+ 326,8	− 52	+ 1 083,24	1 358,04

(1) (1 000 000 x 3,4 F)   (3) (12 F x 1 080)
(2) (9 000 x 44 F)   (4) (65 F x 1 080)

Cette clé est arbitraire. Il faut travailler hors coût indivis et calculer une marge hors coût indivis par produit.

2) Choix du mode d'élaboration des produits

	Compost		Graisses		Base	
	Brut	Galettes	Fûts	Bidons	Sac	Paquets
Quantités	1 400	266 000	2 000	9 000	12 000	1 080 000
Prix de vente	2 000 F	12 F	600 F	190 F	320 F	2,70 F
CA (en MFS)	2 800	3 192	1 200	1 710	3 840	2 916
Coûts complément.	−	950		736		83,16
• Affinage (3,4 F/l)			340	−		
• Conditionnement		−	60 (1)		840 (2)	
Marge hors coûts indivis	**2 800**	2 242	800	**974**	**3 000**	2 832,84

(1) 2 000 fûts x 30 F   (2) 12 000 sacs à 70 F

Les coûts partiels : variables ou directs

Choix : Compost brut, graisses en bidons, bases en sacs.

Marge globale hors coûts indivis
(2 800 000 + 974 000 + 3 000 000)   =   6 774 000 F
− Coûts indivis   − 4 690 800 F
             Résultat optimal :   2 083 200 F

③ SOCIÉTÉ INDUSTRIELLE DE CONFECTION

Partie I

1) Résultat courant avant impôt

Chiffre d'affaires	10 000 x 6 000	60 000 000
Coûts variables		
− App. & Prod.	10 000 x 4 000	40 000 000
− distribution	12 % x 60 000 000	7 200 000
Marge sur coûts variables		12 800 000
CF spécifiques		8 800 000
Marge/ct spécif.		4 000 000
CF non spécifiques		−
Résultat courant avant impôts		4 000 000

2) Notion de levier opérationnel

Levier opérationnel ou coefficient de volatilité :

$$L.0 = \frac{MCV}{R} = \frac{12\,800\,000}{4\,000\,000} = 3{,}2$$

Pour une Δ du CA de 1 %, on obtient une Δ du résultat de 3,2 % *ou* élasticité du résultat par rapport au chiffre d'affaires.

$$e\frac{R}{CA} = \frac{\frac{\Delta R}{R}}{\frac{\Delta CA}{CA}} = \frac{\Delta R}{R} \cdot \frac{CA}{\Delta CA} = \frac{\Delta R}{\Delta CA} \cdot \frac{CA}{R}$$

On connaît CA/R = 60 000 000 / 4 000 000 = 15

$$e\frac{R}{CA} = \frac{\Delta R}{\Delta CA} \times 15$$

Il est possible d'écrire avec x coefficient multiplicateur de l'année 2 par rapport à l'année 1.

ΔR = R₂ − R₁   et ΔCA = CA₂ − CA₁
ΔR = (1 280 x − 8 800 000) − 4 000 000   ΔCA = 6 000 x − 60 000 000
ΔR = 1 280 x − 12 800 000

On a donc : $\dfrac{\Delta R}{\Delta CA} = \dfrac{1\,280\,x - 12\,800\,000}{6\,000\,x - 60\,000\,000}$

Ce rapport est la dérivée de R quand CA $\to$ 0

$$\lim_{CA \to 0} \dfrac{\Delta R}{\Delta CA} = \dfrac{12\,800\,000}{60\,000\,000} = 0{,}21333$$

On peut donc écrire :

$$e\,R/CA = 0{,}21333 \times 15$$
$$= 3{,}1999 \approx 3{,}2$$

Sous-entendu :
- prix de vente unitaire constant,
- composition des coûts identiques d'une période à l'autre c'est-à-dire charges variables unitaires constantes et charges fixes globales identiques.

Partie II

Données du texte

e D/P = – 20, c'est-à-dire qu'une variation de prix entraîne une variation de la demande de sens inverse. La demande est une fonction décroissante des prix.

$$e\,D/P = \dfrac{\dfrac{\Delta D}{D}}{\dfrac{\Delta P}{P}} = \dfrac{\Delta D}{D} \cdot \dfrac{P}{\Delta P} = \dfrac{\Delta D}{\Delta P} \cdot \dfrac{P}{D} = -20$$

Dans notre exemple P = 6 000 et D = 10 000.

$$e\,D/P = \dfrac{\Delta D}{\Delta P} \cdot \dfrac{6\,000}{10\,000} = -20 \quad \Rightarrow \quad \dfrac{\Delta D}{\Delta P} = -33\,1/3$$

Soit x le taux de variation des prix pour 1 F.
On peut dire que $\Delta P = 6\,000\,x$
donc $\Delta D = -33\,1/3 \cdot 6\,000\,x = -200\,000\,x$

Deux démarches sont possibles :
- celle de la maximisation du résultat (1)
- celle du raisonnement marginaliste (2).

a) Maximisation du résultat

Résultat = CA – Coût total.

- *Équation du chiffre d'affaires*
$$\begin{aligned} CA_2 &= p_2 \cdot D_2 \text{ avec } D_2 = D_1 + \Delta D \\ &= 6\,000\,(1 + x)\,(10\,000 - 200\,000\,x) \\ &= -1\,200\,x^2 - 1\,140\,x + 60 \end{aligned}$$

en simplifiant par 10^6.

Les coûts partiels : variables ou directs

- *Équation du coût total*
  $CT = CV_{Prod.} + CV_{distrib} + CF$
  $CV_{Prod} = 4\,000\,(10\,000 - 200\,000\,x)$
  $\quad\quad\quad = -800\,x - 40 \quad\quad$ en simplifiant par 10^6
  $CV_{distrib} = 0{,}12\,(-1\,200\,x^2 - 1\,140 + 60)$
  $\quad\quad\quad = -144\,x^2 - 136{,}8\,x + 7{,}2 \quad$ (déjà simplifié)
  $CF \quad = 8{,}8 \quad\quad\quad\quad\quad\quad$ en simplifiant par 10^6
  $CT \quad = (-800\,x - 40) + (-144\,x^2 - 136{,}8\,x + 7{,}2) + 8{,}8$
  $CT \quad = -144\,x^2 - 936{,}8\,x + 56$

- *En maximisant le résultat total*
  $R = CA - CT$
  $\quad = (-1\,200\,x^2 - 1\,140\,x + 60) - (-144\,x^2 - 936{,}8\,x + 56)$
  $\quad = -1\,056\,x^2 - 203{,}2\,x + 4$
  R est un maximum si R' est nul et R" négatif.
  $R' = -2\,112\,x - 203{,}2 = 0 \quad R'' = -2\,112 \leq 0$

$$\boxed{x = 9{,}62\,\%}$$

b) Solution par raisonnement marginaliste

Résultat maximum quand Recette marginale = Coût marginal
$R_{ma} = (CA)' \quad\quad\quad\quad C_{ma} = (CT)'$
$\quad\quad = -2\,400\,x - 1\,140 \quad\quad\quad\quad = -288\,x - 436{,}8$
On a donc :

$$-2\,400\,x - 1\,140 = -288\,x - 936{,}8$$
$$-2\,112\,x = 203{,}2$$

$$\boxed{\begin{array}{c} x = -9{,}62\,\% \\ \text{soit } 10\,\% \end{array}}$$

(inclus entre + 4 % et – 12 %)

Conclusion
Notre profit est maximum si notre prix de vente diminue de 10 %.
Nouveau prix : $6\,000\,(1 - 0{,}10) = 5\,400$
$\Delta D = -200\,000\,x \rightarrow \Delta D = -200\,000\,(-0{,}1)$
$\quad\quad\quad\quad\quad\quad\quad\quad \Delta D = +20\,000$

Donc la demande s'établira à $10\,000 + 20\,000 = 30\,000$ soit un CA de :
$$30\,000 \times 5\,400 = 162\,000\,000\,F.$$

Partie III

Chiffres d'affaires			140 000 000
1ère série	6000 x 10 000	60 000 000	
2ème série	4 000 x 20 000	80 000 000	
Coûts variables			
– de production	(4 000 x 0,90) x 30 000	108 000 000	
– de distribution	0,12 x 60 000 000	7 200 000	– 115 200 000
Marge/coûts variables			24 800 000
Charges fixes spécifiques			
– jusqu'à 15 000	idem	8 800 000	
– par tranche 5 000	3 x 3 000 000	9 000 000	– 17 800 000
Marge/coûts spécifiques			7 000 000
Charges fixes communes		1 x 1 000 000	– 1 000 000
Résultat courant avant impôts			6 000 000

④ **SOCIÉTÉ ABYSSE *(d'après DECF 1992)***

I. Étude de la rentabilité

1) Résultats analytiques unitaires

	Torches			Lampes			Phares		
CUMP des produits	$\frac{2\,106\,000\ +(22\,000 \times 2\,221)}{23\,000}$			$\frac{6\,900\,000\ +(38\,000 \times 1\,746)}{42\,000}$			$\frac{5\,063\,000\ +(17\,000 \times 2\,541)}{19\,000}$		
	2 216 F			1 744 F			2 540 F		
			(en MFS)			(en MFS)			(en MFS)
Coût de production des produits vendus	20 000	2 216	44 320	39 000	1 744	68 016	17 500	2 540	44 450
Coût de distribution	20 000	90	1 800	39 000	85	3 315	17 500	98	1 715
Coût de revient	–	2 306	46 120	–	1 829	71 331	–	2 638	46 165
Chiffre d'affaires	20 000	2 400	48 000	39 000	1 890	73 710	17 500	2 620	45 850
Résultat analytique par produit	20 000	94	1 880	39 000	61	2 379	17 500	– 18	– 315
Résultat global	3 944 000 F								

Les coûts partiels : variables ou directs

2) Contribution de chaque produit à la couverture des CF

	Total	Torches		Lampes		Phares	
CUMP variable		1 458 000 +(22 000 x 1 481) / 23 000		4 532 000 +(38 000 x 1 154) / 42 000		3 879 000 +(17 000 x 1 949) / 19 000	
des produits		1 480 F		1 152 F		1 948 F	
Quantités vendues		20 000 pdts		39 000 pdts		17 500 pdts	
Ct de production	108 618	1 480	29 600	1 152	44 928	1 948	34 090
Ct de distribution	4 917,5	65	1 300	60	2 340	73	1 277,5
Ct variable	113 535,5	1 545	30 900	1 212	47 268	2 021	35 367,5
Prix de vente	167 560	2 400	48 000	1 890	73 710	2 620	45 850
Marge sur cts variable	54 024,5	855	17 100	678	26 442	599	10 482,5
Charges fixes ①	50 752,5						
Résultat de contribution	3 272						

① • de fabrication (en MFS)

T (2 221 − 1 481) x 22 000 = 16 280
L (1 746 − 1 154) x 38 000 = 22 496
P (2 541 − 1 949) x 17 000 = 10 064
= 48 840

• de distribution

25 F (20 000 + 39 000 + 17 500) = 1 912,5
soit au total = 50 752,5

3) Analyse de la rentabilité

- Rentabilité globale bonne : 2,35 % par rapport au chiffre d'affaires si on retient le résultat global ; 1,95 % du CA affaires si on retient le résultat de contribution.
- Taux de marge globale : $\frac{54\,024,5}{167\,560} \times 100 = 32,24\,\%$ avec des taux par produits de :

Torches	Lampes	Phares
35,6 %	35,9 %	22,9 %

- Tous les produits dégagent une marge sur coûts variables nettement positive ce qui contribue à la couverture des charges fixes.
- Pourtant seule une analyse en marge sur coûts spécifiques permettrait de conclure de façon définitive sur la rentabilité des produits. (Il semble que la perte sur les phares (question a) provienne d'une répartition des charges fixes désavantageant ce type de produit.)

4) Origine de la différence entre les deux résultats

Cette différence de 672 000 F (3 944 000 F − 3 272 000 F) provient de la différence de valorisation des stocks de produits dans les deux approches.
Elle correspond aux charges fixes incluses dans la production stockée et ne concerne donc que les charges fixes de fabrication.

	CF incluses dans le stock final (en MFS)	CF dans SI (en MFS)	CF dans Production stockée (en MFS)
T	(2 216 – 1 480) 3 000 = 2 208	648	+ 1 560
L	(1 744 – 1 152) 3 000 = 1 776	2 368	– 592
P	(2 540 – 1 948) 1 500 = 888	1 184	– 296
			+ 672

5) Calcul des marges sur coûts spécifiques

Le tableau de la question 2) voit sa fin modifiée de la façon suivante :

	Total	Torches	Lampes	Phares
Marge sur cts variables	54 024,5	17 100	26 442	10 482,5
		43 542		
Charges fixes spécifiques	10 725	– 8 515		– 2 210
Marge sur cts spécifiques	43 299,5	35 027		8 272,5
Charges fixes communes • de fabrication (48 840 – 8 515 – 2 210) • de distribution	38 115 1 912,5			
Résultat de contribution	3 272			

6) Notion de coût spécifique

Ce coût est attaché à un objet ou une activité : il regroupe toutes les charges qui concernent sans ambiguïté cet objet ou cette activité.
Pour le calculer, on retient généralement :
> Charges variables + charges fixes propres au produit ou à l'activité.

Il faut noter que c'est une notion indispensable à la réorientation d'un portefeuille d'activité : tout produit dont la marge sur coûts spécifiques est négative devrait être abandonné puisque sa suppression entraînera :
– certes une diminution de la marge sur coûts variables globale,
– mais une diminution plus importante encore des charges fixes liées au produit,
ce qui conduit à une augmentation du résultat global, toutes choses égales par ailleurs.

Les coûts partiels : variables ou directs

II. Propositions d'actions en vue d'améliorer la rentabilité

A. Test du plan d'action n° 1 : améliorer la rentabilité de l'activité «Éclairage de surface»

1) Calcul des marges sur coûts spécifiques

	Decision D1		Décision D2		Décision D3
Prix de vente	2 620 x 0,98	2 567,6	idem 90	2 620	2 567,6
Coût variable unitaire	1 949 + 73	– 2 022	1 942 + 73	– 2 015	– 2 015
Marge/cts var. unitaire		545,6		605	552,6
Quantités vendues	17 500 x 1,096	19 180	idem 90	17 500	19 180
Marge sur cts variables globale		10 464 608		10 587 500	10 598 868
Charges fixes spécifiques		2 210 000	2 210 000 + 125 000	2 335 000	
Marge sur cts spécifiques		8 254 608		8 252 500	8 263 868

• La décision dont la mise en œuvre est souhaitable est la décision D3.

• Résultat global de l'entreprise :

Résultats avant modifications	+	Δ Marge sur coûts spécifiques « E. de surface »
3 156 500	+	8 263 868 – 8 255 000

$$= 3\ 165\ 368$$

2) Calcul du résultat analytique sur phares après D3

Il s'agit de déterminer quel montant de charges fixes communes vont être imputées à l'activité «Éclairage de surface».

• *Charges fixes de production* : proportionnellement aux coûts fixes spécifiques de chaque activité

$$38\ 115\ 000 \times \frac{2\ 335\ 000}{8\ 515\ 000\ +\ 2\ 335\ 000} = 8\ 202\ 629$$

• *Charges fixes de distribution* : au prorata des quantités vendues

$$1\ 912\ 500 \times \frac{19\ 180}{20\ 000\ +\ 39\ 000\ +\ 19\ 180} = 469\ 196$$

Torches Lampes Phares

soit au total : 8 671 825

• *Résultat analytique sur phares* : Marges/coûts spécifiques – C. fixes imputées

$$8\ 263\ 868 - 8\ 671\ 825 = \boxed{-407\ 957}$$

La perte mise en évidence sur les phares est engendrée par l'imputation des charges fixes communes principalement celles de fabrication.

Cette répartition (proportionnelle aux charges fixes spécifiques au produit) pénalise tout produit en phase d'investissement puisque l'investissement augmente les CF spécifiques.

3) Risque de non-rentabilité de la décision D3

L'accroissement du résultat sur phares est faible (8 868 F). Il suffit que :
– les charges fixes augmentent de plus de 7 % (8 868 F/125 000 F),
– les quantités vendues soient inférieures de 16 aux quantités prévues
(8 868 F/552,6 F) = 16,04

$\Rightarrow$ Risque important.

B. Test du plan d'action n° 2 : Abandon des phares et développement des produits «sous-marins»

L'abandon de l'activité «phare» a deux conséquences :
– il supprime les CF spécifiques à ce produit,
– il libère 34 000 h de soudure.

• *Marge sur coûts variables*		59 420 000 F
Lampes : 50 000 x 676	= 33 800 000	
Torches : 30 000 x 854	= 25 620 000	
• *Charges fixes spécifiques*		11 015 000 F
anciennes	= 8 515 000	
nouvelles	= 2 500 000	
• *Marge sur coûts spécifiques*		48 405 000 F
• *Charges fixes communes*		40 027 500 F
	Résultat analytique	+ 8 377 500 F

8 Le coût marginal

① ENTREPRISE MARIN

Partie I

1) *Commande supplémentaire* dans le cas d'une structure inchangée (charges fixes sans changement) et des CV proportionnelles aux quantités.

$$\Rightarrow C_{ma} = CV_{unitaire}$$

Or $CV_{unit} = 5\,000\,000/5\,000 = 1\,000$ F donc $C_{ma} = 1\,000$ F.
Tous les prix qui assurent une recette marginale supérieure à 1 000 F sont acceptables soit 1 200 F ou 1 500 F.

2) *Prix retenu* : 1 200 F $\Rightarrow$ $R_{ma} = 1\,200$ F $\quad C_{ma} = 1\,000$ F
Le résultat augmente de (1 200 – 1 000) 500 articles = 100 000 F.

Partie II

Capacité normale : 5 000 produits.
Capacité potentielle : 5 000/0,75 = 6 670 produits.

3) La commande de 3 000 articles nécessite un changement de structure

	Coût total sans sous-traitance	Coût total avec sous-traitance	Coût marginal
Ch. variables	5 500 x 1 000 F 5 500 000 F	5 500 x 1 000 F 5 500 000 F 3 000 x 1 000 x 1,1 3 300 000	3 300 000
Ch. fixes	2 500 000 F	2 500 000 F 938 730 F	– 938 730 F
Coût de revient moyen	8 000 000 F 1 454,5	12 238 730 1 439,85	4 238 730 d'où un coût marg. unitaire de 1 412,91

Tout prix de vente supérieur à 1 412,90 F est acceptable.

4) Résultat de 10 % du prix du contrat

Soit p le prix de vente d'un produit sous-traité.

$$3\,000\,p - 4\,238\,730 = 0{,}10\,(3\,000\,p)$$
$$2\,700\,p = 4\,238\,730$$
$$\boxed{p = 1\,569{,}9\ F}$$

② ENTREPRISE DUFLAN

1) Quantité à vendre pour maximiser le profit (Π)

- En partant de Π_{max} si $R_{ma} = C_{ma}$

$C_{T0} = 20\,000 + 60\,Q + 15\,Q^2$
$C_{ma} = (C_{T0})' = 30\,Q + 60$

$R_{mo} = P = 1\,500 - 3\,Q$
$R_{T0} = R_{mo} \times Q$
$\phantom{R_{T0}} = 1\,500\,Q - 3\,Q^2$

$C_{mo} = \dfrac{20\,000}{Q} + 60 + 15\,Q$

$R_{ma} = (R_{T0})' = -6\,Q + 1\,500$

- En écrivant $C_{ma} = R_{ma}$ soit :

$$30\,Q + 60 = 1\,500 - 6\,Q \quad \rightarrow \quad \boxed{Q = 40}$$

2) Graphique

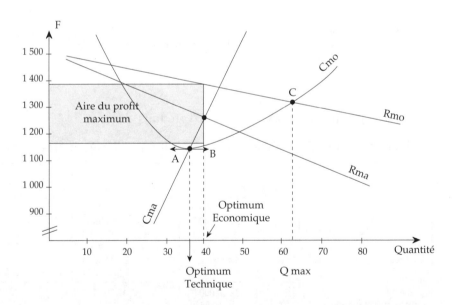

Points de construction

Quantité	20	30	40	50	60
C_{ma}	660	960	1 260	1 560	1 860
C_{mo}	1 360	1 177	1 160	1 210	1 293
R_{ma}	1 380	1 320	1 260	1 200	1 140
R_{mo}	1 440	1 410	1 380	1 350	1 320

Le coût marginal

3) Quantités maximales

Les quantités maximales pouvant être vendues sont obtenues par l'intersection de la droite de recette moyenne et celle du coût moyen (point C du graphique).

$$\frac{20\,000}{Q} + 60 + 15\,Q = 1\,500\,Q - 3\,Q$$

On retient $\boxed{Q = 62}$

③ SOCIÉTÉ MICROVOL

Partie I

Calcul du nombre de moteurs à vendre mensuellement

	Moteurs 4,5 cm³	Moteurs 6 cm³
Quantités	150	80
Chiffre d'affaires	31 500	20 800
Charges variables		
– Matières premières	5 190	3 460
– Mat. consommables	180	55
– Pièces détachées	2 925	2 145
– MOD	18 000	12 000
– Frais de production	2 880	1 920
– Frais de distribution	960	628
Marge sur coûts variables	1 365	592
Charges fixes spécifiques	1 200	– 1 000
Résultat	+ 165	– 408
Seuil de rentabilité $\frac{CF}{MCV_{unit}}$	132 moteurs	136 moteurs

Partie II

1) Calcul des coûts par séries

Production	200	240	280	320
Ch. variables 192 F x Q	38 400	46 080	53 760	61 440
Ch. fixes	1 600	3 200	3 200	3 200
Coût total	40 000	49 280	56 960	64 640
Coût moyen	200	205,33	203,42	202
Coût marginal de série (40 moteurs)	–	9 280	7 680	7 680
Coût marginal par moteurs	–	232	192	192

2) Acceptation du marché

Elle dépend du profit marginal et du profit total dégagé pour chaque niveau de production.

Production	200	240	280	320
Profit marginal	– –	(210 – 232) x 40 – 880	(210 – 192) 40 720	idem 720
Profit total (210 x Q – C_{T0})	2 000	1 120	1 840	2 560

La solution à accepter est celle de 120 moteurs supplémentaires car c'est la seule qui dégage un profit supérieur à celui que l'on obtient sans la commande supplémentaire (2 560 F au lieu de 2 000 F). Les niveaux intermédiaires de 40 ou 80 moteurs supplémentaires diminuent de fait le profit global.

④ MONSIEUR HONORÉ

1) Coût variable de production d'une bibliothèque et d'un buffet

Les frais généraux variables s'élèvent à :

Électricité 50 % de 41 127 =	20 563,50
Carburant 30 % de 10 810 =	3 243,00
Petit outillage 80 % de 16 273 =	13 018,40
	36 824,90

$$\text{soit pour 1 buffet : } \frac{36\,824{,}90}{36 \times 11 \text{ mois}} = 92{,}99$$

$$\text{pour 1 bibliothèque : } \frac{36\,824{,}90}{12 \times 11 \text{ mois}} = 278{,}97$$

En conséquence les frais généraux fixes sont égaux à :

$$207\,335 - 36\,824{,}90 = 170\,510{,}10$$

auxquels il faut ajouter les éléments supplétifs pour obtenir les charges fixes globales :

$$170\,510{,}10 + [(12\,000 + 6\,500) \times 12] = 392\,510{,}10 \text{ arrondi à } 392\,500 \text{ F.}$$

Coût variable par produit

Charges	Bibliothèque	Buffet
Matières	3 272,56	1 057,56
Main-d'œuvre	6 052,98	2 017,66
Frais généraux	278,97	92,99
Total	9 604,51	3 168,21
arrondi à	9 600,00	3 200,00

Le coût marginal

2) Seuil de rentabilité

	Bibliothèques	Buffets
Prix de vente	12 000	4 600
C. variables	9 600	3 200
MCV unitaire	2 400	1 400
C. fixes	392 500	392 500
Nbre de produits	163,54	280,35
CF/MCV unit	≈ 164 bibliothèques	≈ 281 buffets

La production actuelle ne peut être que de :

12 x 11 mois = 132 bibliothèques

ou 36 x 11 mois = 396 buffets.

Il est donc impossible d'atteindre le seuil de rentabilité en ne produisant que des bibliothèques.

Si la production porte essentiellement sur les buffets, le seuil de rentabilité est atteint en fin septembre (compte tenu des congés d'août) (281/36 = 7,80 mois).

Dans le cadre d'une production mixte, il faut développer les ventes de buffets et revoir le prix des bibliothèques.

3) Prix de vente minimum des bibliothèques

Il faut que les 132 bibliothèques possibles dégagent une MCV égale aux CF,

$$\text{d'où } MCV_{unitaire} = \frac{392\,500}{132} = 2\,973,48$$

Soit un prix de vente unitaire de :

MCV + CV = 2 973,48 + 9 600 = 12 573 arrondi à 12 600 F.

4) Offre supplémentaire de l'exportateur

Si le coût marginal des bibliothèques est inférieur à la recette marginale attendue de ces mêmes produits, il faudra accepter l'offre.

Dans notre cas, les seules charges qui sont modifiées sont des charges variables, il suffit de connaître le coût variable de cette production additionnelle pour déterminer le coût marginal.

Matières premières :	3 272,56 x 1,10 =	3 599,81
Main-d'œuvre directe :	6 052,98 x 1,10 x 1,25 =	8 322,84
Frais généraux :	278,97 x 1,10 =	306,86
		12 229,51
		arrondi à 12 230

L'offre à 12 800 F est acceptable.

Le travail considère que toutes les bibliothèques ont été faites à l'aide d'heures supplémentaires ce qui n'est pas le cas.

5) Calcul des résultats avec ou sans commande supplémentaire

a) Nombre de bibliothèques fabriquées en heures supplémentaires

La production de 324 buffets et 15 bibliothèques consomme :
324/36 = 9 mois d'activité
15/12 = 1,25 mois d'activité
Il reste sur 11 mois d'activité, 0,75 mois disponible pour la fabrication de la commande supplémentaire soit :

$$0,75 \text{ mois} \times 12 = 9 \text{ bibliothèques}$$

donc 11 bibliothèques doivent être faites en heures supplémentaires.

b) Calcul des résultats

	Refus de la commande		Commande supplémentaire
Ventes	324 buffets	15 bibliothèques	20 bibliothèques
Prix de vente (p x 1,1)	5 060	13 200	12 800 x 20 256 000 F
Coût variable de production CV_{unit} x 1,1	3 520	10 560	9 x 10 560 F = 95 040 11 x 12 230 F = 134 530
MCV unitaire MCV globale par produit	1 540 498 960	2 640 39 600	
MCV totale Charges fixes 392 500 x 1,1 Résultat	538 560 431 750 106 810 F		26 430 – 26 430 F

Le résultat avec l'acceptation de la commande augmente de 26 430 soit près de 25 % du résultat sans cette acceptation. Il apparaît donc à :

$$106\ 810 + 26\ 430 = 133\ 240 \text{ F}.$$

⑤ ENTREPRISE Y

1) Nombre de séries vendues et fabriquées en A

Ce nombre est tel que le coût moyen d'une série est minimum. Il faut donc reconstituer le coût moyen par série.
Le coût marginal est la dérivée du coût total, il est possible d'en conclure que :

Somme des coûts marginaux
de $n^{\text{ième}}$ premières séries = Coût total des n premières séries

et ensuite $C_{moyen} = C_{Total}/N$

Le coût marginal

Séries	Coût marginal	Coût total	Coût moyen
0	40 000 (*)	40 000	
1	32 600	72 600	72 600
2	26 400	99 000	49 500
3	21 400	120 400	40 133
4	17 600	138 000	34 500
5	15 000	153 000	30 600
6	13 600	166 600	27 766
7	13 400	180 000	25 714
8	14 400	194 400	24 300
9	16 600	211 000	23 444
10	20 000	231 000	23 100
11	24 600	255 600	23 236
12	30 400	286 000	23 833
13	37 400	323 400	24 877

* Le coût marginal de la série 0 est constitué des charges fixes.

L'entreprise a donc vendu 10 séries pour un coût moyen de 23 100 F au prix de 37 400 F (soit C_{moyen} minimum + 14 300 F).
Le bénéfice de l'année A s'élève à :

Chiffre d'affaires   –   Coût total
37 400 F x 10   –   231 000   = 143 000 F

2) Recherche de l'équation du coût marginal

Le coût marginal s'exprime par une équation de la forme :

$$C_{ma} = ax^2 + bx + c$$

où x représente le numéro de la série et a, b, c des constantes à déterminer.
Soit les séries 11, 12 et 13, il est possible d'écrire :

$$\begin{cases} 24\,600 = 121\,a + 11\,b + c \\ 30\,400 = 144\,a + 12\,b + c \\ 37\,400 = 169\,a + 13\,b + c \end{cases}$$

La résolution de ce système de 3 équations à 3 inconnues a, b et c donne :

$$a = 600 \quad b = -8\,000 \quad c = 40\,000$$

L'équation cherchée est donc :

$$C_{ma} = 600\,x - 8\,000\,x + 40\,000$$

Pour les séries 14 et 15, il vient :

$$x = 14 \Rightarrow C_{ma} = 600\,(14)^2 - 8\,000\,(14) + 40\,000 = 45\,600\,F$$

$$x = 15 \Rightarrow C_{ma} = 600\,(15)^2 - 8\,000\,(15) + 40\,000 = 55\,000\,F$$

3) Année A + 1

a) *Nombres de séries vendues en A + 1 et bénéfice correspondant*

L'entreprise a vendu un nombre de séries qui aurait permis de dégager un profit maximum si les ventes réclame n'avaient pas existé.

Le nombre de séries qui assure le profit maximum est celui qui respecte la condition :

$$\text{Recette marginale} = \text{Coût marginal}$$

Or :
   Recette marginale = Prix de vente : 37 400 F
C'est pour la 13e série que l'on constate un coût marginal de série égal à 37 400 F.
Bénéfice correspondant :

$$\text{Bénéfice} = (37\,400 \times 13) - 323\,400 = 162\,800\text{ F}$$

b) Nombre de séries écoulées lors des ventes réclame

Séries	Coût total	Chiffre d'affaires	Bénéfice
1	72 600	37 400	− 35 200
2	99 000	74 800	− 24 200
3	120 400	112 200	− 8 200
4	138 000	149 600	11 600
5	153 000	187 000	34 000
6	166 600	224 400	57 800
7	180 000	261 800	81 800
8	194 400	299 200	104 800
9	211 000	336 600	125 600
10	231 000	374 000	143 000

L'entreprise a réalisé un bénéfice de l'ordre de 80 000 F avant de lancer les séries réclame soit ici la série 7.
Les séries réclame sont donc les séries 8, 9 et 10.

Prix de vente possible des ventes réclame : elles doivent être vendues au coût marginal pour ne dégager aucun bénéfice.
Soit un prix différent par séries :
   8e série $\Rightarrow$ 14 400 F
   9e série $\Rightarrow$ 16 600 F
   10e série $\Rightarrow$ 20 000 F
ou, plus logiquement, les trois séries au même prix :

$$\frac{14\,400 + 16\,600 + 20\,000}{3} = 17\,000\text{ F}$$

c) Bénéfice réalisé en A + 1

Bénéfice sans ventes-réclame	= 162 800 F
Perte de bénéfice due aux ventes-réclame (37 400 − 24 000) × 3	= 40 200 F
Bénéfice en A + 1	= 122 600 F

Le coût marginal

4) Résultat réalisé en A + 2

Nouveau bénéfice réalisé sur les 13 premières séries en A + 2
(13 x 34 000) – 323 400 = 118 600 F
Bénéfice réalisé sur la vente des séries supplémentaires
(6 x 34 000) – 30 000 – (5 x 18 000) = 84 000 F

$\qquad$ Bénéfice en A + 2 $\boxed{= 202\ 600\ F}$

Le bénéfice progresse donc de A + 1 en A + 2 de 202 600 – 122 600 = 80 000 F
De plus, la rentabilité moyenne des séries augmente aussi d'une année sur l'autre :

$\qquad\qquad$ A + 1 $\qquad\qquad\qquad$ A + 2
$\qquad$ 122 600/13 ≈ 9 430 F $\qquad$ 202 600/19 ≈ 10 660 F

9 L'imputation rationnelle des charges fixes

① SOCIÉTÉ LUSIN

1) Coûts de production

a) Coût unitaire de production sans imputation rationnelle

Charges variables : 720 x 40 =	28 800
Charges fixes	6 000
Coût total :	34 800

Coût unitaire de production de la pièce 34 800 / 40 = **870** $\left(= 720 + \dfrac{6\,000}{40}\right)$

b) Coût unitaire de production avec imputation rationnelle ($A_R/A_N = 40/60$)

Charges variables : 720 x 40 =	28 800
Charges fixes : 6 000 x $\dfrac{2}{3}$ =	4 000
Coût total :	32 800

Coût unitaire 32 800 / 40 = **820** $\left(= 720 + \dfrac{6\,000}{60}\right)$

2) Comptes de résultat

a) Compte de résultat sans imputation rationnelle

Charges de production	34 800	Chiffre d'affaires (35 x 1 200)	42 000
Autres charges	9 000	Production stockée (5 x 870)	4 350
Résultat	2 550		
Total	46 350	Total	46 350

b) Compte de résultat avec imputation rationnelle

Charges de production	34 800	Chiffre d'affaires (35 x 1 200)	42 000
Autres charges	9 000	Production stockée (5 x 820)	4 100
Résultat	2 300		
Total	46 100	Total	46 100

3) Le coût de la sous-activité

Le coût de la sous-activité de la période s'élève à : $6\,000 \times \dfrac{1}{3} = 2\,000\,F$ qui est constitué par 2 parties :

- l'une concernent les stocks : $\dfrac{5}{40}$, soit $2\,000 \times \dfrac{5}{40} = 250\,F$;
- l'autre concernent les produits vendus : $\dfrac{35}{40}$, soit $2\,000 \times \dfrac{35}{40} = 1\,750\,F$.

4) Choix du compte de résultat

Le PCG stipule que les biens produits par l'entreprise doivent être évalués au coût de production, celui-ci excluant (entre autres) la «quote-part de charges correspondant à la sous-activité».

Dans le compte de résultat la production stockée est valorisée pour 4 100 F imputant de ce fait les 250 F de sous-activité au résultat de l'exercice qui s'achève, ce dernier est donc diminué. Le choix du PCG peut s'interpréter comme une application du principe de prudence.

5) Coût de sous-activité du mois (compresseurs 125)

Production : 6 000 x 20/60 =	2 000 F
Distribution : 3 000 x 25/60 =	1 250 F
Total :	**3 250 F**

② SOCIÉTÉ MÉTALLURGIQUE DE T.

1) Calcul des coefficients d'imputation rationnelle des centres principaux

- *Atelier de calibrage* :
  Activité réelle : 55 100 x 0,70 = 38 570 heures de marche
  Activité normale : 36 400 heures de marche

$$\Rightarrow C_{IR} = \dfrac{38\,570}{36\,400} = 1{,}06$$

- *Atelier de barres de torsion* :
  Activité réelle : 23 200 x 0,65 = 15 080 heures de marche
  Activité normale : 16 250 heures de marche

$$\Rightarrow C_{IR} = \dfrac{15\,080}{16\,250} = 0{,}93$$

2) Répartition primaire des charges indirectes

Cf. tableau page suivante.

LES OUTILS DU CONTRÔLE DE GESTION

	Total	Administration		Entretien		Méthodes		Calibrage		Barres		Diff. d'imput.	
		F	V	F	V	F	V	F	V	F	V	D +	D –
Achats stockés de mat. prem.	322 301					322 301							
Charges de personnel	821 128	318 624		146 158		138 256		161 575		56 515			
Impôts et taxes	14 206	9 565		1 082		950		1 438		1 171			
Achats non stockés de matières et fournitures	772 628	77 185	51 547	204 739	136 492	58 337	38 891	74 032	49 354	49 285	32 856		
Transports	143 527	9 636	22 485	8 590	20 044	13 996	32 656	7 072	16 500	3 764	8 784		
Services extérieurs	67 435	12 106	12 106	9 458	9 459	3 216	3 216	6 244	6 244	2 693	2 693		
Charges financières	46 222	46 222											
Dot. aux amortissements	1 100 900	59 098		114 673		28 421		682 218		216 490			
Total	3 288 347	532 436	86 048	484 700	165 995	243 176	397 064	932 579	72 098	329 918	44 333		
Coefficient d'imputation rationnelle		1		0,9		1		1,06		0,93			
Frais imputés (avec I.R.)		<532 436>	532 436	<436 230>	436 230	<243 176>	243 176	<988 534>	988 534	<306 824>	306 824		
Écart d'imputation rationnelle		0		48 470		0		– 55 955		+ 23 094		71 564 55 955	
Total (avec I.R.)		618 484		602 225		640 240		1 060 632		351 157			
Répartition Administration		–618 484 (3)		–637 424		63 742		463 863		154 621		15 609	
Répartition Entretien				35 199		–703 982		478 068		95 614			
Répartition Méthodes						0		457 588		211 195			
Totaux nature		0		0		0		2 460 151		812 587			
Unité d'œuvre nombre								heure de marche 38 570		heure de marche 15 080			
coût								63,78		53,89			

3) Calcul du coût de l'unité d'œuvre des centres principaux et de l'écart global d'imputation rationnelle

Cf. tableau page précédente.

4) Calcul de coût de production

- *Production du mois de janvier*
  - 306 254 barres,
  - 246 564 couronnes équivalentes à 246 564 x 1,5 = 369 846 équivalents barres

  soit, évaluée en barres, une production de 676 100.

- *Coûts de production d'une barre et d'une couronne*

Main-d'œuvre	1 149 386
Atelier calibrage	2 460 151
	3 609 537

  soit pour une barre : 3 609 537 / 676 100 = 5,33876…
  pour une couronne : 5,33876… x 1,5 = 8,008

- *Coût de production d'une barre de torsion*

Matières consommées : 175 624 x 5,34 =	937 832
Main-d'œuvre	470 496
Atelier barres de torsion	812 587
soit pour une barre de torsion utile :	2 220 915

  2 220 915 / 174 258 = 12,7449 F.

③ FUCHS SA

1) Résultat sur commande n° 1

a) Méthode des coûts réels

Éléments	Adm. et fin.	Approv.	Ateliers	Distribution
Totaux........................	40 000	20 000	200 000	80 000
Rép. Adm. et fin...........	− 40 000	4 000	24 000	12 000
Totaux........................	0	24 000	224 000	92 000
Nombre d'U.O.............		100	2 000	6 000
Coût de l'U.O...............		240 F	112 F	15,3 F

- *Coût d'acquisition des matières premières*

Achats (100 x 2 000)	200 000 F
Centre approvisionnements.....................................	24 000 F
	224 000 F
D'où un coût unitaire de	2 240 F

- *Coût de production des commandes*

Éléments	1. Terminée		2. En-cours	
Matières utilisées	70 x 2 240 =	156 800	20 x 2 240 =	44 800
M.O.D. (40 000/2 000 = 20F/h)	20 x 1 500 =	30 000	20 x 500 =	10 000
Force motrice		12 000		8 000
Ateliers	112 x 1 500 =	168 000	112 x 500 =	56 000
Total		366 800		118 800

- *Coût de revient de la commande 1*
  Coût de production 366 800
  Centre distribution 92 000
  _____
  458 800

- *Résultat sur la commande 1*
  Vente 600 000
  Coût de revient 458 800
  _____
  141 200

- *États des stocks au 31/1*
  Matières premières : 10 tonnes à 2 240   = 22 400
  Produits en cours : (commande 2)   = 118 800

b) Méthode de l'imputation rationnelle des charges fixes

Éléments	Administration et financement		Approvi-sionnement		Ateliers		Distribution	
	F(1)	V	F (1)	V	F (0,9)	V	F (1,2)	V
Totaux	40 000	0	8 000	12 000	160 000	40 000	40 000	40 000
CF imputés	– 40 000	40 000	– 8 000	8 000	– 144 000	144 000	– 48 000	48 000
Différences d'imputation (+ 8 000)	0		0		+ 16 000		– 8 000	
Charges imputées		40 000		20 000		184 000		88 000
Répartition Adm. et fin.		– 40 000		4 000		24 000		12 000
Totaux		0		24 000		208 000		100 000
Nombre d'U.O.				100		2 000		6 000
C.U.O.				240 F		104 F		16,6

- *Coût d'acquisition des matières premières*
  Achats 200 000
  Approvisionnements 24 000
  _____
  224 000   sans changement

L'imputation rationnelle des charges fixes

- *Coût de production des commandes*

Éléments	1. Terminée		2. En-cours	
Matières utilisées	70 x 2 240 =	156 800	20 x 2 240 =	44 800
M.O.D. (40 000/2 000 = 20F/h)	20 x 1 500 =	30 000	20 x 500 =	10 000
Force motrice		12 000		8 000
Ateliers	104 x 1 500 =	156 000	104 x 500 =	52 000
Total		354 800		114 800

- *Coût de revient de la commande 1*
  Coût de production 354 800
  Centre distribution 100 000
                                                        454 800

- *Résultat sur la commande 1*
  Vente.. 600 000
  Coût de revient 454 800
                                                        145 200

- *États des stocks au 31/1*
  Matières premières : 10 tonnes à 2 240   = 22 400
  Produits en cours : (commande 2)   = 114 800

2) Compte de résultat (coûts réels)

Achats	200 000	Production vendue	600 000
Variation de stock..........	– 22 400	Production stockée.................	118 800
Charges	400 000		
(20 000 + 40 000 + 340 000)			
Résultat.......................	141 200		
Total	718 800	Total	718 800

3) Rapprochement des résultats

Résultat en coûts réels... 141 200
Résultat en imputation rationnelle 145 200
                                                                          Écart :   4 000

Cet écart de résultat provient :
- de la différence sur niveau d'activité 8 000 F.
- le solde se retrouve dans la valeur du stock final (– 4 000 F) des produits en-cours.

4) Vérification du coefficient d'I.R. du centre «Administration et financement»

Il s'obtient en additionnant les produits des coefficients des centres principaux par les valeurs respectives de la clé de répartition.
    (1 x 0,10) + (0,9 x 0,6) + (1,2 x 0,3) = 1

④ SOCIÉTÉ SAVOIE-SKIS

Question 1

a) Nombre d'entrées en fabrication

Les en-cours ont reçu en totalité la matière première introduite dès le début du cycle et 50 % des autres éléments de coûts (*cf.* état 3)

En conséquence on peut écrire :

Entrées en fabrication = Produits terminés + en-cours finals – en-cours initiaux

	Pdts terminés (état 6)	Encours finals	Encours initiaux	Entrées en fabrication
Préparation S R	1 220 1 750	20 40	0 0	1 240 1 790 3 030
Moulage S R	1 200 1 920	24 20	4 40	1 220 1 900 3 120
Finition S R	1 240 1 500	20 8	40 68	1 220 1 440 2 660

b) Détermination de l'activité réelle

Elle se calcule selon le même principe mais en tenant compte de la nature de l'unité d'œuvre (*cf.* état 1) et du degré d'achèvement des en-cours.

	Pdts terminés	Encours finals	Encours initiaux	Activité réelle paires de ski
Préparation S R	1 220 1 750	20/2 40/2	0 0	1 230 P 1 770 P 3 000 P
Moulage S R	1 200 1 920	24/2 20/2	4/2 40/2	1 210 P 1 910 P 3 120 P
Finition S R	1 240 1 500	20/2 8/2	40/2 68/2	1 230 P 1 470 P 2 700 x 1/3 H 900 H

L'imputation rationnelle des charges fixes

2) Vérifier les coefficients d'imputation rationnelle. L'état 1 donne
Activité normale A_N, le calcul précédent l'activité réelle A_R

Préparation $\qquad$ Moulage $\qquad$ Finition

$$\frac{A_R}{A_N} = \frac{3\,000}{3\,000} = 1 \qquad \frac{A_R}{A_N} = \frac{3\,120}{3\,000} = 1{,}04 \qquad \frac{A_R}{A_N} = \frac{900}{1\,000} = 0{,}9$$

3) Voir tableau page ci-contre

4) Calcul des coûts et résultats analytiques

a) Coût de production des skis préparés

	Modèle S			Modèle R		
	Q	C.U.	Montant	Q	C.U.	Montant
• Charges directes						
Noyaux	1 240	40,6	50 344	1 790	24	42 960
Spatules	1 240	20,52	25 444,8	1 790	20,52	36 730,8
Carres	1 240	18,30	22 692	1 790	18,30	32 757
Main-d'œuvre directe	2 500	44	110 000	1 000	44	44 000
Charges fixes			70 000			72 000
			278 480,8			228 447,8
• Charges indirectes						
Centre préparation	1 230	49	60 270	1 770	49	86 730
Coût de production de la période			338 750,8			315 177,8
En-cours au 31/01	– 20		– 5 000	– 40		– 7 000
Coût de production des skis préparés	1 220		333 750,8	1 750		308 177,8

b) Coût de production des skis moulés

	Modèle S			Modèle R		
	Q	C.U.	Montant	Q	C.U.	Montant
• Charges directes						
Skis préparés (janvier)	1 220		333 750,8	1 750		308 177,8
Skis préparés En-cours				150		26 000
Résine	3 050	35,90	109 495	4 750	35,90	170 525
	(1 220 x 2,5)			(1 900 x 2,5)		
Main-d'œuvre directe	1 000	52	52 000	500	52	26 000
Charges fixes imputées (1)			166 400			128 960
• Charges indirectes						
Centre moulage	1 210	119,12	144 135,2	1 910	119,12	227 519,2
Coût de production de la période			805 781			887 182
En-cours au 31/01	+ 4		+ 2 000	+ 40		+ 13 318
En-cours au 31/01	– 24		– 13 381	– 20		– 6 660
Coût de production des skis moulés	1 200		794 400	1 920		893 840

(1) Les charges fixes directes sont imputées en utilisant le coefficient d'imputation rationnelle du centre (1,04).
Ce principe crée des différences d'imputation rationnelle

3) Tableau de répartition des charges indirectes

	Totaux	Entretien		Préparation		Moulage		Finition		Distribution		Écarts d'I.R.
		F	V	F	V	F	V	F	V	F	V	
Répartition primaire	877 650	90 000		42 000	87 000	190 000	150 650	140 000	81 000	40 000	57 000	
Coefficients d'I.R.				1		1,04		0,9		1,1		
Charges fixes imputées				−42 000	+42 000	−197 600	+197 600	−126 000	+126 000	−44 000	+44 000	
Différences d'I.R.				0		−7 600		+14 000		−4 000		+2 400
Répartition centre entretien (1)		−90 450			18 000		23 400		24 300		24 750	
Différence d'I.R.		−450										−450
Totaux secondaires	877 650	0		147 000		371 650		231 300		125 750		+1 950
Nombre d'unités d'œuvre				3 000 p		3 120 p		900 h				
Coût de l'unité d'œuvre				**49**		**119,12**		**257**				

(1) Voir état 10
   Préparation : coef. IR × 20 % × Total entretien = 18 000 F
                 1 × 20 % × 90 000
   Moulage : coef. IR × 25 % × Total entretien = 23 400 F
             1,04 × 25 % × 90 000
   Finition : 0,9 × 30 % × 90 000 = 24 300 F
   Distribution : 1,10 × 25 % × 90 000 = 24 750 F

L'imputation rationnelle des charges fixes

```
              Charges réelles (état 5 – b)  –  Charges imputées =
Skis S              160 000                      166 400          6 400 (sur imputation)
Skis R              124 000                      128 960          4 960
                                                                 ──────
                                                                 11 360
```

c) Coût de production des skis finis

	Modèle S			Modèle R		
	Q	C.U.	Montant	Q	C.U.	Montant
• Charges directes						
Skis moulés	1 220	660	805 200	1 440	660	671 040
Fixations	1 220	235	286 700	1 440	235	338 400
Matières consommables			5 000			7 520
Main-d'œuvre directe			24 600			29 400
			1 121 500			1 046 360
• Charges indirectes						
Centre finition	410	257	105 370	490	257	125 930
Coût de production de la période			**1 226 870**			**1 172 290**
En-cours au 1/01	+ 40		+ 26 000	+ 68		+ 46 800
En-cours au 31/01	– 20		– 17 430	– 8		– 5 506
Coût de production des skis finis	1 240		**1 235 440**	1 500		**1 213 584**

d) Coût de revient des skis

	Modèle S			Modèle R		
	Q	C.U.	Montant	Q	C.U.	Montant
Coût de production des ventes	1 270	996,4	1 265 428	1 580	809	1 278 220
Charges directes de distribution			484 800			363 600
Charges centre de distribution (en ft des coûts de production)			62 559			63 191
Coûts de revient			**1 812 787**			**1 705 011**

e) Résultats analytiques

	Modèle S			Modèle R		
	Q	C.U.	Montant	Q	C.U.	Montant
Chiffre d'affaires (H.T.)	1 270	1 760	2 235 200	1 580	1 370	2 164 600
Coûts de revient			– 1 812 787			– 1 705 011
Résultats analytiques			**422 413**			**459 589**

882 002

5) État des stocks au 31 janvier N

L'état 2 fournit les existants en stocks. Les sorties dépendent des entrées en fabrication et de l'état 7. Les existants réels sont indiqués dans l'état 8.

NOYAUX PLASTIQUES	Paires	F	F
Stock initial	1 500		60 060
Entrées	600	42	25 200
	2 100	40,6	85 260
– Sorties (S)	1 240	40,6	50 344
– Stock final (réel)	860	40,6	34 916

NOYAUX MÉTALLIQUES	Paires	F	F
Stock initial	1 200		28 800
Entrées	800	24	19 200
	2 000	24	48 000
– Sorties (R)	1 790	24	42 960
– Stock final (réel)	200	24	4 800
– Différence d'inventaire	– 10	24	– 240

SPATULES	Paires	F	F
Stock initial	900		18 068
Entrées	5 000	20,6	103 000
	5 900	20,52	121 068
– Sorties (S + R)	3 030	20,52	62 175,6
– Stock final (réel)	2 870	20,52	58 892,4

CARRES	Paires	F	F
Stock initial	700		12 560
Entrées	2 500	18,4	46 000
	3 200	18,3	58 560
– Sorties (S + R)	3 030	18,3	55 449
– Sorties final (réel)	165	18,3	3 019,5
– Différence d'inventaire	– 5	18,3	– 91,5

FIXATIONS	Paires	F	F
Stock initial	1 500		330 000
Entrées	4 500	240	1 080 000
	6 000	235	1 410 000
– Sorties (S + R)	2 660	235	625 100
– Stock final (réel)	3 310	235	777 850
– Différence d'inventaire	– 30	235	– 7 050

Les matières consommables sont imputées dans le coût direct du centre «finition» et dans le tableau des charges indirectes

RÉSINE	Kg	F	F
Stock initial	1 000		31 900
Entrées	8 000		291 200
	9 000	35,90	323 100
– Sorties (S + R)	7 800	35,90	280 020
– Stock final (réel)	1 180	35,90	42 362
– Différence d'inventaire	– 20	35,90	– 718

SKIS MOULÉS S	Paires	F	F
Stock initial	600		393 600
Fabrication	1 200		794 400
	1 800	660	1 188 000
– Sorties (finition)	1 220	660	805 200
– Stock final (réel)	580	660	382 800

SKIS MOULÉS R	Paires	F	F
Stock initial	150		70 780
Fabrication	1 920		893 840
	2 070	466	964 620
– Sorties (finition)	1 440	466	671 040
– Stock final (réel)	630	466	293 580

SKIS FINIS S	Paires	F	F
Stock initial	80		79 808
Fabrication	1 240		1 235 440
	1 320	996,4	1 315 248
– Sorties (finition)	1 270	996,4	1 265 428
– Stock final (réel)	50	996,4	49 820

SKIS FINIS R	Paires	F	F
Stock initial	100		80 816
Fabrication	1 500		1 213 584
	1 600	809	1 294 400
– Sorties (finition)	1 580	809	1 278 220
– Stock final (réel)	20	809	16 180

MATIÈRES CONSOMMABLES ET DIVERSES	F
Stock initial	3 200
Entrées	14 600
	17 800
– Sorties (5 000 + 7 520) + 2 200	14 720
– Stock final (réel)	3 200
– Différence d'inventaire	+ 120

6) Concordance

L'état 12 fait apparaître un montant annuel d'amortissement de 1 497 540 F soit un montant abonné de 136 140 F (11 mois).
Or les amortissements incorporables s'élèvent à :

    Charges indirectes :   90 000
    Charges directes :
       – préparation :   6 000 (cf. état 5)
       – moulage :   16 000 (idem)
                            112 000

donc : 136 140 F – 112 000 F = 24 160 F sont des amortissements non incorporables.

Résultat analytique global (bénéfice)				882 002
Éléments supplétifs			+	9 600
Amortissements non incorporables			–	24 140
Écarts d'imputation rationnelle			+	4 610
– sur charges indirectes		–	1 950	
– sur charges directes moulage		+	6 400	
		+	4 960	
– sur frais d'achats de résine 24 000 – 19 200		–	4 800	
		+	4 610	
Différences sur achats liés aux arrondis			–	84
– noyaux métalliques	→ 19 264 – 19 200 =	–	64	
– noyaux plastiques	→ 25 220 – 25 200 =	–	20	
Différence d'inventaire			–	7 979,50
– fixations		–	7 050	
– noyaux métalliques		–	240	
– carres		–	91,50	
– résine		–	718	
– matières consommables		+	120	
Différence sur taux de cession des charges indirectes			+	4,40
– moulage (144 135,20 + 227 519,20) – 371 650 =		+	4,40	
Résultat de la comptabilité générale				**+ 884 012,9**

7) Justifier les sommes du compte de résultat

a) Achats

Ils sont donnés à l'état 4.

b) Ventes

Elles sont données dans l'état 10.

c) Variation des stocks

	Stock initial	Stock final
Noyaux plastiques	60 060	34 916
Noyaux métalliques	28 800	4 800
Spatules	18 068	58 892,4
Carres	12 560	3 019,5
Fixations	330 000	777 850
Résine	31 900	42 362
Matières consommables	3 200	3 200
	484 588	**925 039,9**
Variation de stock	− 440 451,90	

d) Charges par nature

• Charges directes :	
– sur achats (cf. énoncé état 5)	24 000
– de production (cf. énoncé état 5)	416 600
– de production (cf. énoncé état 5)	295 400
– de distribution (cf. énoncé état 5)	848 400
• Charges indirectes (cf. tableau des charges)	877 650
Charges incorporées aux coûts	2 462 050
Ajustements nécessaires	
Amortissements non incorporables	+ 24 140
Éléments supplétifs	− 9 600
Consommation de matières consommables (charges indirectes)	− 2 200
	2 474 390

e) Production stockée

	Stock initial	Stock final
• En-cours		
Skis S préparés	–	5 000
R préparés	–	7 000
S moulés	2 000	13 381
R moulés	13 318	6 660
S finis	26 000	17 430
R finis	46 800	5 506
	88 118	54 977
• Produits		
Skis S préparés (150 paires 01/01)	26 000	
S moulés	393 600	382 800
R moulés	70 780	293 580
S finis	79 808	49 820
S finis	80 816	16 180
	651 004	742 380
Totaux	**739 122**	**797 357**
Production stockée	+ 58 235	

10 Le calcul des coûts par la comptabilité par activités (ABC)

① **SOCIÉTÉ PARABOL**

Première partie

1) Coûts réels de fabrication des produits A, B et C

- Temps réel de fabrication = (1,2 × 50 000 A) + (1,2 × 10 000 B) + (3 × 32 000 C)
  (en minutes de MOD) = 60 000 + 12 000 + 96 000
  = 168 000 minutes ou 2 800 heures
- Coût réel d'une minute = 635 040 / 168 000 = 3,78 F/minute
- Coût de production par produit

Produit	Temps MOD (en minute)	Coût unit/minute	Coût unitaire par produit	Montant total
A	1,2	3,78	4,536	228 800
B	1,2	3,78	4,536	45 360
C	3	3,78	11,340	362 880
Coût réel total de l'atelier				635 040

2) Coût de sous-activité et coûts rationnels

Coût de sous-activité
La sous-activité s'élève à 200 heures (3 000 heures pour activité normale et 2 800 heures pour l'activité réelle) soit 12 000 minutes.
Montant des charges fixes du budget : 453 600 F

$$\Rightarrow \text{Coût de sous-activité : } \frac{453\,600 \times 12\,000 \text{ minutes}}{180\,000 \text{ minutes}} = 30\,240 \text{ F}$$

Coûts rationnels des produits A, B et C
- Charges imputées = charges globales réelles – coût de sous-activité
  = 635 040 – 30 240
  = 604 800 F
- Coût rationnel d'une minute : 604 800/168 000 = 3,60 F/minute
  Produit A = 1,2 minute × 3,6 F = 4,32 F

Produit B = 1,2 minute x 3,6 F = 4,32 F
Produit C = 3 minutes x 3,6 F = 10,80 F

3) Prix minimum pour la fabrication de D

	Budget	Charges variables	Charges fixes
Coût total	total 648 000	194 400	453 600
Coût unitaire	3,6 F	1,08 F	2,52 F

Coût de production de D = (1,08 x 2 minutes) + (2,52 F x 2 minutes)
(sur la base des données = 7,2 F
prévisionnelles)
Coût de sous-activité = (12 000' – 10 000') x 2,52
si production de D = 5 040 F
Il faut que : 5 000 p = 7,2 x 5 000 D + 5 040
5 000 p = 41 040 F
donc :

$$\boxed{p = 8,208}$$

Autre méthode : Il faut que 5 000 p couvre la sous-activité plus les charges variables additionnelles provoquées par la fabrication de D, donc :
5 000 p = 30 240 + (1,08 x 5 000 D) = 41 040 F

4) Résultat attendu pour la société

Gain sur la vente et la production de D : 6 500 F
  [(8,5 F – 7,2 F) x 5 000 produits]
Coût de sous-activité résiduelle : – 5 040 F
  Gain net attendu = 1 460 F

Deuxième partie

1) Coûts prévisionnels dans la nouvelle analyse

Produits	MOULAGE			VERNISSAGE			SÉRIE			Coût de production d'un produit
	Temps en min	Coût d'une min. (1)	Coût moulage/ produit	Temps machine	Coût unitaire	Coût vernissage /produit (2)	Coût d'une série	Nbre prod. dans la série	Coût unitaire	
A	1,2	2	2,4	0,15	2,9	0,435	1 800	5 000	0,36	3,195
B	1,2	2	2,4	0,15	2,9	0,435	1 800	10 000	0,18	3,015
C	3	2	6	2	2,9	5,80	1 800	8 000	0,225	12,025
D	2	2	4	2,80	2,9	8,12	1 800	500	3,60	15,72
			ⓧ			ⓨ			ⓩ	ⓧ+ⓨ+ⓩ

(1) 360 000/180 000   (2) 261 000/90 000

Le calcul des coûts par la comptabilité par activités (ABC)

a) Tableau de comparaison

	A	B	C	D
Coût ancienne méthode Ⓐ	4,32	4,32	10,80	7,2
Coût à base d'activités Ⓑ	3,195	3,015	12,025	15,72
Différence Ⓑ-Ⓐ	– 1,125	– 1,305	1,225	+ 8,52

b) *Commentaires*

Ces différences illustrent des effets pervers de suventionnements entre les produits. C'est le cas chaque fois que les charges d'un centre d'analyse recouvrent des frais dont le comportement n'est pas homogène par rapport à l'unité d'œuvre retenue.

Ici dans l'ancienne méthode, une seule règle d'imputation : la minute directe de moulage alors qu'une étude plus poussée met en évidence trois inducteurs de coûts pour ces charges :
– la minute de MOD pour la partie moulage ;
– la minute machine pour la partie vernissage ;
– la taille du lot.

• *Comparaison entre produits A et B*

L'écart de coût dans la méthode à base d'activité provient essentiellement de l'effet taille du lot.
C'est une illustration de l'effet de subventionnement entre des petites séries (ici A) par rapport aux grandes (B).

• *Comparaison produit C*

Par rapport à la méthode ancienne, on constate également le subventionnement des activités coûteuses (ici l'activité vernissage) par les activités moins coûteuses (ici l'activité moulage) (effet de diversité des coûts).
Le subventionnement est en partie compensé par un temps opératoire plus faible en vernissage (effet diversité d'activités).

• *Comparaison produit D*

Le coût du produit C dans l'ancienne méthode était largement sous-estimé. Il bénéficiait de tous les subventionnements en sa faveur :
– l'effet diversité des activités conduisait à ignorer la consommation de l'activité vernissage tant en quantité (prise en compte de 2 minutes)/produit au lieu de 2,80 minutes) qu'en coût (prise en compte d'un coût moyen qui autorise un subventionnement des activités chères (ici le vernissage) par les activités les moins coûteuses (ici le moulage) ;
– l'effet taille du lot. La fabrication en petits lots est plus coûteuse que celle en grandes séries (3,60 F par produit D au titre de ce subventionnement contre 0,18 F pour le produit B).

2) Coût de sous-activité

	Production A, B et C		Production A, B, C et D	
	Moulage	Vernissage	Moulage	Vernissage
Activité normale (en minutes)	180 000	90 000	180 000	90 000
Activité réelle (en minutes)	168 000	73 000	178 000	87 000
Sous-activité (en minutes)	12 000	17 000	2 000	3 000
Coût fixe de la minute	0,92 F (1)	2,9 F (2)	0,92 F (1)	2,9 F (2)
Coût de la sous-activité	11 040	49 300	1 840	8 700
Coût total de sous-activité		60 340	10 540	

(1) 165 600/180 000   (2) 261 000/90 000

En analysant plus finement, on s'aperçoit, qu'il y a un excès de capacité plus important en vernissage qu'en moulage. Comme le coût des minutes de vernissages non utilisées est plus élevé que celui des minutes de montage, la sous-activité pèse plus lourd dans les comptes de la société.

La fabrication de D (plus fortement consommateur de vernissage) permet de faire baisser notablement le coût de la sous-activité.

3) Frais réels attendus

Production	A, B et C	A, B, C et D
Coûts des séries (nbres séries x 1 800)	27 000	45 000
Coût activité moulage		
– charges variables 1,08 F x nbre min	181 440	192 240
– charges fixes	165 600	165 600
Coût activité vernissage	261 000	261 000
	635 040	663 840

On constate une différence de 28 800 F qui s'analyse comme
– un différentiel sur le coût des séries de 18 000 F.
– une augmentation des charges variables de 10 800 F.

Cet écart peut également s'expliquer par une prise en charge d'une partie du coût de sous-activité par la fabrication de D.

Le coût des produits D s'explique par :
   15,72 F x 5 000 produits D = 78 600 F
dont :   10 800 de charges variables
          67 800 de charges fixes
Ces charges fixes sont composées de :
– 18 000 de coût supplémentaire affecté aux changement de séries ;
– 49 800 de baisse du coût de sous-activité entre les deux hypothèses
   (60 340 – 10 540).

Le calcul des coûts par la comptabilité par activités (ABC)

4) Choix de fabriquer le produit D

Ce travail doit s'effectuer à deux niveaux :
- *par rapport au critère énoncé dans la première partie* ; on obtient :

$$5\ 000\ p = (15{,}72\ F \times 5\ 000\ D) + 10\ 540$$
$$= 78\ 600 + 10\ 540$$
$$p = 89\ 140 / 5\ 000$$

$$\boxed{p = 17{,}828}$$

sous ces conditions, accepter un prix de 8,5 n'est pas raisonnable car cela ne répond pas au critère de couverture des charges de sous-activité.
- *par rapport à l'analyse actuelle des coûts.*

Si l'on suppose un chiffre d'affaires donné CA.
Sans production de D : Résultat = CA − 635 040
Avec production de D : Résultat = CA + (8,5 F × 5 000 D) − 663 840
= CA − 621 340

⇒ il vaut mieux fabriquer D. On gagne 13 700 F supplémentaires. En effet le coût net de fabrication de D n'est que de :
- 10 800 F de charges variables,
- 18 000 F de charges fixes supplémentaires,

car le reste des charges fixes (49 000 F) devait être pris en charge par la vente des produits A, B et C.
Dans ce cas :

Recette marginale − Coût marginal = profit marginal
42 500   28 800   13 700 F

② SOCIÉTÉ RICARD

1) Coût des produits dans le système de la comptabilité analytique

a) Calcul du nombre de l'unité d'œuvre de conditionnement

Produits	Rendement	Volume	Total
A	0,05	300 000	15 000
B	0,025	200 000	5 000
C	0,01	75 000	750
D	0,03	100 000	3 000
E	0,02	25 000	500
		Total unités d'œuvre :	24 250

b) Coût de l'unité d'œuvre

Total du centre	12 125 000
Nature de l'unité d'œuvre	HMOD
Nombre unité d'œuvre	24 250
Coût unité d'œuvre	500

c) Coût unitaire de chaque produit

Produits	Rendement	Volume	Total
A	0,05	500	25
B	0,025	500	13
C	0,01	500	5
D	0,03	500	15
E	0,02	500	10

2) Coût du conditionnement avec mise en évidence de deux activités

a) Calcul du volume d'inducteur de conditionnement automatisé

Produits	Rendement	Volume	Total
A	0,008	300 000	2 400
B	0,03	200 000	6 000
C	0,05	75 000	3 750
D	0,04	100 000	4 000
E	0,01	25 000	250
		Volume inducteur :	16 400

b) Coût unitaire des inducteurs

	Contrôle manuel	Conditionnement automatisé
Coût de l'activité	5 335 000	6 790 000
Nature de l'inducteur	HMOD	HM
Volume inducteur	24 250	16 400
Coût de l'inducteur	220	414,0244

c) Coût unitaire des inducteurs

Produits	Rendement manuel	Coût de l'inducteur	Coût du contrôle manuel	Rendement traitement automatisé	Coût de l'inducteur	Coût du traitement automatisé	Coût total du conditionnement
A	0,05	220	11,00	0,008	414,02	3,31	14,31
B	0,025	220	5,50	0,03	414,02	12,42	17,92
C	0,01	220	2,20	0,05	414,02	16,56	23,16
E	0,02	220	4,40	0,01	414,02	4,14	8,54

d) Écarts mis en évidence

Produits	A	B	C	D	E
Coût (Vision CA)	25	13	5	15	10
Coût par activités	14,31	17,92	22,90	23,16	8,54
Écarts entre les 2 méthodes	10,69	− 5,42	− 17,90	− 8,16	1,46

e) Commentaires et justification des écarts

Rapport de temps entre les deux activités
Activité automatisée :   16 400
Activité manuelle :   24 250 soit : 0,676

Le calcul des coûts par la comptabilité par activités (ABC)

Pour chaque heure de conditionnement manuel, dans la comptabilité analytique on affecte en moyenne 0,676 heures de contrôle automatisé par produit.
Soit pour le produit A : 0,676 x 0,05 = 0,0338 h de contrôle automatisé au lieu de 0,008 heure ; ce qui représente un différentiel de temps de 0,0258 h à un coût unitaire de 441,02 soit : 10,69 F d'écart de coût.

Produits	A	B	C	D	E
Temps de condt manuel	0,05	0,025	0,01	0,03	0,02
Temps moyen de contrôle automatisé imputé en CA	0,0338	0,0169	0,00676	0,02028	0,0135
Temps réel de contrôle automatisé	0,008	0,03	0,05	0,04	0,01
Écarts entre les 2 méthodes	0,0258	– 0,013	– 0,043	– 0,019	0,0035
Différentiel de coût	10,69	– 5,42	– 17,90	– 8,16	1,46

Lorsque dans un centre coexistent plusieurs activités, celles qui ne sont pas retenues comme support d'UO sont réparties sur la base d'une consommation moyenne.
AINSI les produits qui consomment plus que la moyenne de consommations sont subventionnés par les produits qui consomment moins que la moyenne.
Ici, les produits B, C et D subventionnent les produits A et E.

3) Coût du conditionnement avec mise en évidence de trois activités

a) Calcul du volume d'inducteur «Lot de conditionnement»

Prooduits	Taille série	Volume	Total
A	10 000	300 000	30
B	2 500	200 000	80
C	3 750	75 000	20
D	1 000	100 000	100
E	500	25 000	50
Volume de l'inducteur :			280

b) Coût unitaire des inducteurs

	Manuel	Automatisé	Lancement
Coût de l'activité	3 637 500	5 687 500	2 800 000
Nature de l'inducteur	HMOD	HM	Lot
Volume de l'inducteur	24 b250	16 400	280
Coût de l'inducteur :	150	346,80	10 000

c) Coût unitaire de chaque produit

Produits	Rendement manuel	Coût l'inducteur	Coût du contrôle manuel	Rendement traitement automatisé	Coût l'inducteur	Coût du traitement automatisé	Taille de la série	Coût de l'inducteur	Coût de lancement des séries	Coût global de conditionnement
A	0,05	150	7,50	0,008	346,80	2,77	10 000	10 000	1,00	11,27
B	0,025	150	3,75	0,03	346,80	10,40	2 500	10 000	4,00	18,15
C	0,01	150	1,50	0,05	346,80	17,34	3 750	10 000	2,67	21,51
D	0,03	150	4,50	0,04	346,80	13,87	1 000	10 000	10,00	28,37
E	0,02	150	3,00	0,01	346,80	3,47	500	10 000	20,00	26,47

d) Écarts mis en évidence

Produits	A	B	C	D	E
Coût (Vision CA)	25	13	5	15	10
Coût par activités	11,27	18,15	21,51	28,37	26,47
Écarts entre les 2 méthodes	13,73	– 5,65	– 16,51	– 13,37	– 16,47
Coût obtenus en 2)	14,31	17,92	22,90	23,16	8,54

4) Pertinence de la méthode et moyens de réduire les coûts

Méthode plus pertinente car elle permet une meilleure connaissance des rentabilités relatives des différents produits (le résultat global reste le même, seules les charges sont réparties différemment) car elle respecte la diversité des conditions de fabrication et évite un certain nombre de subventionnements entre produits.
Elle peut servir de base à des politiques de réduction de coûts et donc permettre un pilotage de l'entreprise.

Hypothèses : Supposons que les produits D et E puissent être fabriqués en séries égales respectivement à 2 000 et 1 000.

Conséquences : Le coût de lancement unitaire des séries restent le même car un lien de causalité a été réintroduit et les consommations de ressources globales diminuent.

En conséquence : Calcul du volume d'inducteur «Lot de conditionnement»

Produits	Taille série	Volume	Total
A	10 000	300 000	30
B	2 500	200 000	80
C	3 750	75 000	20
D	2 000	100 000	50
E	1 000	25 000	25
Volume de l'inducteur			205
Coût de l'inducteur			10 000
Coût de gestion des séries			2 050 000

Le calcul des coûts par la comptabilité par activités (ABC)

Le coût unitaire de chaque produit devient :

Produits	Rendement manuel	Coût l'inducteur	Coût du contrôle manuel	Rendement traitement automatisé	Coût l'inducteur	Coût du traitement automatisé	Taille de la série	Coût de l'inducteur	Coût de lancement des séries	Coût global de conditionnement
A	0,05	150	7,50	0,008	346,80	2,77	10 000	10 000	1,00	11,27
B	0,025	150	3,75	0,03	346,80	10,40	2 500	10 000	4,00	18,15
C	0,01	150	1,50	0,05	346,80	17,34	3 750	10 000	2,67	21,51
D	0,03	150	4,50	0,04	346,80	13,87	2 000	10 000	5,00	23,37
E	0,02	150	3,00	0,01	346,80	3,47	1 000	10 000	10,00	16,47

Produits	A	B	C	D	E
Coût avant modification	11	18	22	28	26
Coût après modification	11,27	18,15	21,51	23,37	16,47
Écarts entre les 2 méthodes	0,00	0,00	0,00	5,00	10,00

En fait, le calcul des coûts de revient n'était pas nécessaire, une action de rationalisation des conditions de production a une influence sur le volume de l'activité et comme ce sont les activités qui consomment les ressources, celles-ci sont réduites. Dans cet exemple, on diminue le volume de l'inducteur d'activité sans connaître les facteurs qui ont permis l'augmentation de la taille du lot des produits D et E.

Ce sont ces facteurs qui sont les inducteurs de coûts de l'activité «Lancement».

③ **SOCIÉTÉ TRONIC**

1) Volume de chaque inducteur d'activités

Activité		Volume inducteur
Gestion des matières :	(11 000 x + 275 000 Y)	38 500
Gestion des composants	(10 cdes pour PO + 5 cdes pour PI)	15
Gestion des pièces	50 000 PI	50 000
Gestion des lots	200 lots pour A, 75 lots pour B	275
Lancement de fabrication	idem nature U.O. centre usinage	6 000
Entretien usinage	10 pour PIA, 15 pour PIB	25
Montage manuel	HMOD *cf.* montage	9 500
Montage automatisé	Heures machines/montage	1 250
Entretien montage	15 pour A, 10 pour B	25
Contrôle qualité	Heures de contrôle	312,5 *
Organisation générale	Chiffre d'affaires HT	22 025 000

2) Calcul des coûts par activités

a) Charges directes par produit

Éléments	Produit fini A			Produit fini B		
	Quantités	Prix unitaires	Montant	Quantités	Prix unitaires	Montant
Matière première X	0,25	60	15	0,4	60	24
Matière première Y	1	88	88	0,5	88	44
Composants PO	1	25	25	–	–	–
Composants PL	–	–	–	1	65	65
MOD usinage	0,01 H	75	0,75	0,005 H	75	0,375
Autres charges directes	1 unité	15	15	1 unité	20	20
Pièces PT	1	125	125	2	125	250
MOD montage	0,25 H	80	20	0,30	80	24
Autres charges directes	1 u	50	50	1 u	60	60
Totaux	1 PFA		338,75	1 PFB		487,375

a) Coût unitaire des inducteurs

Activités	Volume inducteur	Coût des activités	Coût unitaire de l'inducteur
Gestion des matières	38 500	280 000	7,2727
Gestion des composants	15	255 000	17 000,00
Gestion des pièces	50 000	365 000	7,300
Gestion des lots (1)	275	110 000 + 264 000 + 412 500 + 140 000 = 926 500	3 369,0909
Lancement des fabrications	6 000	625 000	104,1667
Entretien usinage	25	201 000	8 040
Maontage manuel	9 500	1 237 500	130,2632
Montage automatisé	1 250	775 000	620
Entretien montage	25	75 000	3 000
Contrôle qualité	312,50	210 000	672
Organisation générale	22 025 000	800 000	3,632 %

(1) Dans cette exemple, il n'y a pas de différence entre lots de fabrication et lots expédiés ; en effet, il est dit que «les lots sont constitués dès la phase de montage», c'est ce qui permet le regroupement effectué.

Le calcul des coûts par la comptabilité par activités (ABC)

c) Coût attribuable aux produits

Activités	Coût unitaire de l'inducteur	Produit A Détail	Produit A Montant	Produit B Détail	Produit B Montant
Gestion des matières	7,2727	7,2727 x (1 + 0,25)	9,0909	7,2727 x (0,4 + 0,5)	6,5454
Gestion des composants	17 000	Taille commande PU = 2 000 17 000/2 000	8,500	Taille commande PL = 3 000 17 000/3 000	5,6667
Gestion des pièces	7,30	1 unité de PT	7,300	2 unités de PT	14,6000
Gestion des lots	3 369,0909	Taille du lot : 100	33,6909	Taille du lot : 200	16,8455
Lancement des fabrications	104,1667	0,15 heure machine 0,15 x 104,1667	15,625	0,2 x 104,1667	20,8333
Entretien usinage	8 040	10 interventions sur 20 000 PIA $\dfrac{8\,040 \times 10}{20\,000} =$	4,0200	15 interventions sur 15 000 PIB $\dfrac{8\,040 \times 15}{15\,000} =$	8,0400
Montage manuel	130,2632	0,25 h de montage 0,25 h x 130,2632	32,5658	0,30 H de montage 0,30 H x 130,2632	39,0790
Montage automatisé	620	$\dfrac{620\,F \times 500\,h}{20\,000}$	15,500	$\dfrac{620\,F \times 750\,h}{15\,000}$	31
Entretien montage	3 000	15 interventions pour A $\dfrac{15 \times 3\,000\,F}{20\,000}$	2,25	10 interventions pour B $\dfrac{10 \times 3\,000\,F}{15\,000}$	2
Contrôle qualité	672	1h/lot pour A soit 200 h $\dfrac{200\,h \times 672}{20\,000}$	6,72	312 h,50 − 200 h = 112,50 h $\dfrac{112,50\,h \times 672}{15\,000}$	5,0400
Organisation générale	3,632 %	Prix de vente : 490 F 490 x 3,6327	17,7968	Prix de vente : 815 F 815 x 3,6327	29,6008
Total général pour 1 unité de produit			153,0594		179,2507

d) Coût complet des produits

	Produit A	Produit B
Coût direct	338,75	487,375
Coût attribuable	153,0594	179,2507
Coût unitaire	491,8094	666,6257

3) Analyse en termes de rentabilité

		Produit A	Produit B
Prix de vente Coût ABC		490 491,8094	815 666,6257
Résultat unitaire ABC	①	− 1,8094	148,3743
Résultat unitaire MCC	②	+ 6,3498	137,5014
Écart	① − ②	− 8,1592	+ 10,8729

Le résultat global reste le même :
- 1,8094 x 20 000 =   - 36 188
+ 148,3743 x 15 000 = + 2 225 614,5 } + 2 189 426,5

mais les rentabilités relatives des produits changent. Le produit A devient déficitaire et comme cette méthode intègre :
– la complexité des produits,
– la diversité des conditions de fabrication ;
elle traduit mieux la réalité du coût des produits.

4) Analyse de la méthode

a) Origines des écarts de rentabilité

Elles sont de trois sortes qui, si elles ne sont pas maîtrisées, sont susceptibles d'entraîner des phénomènes de subventionnement croisé des produits, c'est-à-dire selon la définition de Pierre Mevellec : «Les petits consommateurs d'une activité non intégrée à l'architecture du calcul du coût de revient subventionnent les gros consommateurs de cette même activité».

- Effet de diversité des activités : il disqualifie l'hypothèse d'homogénéité de l'activité au sein d'un centre d'analyse et traduit le fait que les produits consomment les ressources de plusieurs activités dans des proportions variables.
- Effet de coût relatif des activités : cela signifie que le coût des activités diffère.
- Effet de taille des séries : les séries sont d'inégale importance et consomment des ressources qui sont largement indépendantes de la durée de traitement et du volume de la série. Ainsi, une large fraction des ressources consommées est déterminée non par le volume produit mais par la façon dont le volume est produit. En effet, chaque fois qu'une variété spécifique de produits est mise en fabrication, on engage des ressources indépendamment de la taille de la série. Tel est le cas pour le réglage des machines, le contrôle de qualité, etc.

Dans la réalité, ces trois effets se combinent.

b) Intérêt de la méthode des coûts par activité pour la prise de décision

Cela résulte de l'inadéquation des clés de répartition classiques des charges indirectes en raison, d'une part de l'homogénéité d'activité qu'elles sous-tendent et, d'autre part, de leur trop faible représentativité des comportements de coûts.
En effet, la méthode des centres d'analyse alloue les charges indirectes aux produits selon une clé de répartition unique – l'unité d'œuvre – fondée sur l'hypothèse simplificatrice d'homogénéité de l'activité. Ainsi, toutes les activités qui ne sont pas représentées par l'unité d'œuvre sont consommées par les produits dans les mêmes proportions que l'unité d'œuvre. D'autre part, la pertinence du choix de la clé de répartition peut parfois prêter à discussion en raison de l'absence avérée de toute causalité opérationnelle avec les phénomènes de coûts observés. Ainsi, répartir des charges indirectes en fonction des heures de main-d'œuvre directes peut se révéler un non-sens si le processus industriel n'en intègre que très peu.

Le calcul des coûts par la comptabilité par activités (ABC)

Ces constats incitent les concepteurs de tout système de coût à identifier les événements ou facteurs constituant la relation causale entre les activités et les coûts y afférant (les inducteurs de coûts). Procéder de la sorte, c'est admettre que ce sont les activités qui consomment les ressources (et donc génèrent les coûts) et non les produits. Ce préalable dans l'architecture, d'un système de détermination des coûts de revient permettra de mieux fonder les lois de variation des coûts et, ce faisant, assurera une prise de décision plus pertinente.

Modalités de mise en œuvre de la méthode :
– prendre en compte la multiplicité des activités qui existent dans l'entreprise (ne pas tomber dans l'excès de «l'usine à gaz») ;
– appréhender des inducteurs d'activités pertinents suceptibles de traduire fidèlement les lois de variation des coûts ;
– circonscrire au mieux les phénomènes de subventionnement des produits en distinguant trois niveaux d'affectation des charges, chacun représentatif d'un mode de consommation des ressources mobilisées par les activités : le produit, le lot et le volume ;
– concevoir un système de calcul des coûts selon la méthode des coûts par activité implique une réelle clarification de la structure et du processus de production et non une complexification à outrance de la modélisation des coûts. Cette démarche nécessite des qualités indéniables de dialogue de la part de l'initiateur d'un tel projet et favorise la coopération de tous les responsables opérationnels concernés pour appréhender fidèlement les inducteurs de coûts.

④ SOCIÉTÉ JULIEN

I. Diagnostic de la comptabilité analytique de la société Julien

1) Coût complets unitaires des flacons et résultats unitaires

Montant des charges indirectes fixes : 12 480 000 F
Nombre de minutes de moulage :   **5 420 000 min**
  Lavande : 600 000 x 4 min =   2 400 000 min
  Myosotis : 300 000 x 5 min =   1 500 000 min
  Jasmin :   100 000 x 8 min =   800 000 min
  Œillet :   40 000 x 18 min =   720 000 min
Coût par minute : 12 480 000 F / 5 420 000 min = 2,30258 F

	Lavande	Myosotis	Jasmin	Œillet
Coût direct	3,5	4,6	5,5	15
Coût indirect	9,21	11,51	18,42	41,44
Coût unitaire total	**12,71**	**16,11**	**23,92**	**56,44**
Prix de vente	8	13	55	150
Résultat unitaire	– 4,71	– 3,11	31,08	93,56

Commentaire
La saisie dégage un résultat global voisin de 3 091 000 (soit 15,3 % du chiffre d'affaires).

Les flacons industriels accusent un résultat négatif. Pourquoi ? En matière de prix, la société s'aligne sur les prix du marché. Donc, ses coûts semblent élevés. Mais, les coûts obtenus sont conventionnels. Sont-ils pertinents ?
Les flacons de luxe, quant à eux, présentent des taux de marge exceptionnels (56 % et 62 %).
Au regard de cette analyse, il conviendrait de privilégier l'activité flacon de luxe.

2) Faut-il abandonner les flacons industriels ?

	Lavande	Myosotis	Jasmin	Œillet
Prix de vente	8	13	55	150
Coût variable	3,5	4,6	5,5	15
Marge/coûts variables	**4,5**	**8,4**	**49,5**	**135**

Chaque flacon présente une marge sur coût variable ≥ 0, donc chaque flacon contribue à la couverture des frais fixes. La production de chacun doit être maintenue.
Certes, les flacons industriels présentent des résultats négatifs. Mais, la répartition des charges indirectes, basée uniquement sur le moulage, est-elle pertinente ?
Quel serait le résultat global en cas d'abandon des modèles lavande et myosotis ?

II. Nouvelle comptabilité analytique

1) Coût des inducteurs sélectionnés

Inducteurs	Coût total	Nombre d'inducteurs	Coût par inducteurs
Gestion des références (globales) (a)	748 800 561 600 1 310 400	12	109 200
Gestion des références sous-traitées (a)	561 600	3	187 200
Gestion des modèles	2 320 000	4	580 000
Gestion des lots	1 892 000	478 (11 + 35 + 75 + 357)	3 958,16
Gestion des lots industriels	442 000 500 000 150 000 1 092 000	46 (11 + 35)	23 739,13
Gestion des flacons industriels	600 000	900 000	0,67
Gestion des flacons de luxe (cf. remarque b)	600 000 900 000 684 000 424 000 424 000 3 032 000	140 000	21,657
Gestion des flacons luxe avec chromo (b)	424 000	40 000	10,60
Coût ajouté	624 000 624 000 1 248 000	1 872 000 4 212 000 3 276 000 1 872 000 11 232 000	0,11

(a) Nombre de références : silice, chaux, soude, sélénium, silicate de plomb, oxyde de fer, oxyde de cuivre, oxyde cobalt, potasse, bouchon lavande, bouchon Myosotis, chromo = 12 références globales mais seuls les bouchons et le chromo sont sous-traités.
(b) L'activité «Impression du chromo» ne concerne que les flacons de luxe «Œillet».

Le calcul des coûts par la comptabilité par activités (ABC)

2) Coût du flacon

a) Calculs préliminaires (les calculs suivants expliquent les montants du tableau page suivante)

① Le coût de gestion de chaque référence (109 200 F) est réparti en fonction des quantités de composants consommés.

	Quantités consommation	Coût par référence
Silice	1 040 000	0,105
Chaux	1 040 000	0,105
Soude	1 040 000	0,105
Sélénium	40 000	2,73
Silicate de plomb	40 000	2,73
Oxyde de fer	100 000	1,092
Oxyde de cuivre	300 000	0,364
Oxyde de cobalt	100 000	1,092
Potasse	140 000	0,78
Bouchon lavande	600 000	0,182
Bouchon myosotis	300 000	0,364
Chromo	40 000	2,73

Le coût de gestion des références sous-traitées (187 200) est réparti selon le même principe :

Bouchon lavande	600 000	0,312
Bouchon myosotis	300 000	0,624
Chromo	40 000	4,68

② *Gestion d'un modèle :*

ex. : Lavande : $\dfrac{580\,000}{600\,000} = 0{,}96$.   ex. : Myosotis : $\dfrac{580\,000}{300\,000} = 1{,}93$

③ *Gestion des lots :*

ex. : Lavande : $\dfrac{3\,958{,}16 \times 11 \text{ lots}}{600\,000} = 0{,}07257$.

ex. : Myosotis : $\dfrac{3\,958{,}16 \times 35 \text{ lots}}{300\,000} = 0{,}462$.

④ *Gestion des lots industriels :*

ex. : Lavande : $\dfrac{23\,739{,}13 \times 11 \text{ lots}}{600\,000} = 0{,}435$.

⑤ *Gestion du coût ajouté :*

ex. : Lavande : coût ajouté au flacon = 0,809 + 0,967 + 0,073 + 0,435 + 0,667
Charges imputées 2,951 × 0,111 = 0,328

b) Calculs du coûts des produits

	Lavande	Myosotis	Jasmin	Œillet
Coût direct	3,5	4,6	5,5	15
Gestion des références matières globales et sous-traitées ①	0,105 0,105 0,105 0,182 0,312 ─── 0,809	(0,105 x 3) + 0,364 x 2 0,624 ─── 1,667	(0,105 x 3) + 1,092 x 2 + 0,78 ─── 3,279	(0,105 x 3) + (2,73 x 2) + 0,78 + 2,73 4,68 ─── 13,965
Gestion des modèles ②	0,967	1,933	5,800	14,500
Gestion des lots ③	0,073	0,462	2,969	35,327
Gestion des lots industriels ④	0,435	2,770		
Gestion des flacons industriels	0,667	0,667		
Gestion des flacons de luxe			21,657	21,657
Gestion des chromo				10,60
Coût hors charges directes	2,951	7,499	33,705	96,049
Gestion du coût ajouté ⁽⁵⁾	0,328	0,832	3,741	10,661
Coût total	**6,779**	**12,931**	**42,946**	**121,710**

c) Commentaires des résultats obtenus

Prix de vente	8	13	55	150
Coût total	6,779	12,931	42,946	121,710
Résultat unitaire	1,221	0,069	12,054	28,29
Quantité	600 000	300 000	100 000	40 000
Résultat global	732 600	20 700	1 205 400	1 131 600
% Résultat/CA	15,26 %	5,30 %	21,9 %	18,86 %

Le résultat global reste le même (3 090 kF au lieu de 3 091 kF : cet écart provient essentiellement de la gestion des arrondis car le corrigé ne tient pas compte de plus de 3 chiffres après la virgule) mais la rentabilité relative des produits change complètement :
- les produits fabriqués en série deviennent bénéficiaires et leurs coûts diminuent de 47 % pour Lavande et 20 % pour Myosotis ;
- les flacons de luxe voient leurs coûts augmenter de 79 % pour Jasmin et de 215 % pour Œillet. En conséquence, leur rentabilité chute.

Dans ce contexte la méthode ABC permet une analyse plus fine et plus crédible des charges indirectes ou réintroduisant un lien de causalité entre consommations de ressources et volume des inducteurs.

Elle permet de tenir compte de :
- la complexité du processus de fabrication (fabrication industrielle/fabrication artisanale) ;
- la complexité du produit (nombre de composants, références sous-traitées, taille des lots…).

11 Planification et gestion budgétaire

«Arrêtez le supplice»

1) Pratiques budgétaires des entreprises

- Seules, les grandes entreprises et les groupes élaborent des procédures budgétaires.
- Le temps de construction des budgets est très long et se fait de manière très anticipée par rapport à l'exercice ; (juin-septembre n–1 pour l'année n).
- Les procédures budgétaires sont considérées comme trop complexes, trop seulement financières et trop éloignées du terrain.
- Les méthodes sont trop archaïques, conçues pour une problématique taylorienne de la production et leurs finalités ne sont pas clairement définies pour les acteurs de l'organisation.
- Les budgets apportent plus de rigidités que de responsabilités et d'initiatives. Ils sont souvent perçus et utilisés comme des moyens de contrôler et de sanctionner les acteurs.
- Les critiques des gestionnaires à l'égard des budgets sont nombreuses mais les habitudes de travail restent et les méthodes n'évoluent guère alors que le contexte a profondément changé.

2) Évolutions nécessaires

- Que le contrôle de gestion et les budgets soient des véritables outils d'aide à la décision.
- Que le contrôle de gestion et les budgets soient plus opérationnels, plus en temps réel, utilisés par les acteurs du terrain.
- Que le contrôle de gestion soit davantage une aide à la gestion, au pilotage qu'un instrument de contrôle a posteriori.
- Que les budgets ne soient pas seulement des reporting financiers mais contiennent d'autres indicateurs plus qualitatifs.
- Le métier du contrôleur de gestion doit évoluer d'un simple technicien des chiffres à un rôle de communicateur, animateur et formateur des acteurs de l'organisation.

12 Centres de responsabilité et cessions internes

① SOCIÉTÉS PLASTYM ET AGRO

1) Résultat dégagé par Plastym et Agro

a. Plastym

• Ventes internes à Agro :	300 t x 40 000 F	=	12 000 000 F
• Ventes externes :	(2 300 – 300) t x 47 800 F	=	95 600 000 F
	Chiffre d'affaires	=	107 600 000 F
• Coût de revient :	2 300 t x (10 000 + 30 000)	=	92 000 000 F
	Résultat	=	15 600 000 F

b. Agro

• Ventes de liasses :	300 t x 51 000 F =	15 300 000 F
• Coût de revient :		13 200 000 F
– achats à Plastym :	12 000 000	
– coût de la transformation		
(1 000 + 3 000) x 300 t =	1 200 000	
	Résultat :	**2 100 000 F**

2) Résultat apparent

Résultat apparent du groupe = 15 600 000 F + 2 100 000 F
= 17 700 000 F

L'utilisation par Plastym d'un coût standard complet comme prix de cession conduit à transférer sur Agro l'impact des variations d'activité de Plastym.
Cela n'apparaît pas ici car l'activité réelle est conforme à l'activité normale : 2 300 t. Envisageons d'autres cas :

Cas 1. Niveau d'activité de Plastym : 2 500 t

- Coût de revient total = (2 500 t x 10 000 F) + (2 300 t x 30 000 F)
= 94 000 000 F
- Coût de revient unitaire = 94 000 000 / 2 500
= 37 600 F

Centres de responsabilité et cessions internes

• Sur-imputation des charges fixes transférée à Agro
300 t x (40 000 – 37 600) = 720 000 F

Cas 2. Niveau d'activité de Plastym : 2 000 t

• Coût de revient total   = (2 000 t x 10 000 F) + (2 300 t x 30 000 F)
                                 = 20 000 000 F + 69 000 000 F
                                 = 89 000 000 F
• Coût de revient unitaire = 89 000 000 / 2 000
                                 = 44 500 F

• Perte sur ventes Agro
300 t x (40 000 F – 44 500 F) = – 1 350 000 F ce qui correspond à la sous-imputation des charges fixes incluses dans le prix de cession.

3) Position d'Agro face à la commande marginale

Coût marginal par tonne : 40 000 F + 1 000 F = 41 000 F
Recette marginale attendue : prix de vente = 45 000 F
Du seul point de vue d'Agro, la société devrait accepter.

4) Décision de la société mère

Du point de vue de la société mère, le coût marginal RÉEL supporté par le groupe serait par tonne de :
10 000 F (coût variable Plastym) + 1 000 F (coût variable Agro) = 11 000 F.
D'où une contribution marginale pour le groupe de 45 000 F – 11 000 F =
34 000 F/t soit pour la totalité de la commande 34 000 F x 40 t = 1 360 000 F.
Mais Plastym devrait prélever 40 t – 3 t = 37 t normalement vendues sur le marché externe plus favorable, d'où un manque à gagner pour le groupe de :
   37 t (47 800 F – 10 000 F) = 1 398 600 F.
Sauf informations complémentaires, les responsables de la société mère refuseront la commande marginale.

② USINES DE BLAYE ET DE FOUGÈRES

1) Résultat analytique de chaque usine

1. Usine de Blaye

• *Calcul des consommations de matières premières*

SI :	520 t x 2 000	=	1 040 000	S :	1 870 t x 2 100	=	3 927 000
E :	1 800 t x –	=	3 832 000	SF :	450 t x 2 100	=	945 000
	2 320 t x 2 100	=	4 872 000		2 320 t x 2 100		4 872 000

- *Coût de production des produits finis de la période*

Consommations matières premières	=	3 927 000
Charges de personnel	=	1 040 000
Charges indirectes atelier 1	=	1 700 000
Charges indirectes atelier 2	=	2 300 000
Δ des en-cours (240 000 – 418 000)	=	– 178 000
		8 789 000

- *Stocks de produits finis*

SI :	315 t pour	=	1 436 800	S :	1 820 t x 4 680	=	8 517 600
E :	1 870 t pour	=	8 789 000	SF :	365 t x 4 680	=	1 708 200
	2 185 x 4 680		10 225 800				10 225 800

- *Coût de revient des produits finis*

	Clients ordinaires	Cessions internes
Coût de production des produits vendus	4 914 000	3 603 600
Coût de distribution	630 000	38 500
	5 544 000	3 642 100
Nombre de produits	1 050	770
Coût de revient unitaire	**5 280 F**	**4 730 F**

- *Résultat analytique de l'usine de Blaye*

	Clients ordinaires	Cessions internes	
		Prix de vente 5 200	Prix de vente 4 730
Chiffre d'affaires	6 652 800	4 004 000	3 642 100
Coût de revient des produits vendus	5 544 000	3 642 100	3 642 100
Résultat	1 108 800	361 900	0

donc **si prix de cession** = coût de revient :
   résultat de Blaye = **1 108 800 F.**
 si prix de cession = coût conventionnel de 5 200F :
   résultat de Blaye = 1 108 800 + 361 900
        = **1 470 700 F**

b. Usine de fougères

Coût de production de l'usine		Sous-produit cédé au prix de revient	Sous-produit cédé à 5 200 F
Matières premières	9 600 t x 1 000	960 000	960 000
Sous produits	740 t au CUMP	3 514 660 ①	3 822 482 ②
Charges de personnel		1 200 000	1 200 000
Atelier 1		550 000	550 000
Atelier 2		410 000	410 000
Charges de distribution du sous-produit		38 500	38 500
Ct de production des 1 700 t		6 673 160	6 980 982
CUMP du produit fini $\frac{(50\ t\ x\ 3\ 008\ F)+(1\ 700\ t\ x\ ct\ d'entrée)}{1\ 750}$		3 899,17 ≈ 3 900	4 075
Valeur du stock final de PF		780 000	815 000
Coût de production des produits vendus (par différence)		6 043 560	6 316 382
Charges de distribution		1 040 000	1 040 000
Coût de revient		7 083 560	7 356 382
Chiffre d'affaires (1 550 t x 5 700)		8 835 000	8 835 000
Résultat		**1 751 440**	**1 478 618**

① CUMP du sous produit
$$\frac{(100\ t\ x\ 4\ 900\ F)+(770\ t\ x\ 4\ 730)}{870} = 4\ 749,54$$

② CUMP du sous-produit
$$\frac{(100\ t\ x\ 4\ 900\ F)+(770\ t\ x\ 5\ 200)}{870} = 5\ 165,52$$

2) Réajustement sur les stocks de Fougères

La cession du sous-produit au prix de 5 200 F a créé un résultat fictif de 361 900 chez Blaye qui se retrouve à l'usine de Fougères dans :
– la diminution des résultats de Fougères :
$$1\ 751\ 440 - 1\ 478\ 618 = 272\ 822\ F$$
– la sur-valorisation des stocks de fin de période de :
  • sous-produits :
$$130\ SP\ x\ (5\ 165,52 - 4\ 749,54) = 54\ 077\ F$$
  • produits finis :
$$200\ PF\ x\ (4\ 075 - 3\ 900) = 35\ 000\ F$$
en effet 272 822 + 54 077 + 35 000 ≈ 361 900F.

③ SOCIÉTÉ ABIS (d'après DECF 1992)

1) Décision de M. Tomasi

Le choix se situe entre :
– refuser l'offre d'achat sur le marché extérieur et satisfaire la demande du département «Éclairage sous-marin». Dans ce cas, les ventes se décomposent en :
  • 20 000 unités à l'entreprise locale au prix de 210 F,
  • 80 000 unités à «l'éclairage sous-marin» au prix de 180 F.

- accepter l'offre d'achat et limiter l'approvisionnement de «Éclairage sous-marin». Dans ce cas, les ventes sont composées de :
  - 20 000 unités à l'entreprise locale à 210 F,
  - 25 000 unités à 190 F,
  - et le reste soit 55 000 unités à 180 F.

Dans la deuxième proposition, M. Tomasi gagne 10 F sur 25 000 produits (80 000 – 55 000) soit 250 000 F : il accepte l'offre extérieure de son seul point de vue.

2) Conséquence pour l'entreprise

La composition actuelle des ventes est de 60 000 produits internes (lampes et torches), et 20 000 produits à l'extérieur.

L'acceptation de l'offre d'achat complémentaire par M. Tomasi a pour conséquence de :
- dégager un gain supplémentaire sur l'offre d'achat extérieure de :
$$25\,000 \times (190\,F - 64\,F) = +\,3\,150\,000\,F$$
dans le centre de profit «chargeurs»,
- provoquer une diminution des ventes de lampes (produit à plus petite marge [1]) d'où une perte de marge sur lampes de :
$$5\,000 \times (1\,890\,F - 1\,214\,F) = -\,3\,380\,000\,F$$
dans la division «Éclairage sous-marin»,

$\Rightarrow$ soit une perte nette de 230 000 F pour l'entreprise.

3) Intervention éventuelle de M. Vialet

La mise en place de centres de responsabilité et la définition des prix de cession interne doivent tenter de répondre à plusieurs objectifs souvent inconciliables qui sont :
- une mesure de la performance des centres définis c'est-à-dire une évaluation de leur efficience,
- une convergence des intérêts entre le centre et l'entreprise c'est-à-dire le maintien de l'efficacité de l'ensemble,
- une dynamisation de l'organisation qui se traduit par le respect de l'autonomie des centres.

L'intervention du président M. Vialet va à l'encontre de l'autonomie de gestion déléguée aux divisions de son entreprise mais le conflit en question (le non approvisionnement en chargeurs de la division «Éclairage sous-marin», élément indispensable à la qualité des produits finis qui ont fait la réputation de l'entreprise) peut, à terme, compromettre la pérennité de l'entreprise et donc remettre en cause l'efficacité recherchée de l'ensemble ce dont M. Vialet doit être le garant.

---

(1) Marge sur coût variable par produit fini utilisant un chargeur :
- torches : 2 400 F – (1 481 + 65) = 854 F
- lampes : 1 890 F – (1 154 + 60) = 676 F

Dans la mesure où la division «Éclairage sous-marin» ne peut, faute de chargeurs, assurer la fabrication de tous ses produits, elle sacrifiera le produit qui génère la plus faible marge sur coût variable.

Centres de responsabilité et cessions internes

D'autre part, il semble que deux aspects aient été mal appréhendés par la direction lors de la fixation du prix de cession interne entre les divisions «Chargeurs» et «Éclairages sous-marin» :
- les priorités de livraison imposées à la division «Chargeurs» : il s'agissait de trancher entre l'autonomie du centre de responsabilité et l'efficacité de l'entreprise ;
- la contradiction entre le mode de fixation des cessions (en référence à un coût standard plus une marge alors qu'il existe une référence de prix du marché) et la notion de centre de profit qui implique un jugement de l'efficience de la division «Chargeurs» sur le surplus dégagé qui pousse à rechercher des clients qui génèrent la plus grande marge.

C'est pourquoi il semble que M. Vialet doit intervenir dans le conflit...

4) Nouveau mode de fixation du prix de cession interne

Il s'agit de trouver un mode de fixation qui permette d'éviter les inconvénients précédemment énoncés.

Deux pistes peuvent être proposées :
- restreindre la liberté de cession de la division «Chargeurs» en lui imposant des quotas de livraison en direction de «Éclairage sous-marin» cédés au prix actuel (coût standard plus marge). Ces quotas pourraient être négociés entre les deux divisions dans le cadre d'engagement sur deux ou trois ans ce qui permettraient à la division «Chargeurs» de gérer au mieux ses excédents de capacité et à la division «Éclairage sous-marin» d'obtenir les composants de qualité dont elle a besoin ;
- fixer le prix de cession en référence au prix du marché ce qui enleverait tout intérêt à des ventes éventuelles à l'extérieur de l'entreprise. Ce mode de fixation respecterait l'autonomie du centre «Chargeurs» mais il risque d'être refusé par la division «Éclairage sous-marin» qui verra ainsi sa performance obérée puisque son approvisionnement sera plus onéreux et le problème de la sécurité des approvisionnements en qualité n'est pas résolu.

Les contradictions mises en évidence sont d'un tel ordre qu'elles relèvent bien de choix stratégiques et de priorités qui ne peuvent être tranchés que par la direction de l'entreprise, ici M. Vialet.

④ SOCIÉTÉ IICI (DECF 1993)

Partie I : Diagnostic de la gestion de Bécon-les-Bruyères

1) Coût de revient et prix de cession interne

Remarque : Le jour de l'épreuve, le travail à faire était demandé pour les quatre configurations. Le corrigé présentera l'ensemble de ces calculs même si le texte de l'exercice ne le demandait que pour deux types de micro-ordinateurs.

a. Calculs préliminaires

Après analyse des données, on s'aperçoit que, quelque soit la destination des micros (cessions internes ou ventes externes) il existe un micro-ordinateur monté, non configuré constitué des éléments suivants :
- les composants (carte-mère, disque, écran, etc.),
- la main-d'œuvre de montage (le différentiel de temps est considéré être de la mise en place des logiciels),
- une quote-part des frais généraux.

Le coût des logiciels et du temps de configuration sera à ajouter aux seuls micros vendus par Bécon-les-Bruyères.

- *Détermination du coût de la MO de montage*

Coût global de la main-d'œuvre de montage (techniciens et cadres, charges sociales incluses) :

(23 125 kF + 387,5 kF) x 1,55 = 36 444,375 kF

Temps productif de montage et de configuration :
- destination Lyon
  SX25 + DX33 = 50/60 x (18 200 + 25 000) = 36 000
  DX2.50 + DX2.66 = 70/60 x (5 700 + 3 000) = 10 150 $\Big\}$ 46 150 h
- destination clients externes
  SX25 + DX33 = 55/60 x (8 200 + 3 500) = 10 725
  DX2.50 + DX2.66 = 75/60 x (2 000 + 500) = 3 125 $\Big\}$ 13 850 h

soit un total de 60 000 heures.

D'où un coût horaire de : 36 444 375 F/60 000 h = 607,40625 F/h
et un coût imputé de :
SX25 et DX33 $\Rightarrow$ 607,40625 x 50/60 = 506,17 F
DX2.50 et DX 2.66 $\Rightarrow$ 607,40625 x 70/60 = 708,64 F
Temps de configuration $\Rightarrow$ 607,40625 x 5/60 = 50,62 F
(tous types de matériels)

- *Détermination de la quote-part des frais généraux*

Montant global des autres charges
(16 + 15 + 400 + 225) x 1,55 + 91 806,2 = 92 823 kF
(Frais de personnel indirects) + (A. charges)

Production équivalente = 163 450
(26 400 x 1,8) + (28 500 x 2,4) + (7 700 x 3,9) + (3 500 x 5)
    SX25   DX33   DX2.50   DX2.66

Coût d'un ordinateur de référence 1 : 92 823 kF/163 450 = 567,89844
d'où un coût imputé de :
SX25 = 567,89844 x 1,8 = 1 022,22
DX33 = 567,89844 x 2,4 = 1 362,96
DX2,50 = 567,89844 x 3,9 = 2 214,80
DX2,66 = 567,89844 x 5   = 2 839,49

Centres de responsabilité et cessions internes

b. Calcul des coûts par micros

- *Micro-ordinateurs prêts à livrer à Lyon*

	SX25	DX33	DX2.50	DX2.66
Carte mère	2 200	3 190	3 780	4 250
Disque dur	1 250	1 250	2 300	2 300
Lecteur 3 1/2	230	230	230	230
Écran	1 800	1 800	2 800	5 340
Clavier	580	580	580	580
Souris	300	300	300	300
Divers composants	820	1 820	2 870	5 570
Total composants (1)	7 180	9 170	12 860	18 570
MOD montage	506,17	506,17	708,64	708,64
F. généraux	1 022,22	1 362,96	2 214,80	2 839,49
Coût de revient	8 708,39	11 039,13	15 783,44	22 118,13
Coefficient multiplicateur	1,03	1,05	1,05	1,05
Prix de vente	**8 970**	**11 591**	**16 573**	**23 224**
Résultat	**261,61**	**551,87**	**789,56**	**1 105,87**

(1) Le détail des composants était à reconstituer dans le DECF 93.

- *Micro-ordinateurs configurés (ventes externes)*

Coût de production non configurée • logiciels • temps configuration	8 708,39 1 400 50,62	11 039,13 1 400 50,62	15 783,44 1 400 50,62	22 118,13 1 400 50,62
Coût de revient Prix de vente	10 159,01 10 260	12 489,75 13 041	17 234,06 20 090	23 568,75 25 000
Résultat	100,99	551,25	2 855,94	1 431,25

2) Résultat global de l'établissement

	Micro-ordinateurs cédés à lyon				Micro-ordinateurs vendus à des clients externes			
	SX25	DX33	DX2.50	DX2.66	SX25	DX33	DX2.50	DX2.66
Résultat unitaire Quantité	262 15 470	552 21 250	790 4 845	1 106 2 550	101 8 200	551 3 500	2 856 2 000	1 431 500
Résultat global (en kF)	4 053,14	11 730	3 827,55	2 820,3	828,2	1 928,5	5 712	715,5
Résultat global par destination	22 431				9 184,2			
Total	31 615,2 kF							

3) Commentaire

Le bon résultat de l'usine de Bécon tient à un mode de fixation du prix de transfert qui lui est extrêmement favorable puisqu'elle est assurée de réaliser une marge sur les cessions à Lyon (d'autant plus élevée que ses coûts sont élevés !). Le résultat plus modeste sur les ventes externes est bien plus révélateur de la performance de cet établissement. On peut aussi s'inquiéter et s'étonner du stockage imposé par Lyon (15 % des commandes annulées après fabrication).

Partie II : Diagnostic de la gestion de Lyon

1) Calcul du résultat analytique réel de l'établissement

a. Calculs préliminaires

Coût de la main-d'œuvre de configuration et de contrôle/micros :
6 451 875 / (15 000 + 22 000 + 3 500 + 1 800) = 152,5265... par micros.

b. Résultats analytiques réels de Lyon

Ces résultats respectent la présentation des éléments prévisionnels de l'annexe 2.

- *Marge dégagée par la vente d'ordinateurs :*

	SX25	DX33	DX2.50	DX2.66	Total en milliers
Prix de vente	10 260	13 041	20 090	25 000	556 117
Coût d'achat	8 970	11 591	16 573	23 224	
Logiciels d'exploitation	1 400	1 400	1 400	1 400	1 400
Mod. (1)	152,53	152,53	152,53	152,53	6 451 875
Marge unitaire	− 262,53	− 102,53	1 964,47	223,47	
Quantités vendues	15 000	22 000	3 500	1 800	42 300
Marge totale (en milliers de F)	− 3 937,90	− 2 255,59	6 875,66	402,25	**1 084,42**
Taux de marge	− 2,56 %	− 0,79 %	+ 9,78 %	+ 0,89 %	+ 0,19 %

- *Coût du SAV pour assurer la garantie d'un an :*

    Total .... $\boxed{21\ 806,88}$ kF

- *Prestations facturées par le SAV :*

    CA (périphériques + composants)..   110 000   (pour mémoire)
    Marge (110 000/130 × 30) ....   25 384,62 (le taux de marge se
    Heures de mod facturées .... + 300   calcule sur le coût
    Charges de personnel .... − 251,875 de revient)

    Marge .... $\boxed{25\ 432,74}$ kF

- *Frais généraux :*

    Total .... $\boxed{9\ 900}$ kF

Centres de responsabilité et cessions internes

Résultat Lyon (décembre 1992) :
$$1\,084,42 + 25\,432,74 - 21\,806,88 - 9\,900 = -\,\mathbf{5\,189,72} \text{ kF}$$

Le résultat de l'établissement de Lyon est déficitaire bien que la contribution de chacune des activités (ventes de micros et service après-vente) soit positive quoique faiblement.

On peut noter la lourdeur du coût du SAV qui peut s'expliquer en partie par les problèmes de fiabilité des pièces. Toutefois 55 % des charges du SAV sont constitués de frais de transport ce qui laisse supposer une mauvaise implantation géographique du SAV.

Par ailleurs, la marge sur la vente d'ordinateurs est extrêmement faible, voire négative pour les SX25 et DX33. Sur aucune des configurations les prix prévus n'ont pu être respectés alors même que le problème du prix de transfert reste posé.

2) Comparaison entre coûts de revient des SX25

Coût de revient Bécon	10 159,01
Différentiel de temps de montage	
(15' à Lyon) – (5' à Bécon)	
152,53 – 50,62	+ 101,91
Marge prise par Bécon	
3 % de 8 708,39	+ 261,61
Coût de revient Lyon	= 10 522,53

Lyon est pénalisé par la marge que lui impose Bécon. Par ailleurs le différentiel de temps de configuration est en défaveur de Lyon. Est-ce que les 10 minutes supplémentaires sont justifiées par des contrôles ? En quoi sont-elles nécessaires à Lyon et non utiles à Bécon ?

3) Analyse réalisations/prévisions

a) Écart sur micro-ordinateurs

	SX25	DX33	DX2.50	DX2.66
Prix de transfert	8 970	11 591	16 573	23 224
Logiciels	1 400	1 400	1 400	1 400
Mod (1)	124,79	124,79	124,79	124,79
Coût prévisionnel	**10 494,79**	**13 115,79**	**18 097,79**	**24 748,79**
Coût réel	10 522,53	13 143,53	18 125,53	24 776,53
Écart	**27,74**	**27,74**	**27,74**	**27,74**

(1) Charges de personnel prévues (configuration et contrôle) réparties sur les ventes prévues à raison de 15 min par micros ; ventes prévues : 25 000 + 18 000 + 5 700 + 3 000 = 51 700 ⇒ 6 451 875 / 51 700 = 124,79.

Commentaire : L'imputation d'un même montant de charges de personnel (6 451 875 F) à 42 300 ordinateurs (réel) contre 51 700 (prévu) explique à elle seule l'écart constaté qui tient donc à la sous-activité de décembre.

b. Écart sur résultat global

Préalable : marge prévue sur ventes de micros

	SX25	DX33	DX2.50	DX2.66
Prix de vente prévu	12 500	14 000	20 590	28 000
Coût prévu	10 494,79	13 115,79	18 097,79	24 748,79
Marge unitaire prévue	2 005,21	884,21	2 492,21	3 251,21
Nombre de micros prévu	25 000	18 000	5 700	3 000
Marge totale prévue	**50 130 250**	**15 915 780**	**14 205 597**	**9 753 630**

Marge totale prévue de l'activité «ventes de micros» : **90 005 257 F**.

Écart sur résultat global Lyon (en kF)

	Réel	Prévu	Écart
Marge/ventes micros	+ 1 084,42	+ 90 005,26	– 88 920,84 DEF
Coût garantie 1 an	– 21 806,88	– 21 210	– 596,88 DEF
Marge du SAV	+ 25 432,74	+ 25 172	+ 260,74 FAV
Frais généraux	– 9 900	– 9 350	– 550 DEF
Résultat	**– 5 189,72**	**+ 84 617,26**	**89 806,98 DEF**

Commentaire : L'écart entre le résultat réel et le résultat prévu provient intégralement ou presque de la marge sur micros, laquelle est affectée (un peu) par les coûts (cf. 3. a) mais aussi par les prix de vente et surtout par le volume des ventes (cf. 4).

4) Écart sur chiffre d'affaires

	Réel			Budget			Écart
	Qr	Pr	Montant (kF)	Qb	Pb	Montant (kF)	
SX25	15 000	10 260	153 900	25 000	12 500	312 500	– 158 600 DEF
DX33	22 000	13 041	286 902	18 000	14 000	252 000	+ 34 902 FAV
DX2.50	3 500	20 090	70 315	5 700	20 590	117 363	– 47 048 DEF
DX2.66	1 800	25 000	45 000	3 000	28 000	84 000	– 39 000 DEF
Total	**(42 300)**	**(13 146,97)**	**556 117**	**(51 700)**	**(14 813,60)**	**765 863**	**– 209 746 DEF**

Écart/prix de vente : $\sum (Pr - Pb) Qr$

(10 260 – 12 500) 15 000 = – 33 600 kF
(13 041 – 14 000) 22 000 = – 21 098 kF
(20 090 – 20 590) 3 500 = – 1 750 kF
(25 000 – 28 000) 1 800 = – 5 400 kF
                              – 61 848 kF DEF

Écart/quantités : $\sum (Qr - Qb) Pb$

(15 000 – 25 000) 12 500 = – 125 000 kF
(22 000 – 18 000) 14 000 = + 56 000 kF
(3 500 – 5 700) 20 590 = – 45 298 kF
(1 800 – 3 000) 28 000 = + 33 600 kF
                              – 147 898 kF DEF

Centres de responsabilité et cessions internes

L'écart sur quantités est dû à la variation du volume global des ventes et à l'effet de mix :

$$\begin{array}{ll} 15\,000 \times 12\,500 & 25\,000 \times 12\,500 \\ +\ 22\,000 \times 14\,000 & +\ 18\,000 \times 14\,000 \\ +\ 3\,500 \times 20\,590 & +\ 5\,700 \times 20\,590 \\ +\ 1\,800 \times 28\,000 & +\ 3\,000 \times 28\,000 \\ \hline 617\,965\,000 & 765\,863\,000 \end{array} = (42\,300 \times 14\,609{,}10) - (51\,700 \times 14\,813{,}60)$$

$$\underbrace{Q_r \times \overline{P_{\text{préétabli}}}} \quad - \quad \underbrace{Q_b \times \overline{P_{\text{budgété}}}}$$

Écart/volume : $(42\,300 - 51\,700)\ 14\,813{,}60 = \mathbf{139\,247{,}82\ kF\ DEF}$

Écart/composition (mix) : $(14\,609{,}10 - 14\,813{,}60)\ 42\,300 = \mathbf{-\ 8\,650{,}18\ kF}$

Récapitulation

```
                    Écart/chiffre d'affaires
                        – 209 746 DEF
         ┌──────────────────┼──────────────────┐
    Écart/prix          Écart/volume      Écart/composition
    – 61 848 DEF        – 139 248 DEF       – 8 650 DEF
```

Commentaire : L'écart extrêmement important tient essentiellement à un volume de ventes très inférieur aux prévisions (seules les ventes de DX33 sont satisfaisantes) et cela malgré des réductions de prix parfois considérables. La modification dans la structure des ventes a eu assez peu d'effets sur le chiffre d'affaires (on aurait d'ailleurs pu montrer également son incidence sur la marge globale).

Partie III : Gestion des conflits entre les établissements

1) Critiques adressées à un prix de cession égal au coût complet réel

- **Prix instable** : Comme il s'agit d'un coût réel, celui-ci change chaque mois. Il dépend du niveau de production (répartition des charges de structure). Par ailleurs, il est soumis au délai de traitement de la comptabilité générale, puis de la comptabilité analytique soit souvent de 30 à 45 jours. Le centre de Lyon ne le connaît qu'avec beaucoup de retard.
- **Prix non pertinent** : Le transfert en coût réel transmet l'efficacité ou l'inefficacité d'un centre sur l'autre. Ce type de raisonnement ne permet pas une juste localisation des performances : un gain de productivité à Bécon est transmis par la diminution du coût réel à Lyon ou une mauvaise politique d'approvisionnement (composants défectueux) se répercute à Lyon.
- **Prix trop élevé** : Sur ce point, la position de M. Moreau est plus discutable : la cession se fait à un prix inférieur au prix du marché, même compte tenu des taux de marge. On peut toutefois noter que l'établissement de Bécon ne supporte pas le coût de la garantie des produits qu'il fabrique.

2) et 3) Intérêt du coût complet standard ?

Toute référence à un standard permet une localisation des performances : un gain d'efficience à Bécon (coût réel inférieur au coût standard) lui reste acquis, à l'opposé Lyon est assuré d'un coût d'approvisionnement stable et connu quelque soit les performances de Bécon.

Mais :
- la cession à un coût standard aura pour conséquence que Bécon ne fera plus apparaître de gain sur les cessions internes ce qui peut se révéler démotivant sur le LT ;
- si Lyon ne respecte pas son volume d'achat (ce qui est actuellement le cas), la performance de Bécon se dégradera sans que celui-ci en soit responsable ; les charges fixes étant réparties sur de plus petites quantités.

4) En conclusion, la préférence au coût complet standard doit être donné si on désire évaluer la performance de chaque centre et obtenir une localisation des résultats.

Mais il faudra :
- fixer un quota minimum d'achat de Lyon à Bécon pour permettre à ce dernier une répartition correcte des charges fixes en lui assurant un niveau de production ;
- préciser la nature de l'autonomie donnée au centre de Bécon : par exemple, priorité de livraison au centre de Lyon, par rapport aux ventes extérieures. En effet, ne dégageant pas de résultat sur les cessions internes, Bécon peut chercher à développer ses ventes à des clients extérieurs au groupe allant ainsi à l'encontre de l'efficacité de IICI ;
- préciser aux deux centres les modalités et la périodicité de révision des prix de cession internes.

13 Contrôle budgétaire du résultat et de l'activité commerciale

① **ENTREPRISE PILOT**

1 et 2) Budget et compte de résultat

	Budget	Réel	Écart Réel – Budget
Chiffre d'affaires			
A	15 000	16 800	
B	28 000	21 600	
C	34 800	39 600	
	77 800	78 000	+ 200
Coût de production			
A	7 000	8 680	
B	16 800	15 200	
C	19 200	19 700	
	43 000	43 580	+ 580
Autres charges			
A	1 000	1 070	
B	2 800	2 200	
C	8 400	7 900	
	12 200	11 170	– 1 030
Résultat	+ 22 600	+ 23 250	+ 650

3) Décomposition de l'écart de résultat

À reconstituer : le coût de production préétabli (ici qtes vendues = qtes produites)

A 1 200 x 4 F = 8 400
B 1 200 x 12 F = 14 400   } Σ = 42 000 F
C 1 200 x 16 F = 19 200
E/R = + 650 Favorable

Soit CA : chiffre d'affaires ; CP : coût de production ; AC : autres charges

E/R =   E/marge de CA − E/Ct de production − E/Autres charges

$= \begin{pmatrix} \text{Marge} & \text{Marge} \\ \text{dite} & - \text{budgétée} \\ \text{réelle} & \end{pmatrix} - \quad (CP_R - CP_P) - \quad (AC_R - AC_b)$

= ((CA$_R$ − CP$_p$)(CA$_b$ − CP$_b$)) −   (CP$_R$ − CP$_p$) −   (AC$_R$ − AC$_b$)
= (78 000 − 42 000) − (77 800 − 43 000)) − (43 580 − 42 000) − (11 170 − 12 200)
= ((+ 36 000) − (34 800)) −   (+ 1 580 déf.) −   (− 1 030 Fav.)
= (+ 1 200 Fav.) − (+ 1580 déf.) − (− 1 030 Fav.)
= **+ 650 fav.** CQFD.

Attention, le sens d'un écart change indépendamment de son signe algébrique selon qu'il s'agit de produit ou de charge : un dépassement de budget est favorable dans le cas de produit mais défavorable pour un coût.

Commentaire :
E/R = 2,87 % du Résultat budgété
E/Marge = 3,45 % de la marge budgété
E/CP = 3,76 % du coût de production préétabli
E/AC = 8,44 % des autres charges budgétées.

Le résultat réel est plus élevé que prévu (écart favorable de 650 F soit 2,87 % du résultat budgété). Cet écart s'explique par des performances antagonistes des services responsables :
– les services commerciaux dégagent un écart favorable de 1 200 F soit 3,45 % de la marge budgétée ;
– en revanche les services de fabrication et les services fonctions n'ont pu respecter leur budget. Leurs écarts défavorables sont respectivement de 1 580 F et 1 030 F soit 3,76 % et 8,44 % de leur budget respectif.

Il s'agit, à ce niveau d'analyse de voir pourquoi les services concernés n'ont pu respecter leurs budgets. Les écarts ne fournissent pas d'explications, ils servent de «clignotants» pour aider à diriger les recherchers et mettre en œuvre des plans d'actions correctives.

4) Décomposition de l'écart de marge de chiffre d'affaires

a) Décomposition en deux écarts

Produit	CA$_b$	CP$_b$	① M$_b$	CA$_R$	CP$_p$	② M$_R$	③ CA$_p$	④ M$_p$	④−② ⑤ E/prix	③−⑤ ⑥ E/qté	⑤−① ⑦ E/marge	③−①
A	15 000	7 000	8 000	16 800	8 400	8 400	18 000	9 600	− 1 200 B	+ 1 600 F	+ 400 F	
B	28 000	16 800	11 200	21 600	14 400	7 200	24 000	9 600	− 2 400 D	− 1 600 D	− 4 000 D	
C	34 800	19 200	15 600	39 600	19 200	20 400	34 800	15 600	+ 4 800 F	−	+ 4 800 F	
Total	77 800	43 000	34 800	78 000	42 000	36 000	76 800	34 800	+ 1 200 F	0	+ 1 200 F	

b) Décomposition en trois sous-écarts

Taux de marge budgétée = M$_b$/CA$_b$ = 34 800/77 800 = 0,4473
Taux de marge préétablie = M$_p$/CA$_p$ = 34 800/76 800 = 0,453125

Écart sur prix = idem décomposition précédente
= $M_R - M_p$ ou $CA_R - CA_p$ = + 1 200 Fav
Écart sur composition des ventes :
= $(t_p - t_b) CA_p$
= (0,453125 − 0,4473) . 76 800
= (0,005825 x 76 800) = 447,36 Fav.
Écart sur volume global
= $(CA_p - CA_b) t_b$
= (76 800 − 77 800) . 44,73 %
= (− 1 000) 44,73 %
+ − 447,3 Déf.
Vérification = (+ 1 200) + (447,36) + (− 447,3) = E/R = 1 200

5) Décomposition de l'écart sur chiffre d'affaires

Réel	Préétabli	Budget
CA_R = 78 000	CA_p = 76 800	CA_b = 77 800
QT_R = 3 600	QT_R = 3 600	QT_b = 3 600
prix moyen :	prix moyen :	prix moyen :
$\bar{P}_R$ = 21,667	$\bar{P}_p$ = 21,333	$\bar{P}_b$ = 21,611

Écart sur CA = $CA_R - CR_b$
= 78 000 − 77 800 = + 200 Fav.
Décomposition en trois sous-écarts :
E/prix = $CA_R - CA_p$ = 78 000 − 76 800 = + 1 200 Fav

E/CV = $(\bar{P}_p - \bar{P}_b) QT_R$ = (21,333 − 21,611) 3 600 = − 1 000 Déf.

E/VG = $(QT_R - QT_b) \bar{P}_b$ = (3 600 − 3 600) 21,611 = 0

On vérifie aisément que : E/prix + E/CV = E/CA

À la suite, de ce travail, il est possible de porter un jugement beaucoup plus nuancé sur la réussite des services commerciaux. En effet, l'action commerciale de l'entreprise n'a pas permis d'accroître le volume global des ventes (écart nul), ni de respecter la composition de ces dernières (écart défavorable de 1 000 F). Seul l'écart sur prix est favorable : si la raison en est une hausse des prix généralisée, alors l'entreprise n'a aucun mérite, les commerciaux ont été portés par le marché.

Dans ce contexte, il faut s'inquiéter de la capacité de ce centre à mobiliser ses ressources à tous les plans de responsabilité.

② SOCIÉTÉ TECHNO

1) Budget par produit et résultat global budgété

	C.Affaires budgété	Coût de production	Résultat
A	253 000	195 500	57 500
B	221 000	195 500	25 500
C	112 000	91 000	21 000
D	560 000	504 000	56 000
	1 146 000	986 000	160 000

2) Compte de résultat réel dans le cadre du contrôle budgétaire

Chiffres d'affaires		1 162 750
A	264 000	
B	210 000	
C	148 750	
D	540 000	
Production stockée		– 13 250
A	– 300 pdts x 85 F = – 25 500	
B	+ 300 pdts x 115 F = + 34 500	
C	+ 350 pdts x 65 = + 22 750	
D	– 500 pdts x 90 = – 45 000	
	Total produits	1 149 500
Charges de l'exercice		
• Matières premières		230 400
• Composants consommés		360 300
• Main-d'œuvre directe		212 250
• Charges indirectes		427 760
197 100 + 230 660		
	Total charges	1 230 710
Résultat (Perte)		81 210

3) Décomposition de l'écart de résultat

E/Résultat = Résultat réel – Résultat budgété
= (– 81 210) – (+ 160 000)
= – 241 210 Déf.

Ici deux responsabilités peuvent être mises en évidence :
– celles des commerciaux
– celles des productifs.

E/Résultat = [Marge dite «Réelle» – Marge dite budgétée]
    (Qtés vendues)   (Qtés vendues)
  – [Coût de production réel – Coût de production préétabli]
    (Qtés fabriquées)   (Qtés fabriqués)

Contrôle budgétaire du résultat et de l'activité commerciale

Le coût de production préétabli relatif aux quantités fabriquées s'écrit :

$$\left.\begin{array}{lll} A & 2\,100 \times 85 = & 178\,500 \\ B & 1\,800 \times 115 = & 207\,000 \\ C & 1\,100 \times 65 = & 71\,500 \\ D & 5\,500 \times 90 = & 495\,000 \end{array}\right\} 952\,000\ F$$

E/R = [(CAR – CPp) – (CAb – CPb)]   – [CPréel – CPp]
        relatifs aux Qtés vendues   relatif aux Qtés produites
    = [(1 162 750 – 965 250) – (1 146 000 – 986 000)] – [(1 230 710 – 952 000)]
    = [(+ 197 500) – (+ 160 00)] – [+ 278 710 déf.]
    = [+ 37 500 Fav] – [+ 278 710 Déf.]
    = – 241 210 déf. CQFD.

L'écart sur résultat est fortement défavorable (– 241 210 F soit 150 % du résultat budgété). Cette prestation catastrophique est due essentiellement aux services productifs où l'on constate un dérapage important par rapport à leurs objectifs de coût (près de 30 %).

Une étude approfondie des quantités vendues ou produites et des prix montrent une évolution peu lisible et très diverse, et assez peu cohérente selon les produits qui peut conduire à remettre en cause les procédures d'établissement des budgets.

4) Analyse de l'écart sur marge de chiffre d'affaires

	Budget						Réel				Préétabli				
	Q_b	P_b	C_b	CA_b	CP_b	$Marge_B$	Q_R	CA_R	CP_p	$Marge_R$	CP_p	$Marge_R$	CA_p	$Marge_p$	Écart/pdt
A	2 300	110	85	253 000	195 500	57 500	2 400	264 000	204 000	60 000	264 000	60 000	+ 2 500 F
B	1 700	130	115	221 000	195 500	25 500	1 500	210 000	172 500	37 500	195 000	22 500	+ 12 000 F
C	1 400	80	65	112 000	91 000	21 000	750	148 750	48 750	100 000	60 000	11 250	+ 79 000 F
D	5 600	100	90	560 000	504 000	56 000	6 000	540 000	540 000	–	600 000	60 000	– 56 000 D
	11 000	–	–	1 146 000	986 000	160 000	10 650	1 162 750	965 250	197 500	1 119 000	153 750	+ 37 500 F

Analyse en deux sous-écarts

      Marge dite   Marge   Marge
        réelle   –   préétablie   –   budgétée

	E/Prix		E/Qté
A	0		+ 2 500 F
B	+ 15 000	F	– 3 000 D
C	+ 88 750	F	– 9 750 D
D	– 60 000	D	+ 4 000 F
E/P	+ 43 750	F	– 6 250 D = E/Q

5) Analyse en trois sous-écarts

t_b = 160 000 / 1 146 000 = 0,1396
t_p = 153 750 / 1 119 000 = 0,1374
E/prix = + 43 750 F
E/CV = (0,1374 – 0,1396) 1 119 000   = – 2 461,8 D
E/VG = (1 119 000 – 1 146 000) 0,1396   = – 3 769,2 D

③ ANALYSE POUR UN CENTRE DE PROFIT

1) Écart sur résultat

Soit QV : quantités vendues, QP quantités produits, QS : variation des Qtés stockées.

Résultat budgété = $CA_b - CP_b - AC_b$ (par rapport aux quantités vendues)
= 176 000 − 141 000 − 16 650
= 18 350

Résultat réel = CA_R + CP_p − CP_R − AC_R
  (QV) (QS)[1] (QP) (QV)
= 181 465 + (+ 6 420) − 152 460 − 20 125
= + 15 300

Écart sur résultat = $R_{réel} - R_{budgété}$
= (+ 15 300) − (+ 18 350)
= (− 3 050 Déf.)

2) Décomposition de l'écart sur Résultat en 3 pôles de responsabilité

E/R = E/marge de CA − E/coût production − E/Autres charges
     (QV)   (QP)   (QV)
= [(CAr − CPp) − (CAb − CPb)] − (CPréel − CPp) − (ACr − ACb)
= [(181 465 − 137 110) − (176 000 − 141 000) − (152 460 − 143 530) − (20 125 − 16 650)]
= [(+ 44 355) − (+ 35 000)] − (+ 8 930 Déf.) − (+ 3 475 Déf.)
= (+ 9 355 Fav.)   − (+ 8 930 Déf.) − (+ 3 475 Déf.)
=   (− 3 050 Déf.)

Pour mémoire : valeur relative des écarts calculés/valeur budgétée
E/M_{CA} = + 26 %
E/CP = + 6,22 %
E/AC = + 20,87 %
E/R = − 16,62 %

Commentaires

L'écart de résultat est défavorable de façon importante (− 17 % par rapport au résultat prévu). Cette rentabilité en baisse s'explique par des performances différentes entre les pôles :
– Les services commerciaux font une bonne prestation puisque leur marge réelle est supérieure de 26 % à celle prévu.
– En revanche, les services productifs éprouvent une plus grande difficulté à maîtriser leurs coûts (+ 6,22 %), mais surtout l'on constate un dérapage des frais de structure (+ 21 %) qui est préoccupant.

---

1. CPp = CPp + CPp
   (QV)   (QP) (QS)
   137 110 = 143 530 + x ⇒ x = 137 110 − 143 530 = − 6 420, avec Qté stockée = SInitial − SFinal.

Contrôle budgétaire du résultat et de l'activité commerciale

3) Décomposition de l'écart de marge de chiffre d'affaires

a) Rappel

CA_p : 171 210
taux b = Marge budgétée/CA_b = 35 000/176 000 = 19,886 %
tauxp = Marge préétablie/CA_p = (171 210 – 137 110)/171 210 =
= 34 100/171 210 = 19,917 %

b) Décomposition

E/prix = Marge dite réelle – Marge préétablie ou $CA_R - CA_p$
 = (44 355 – 34 100)   ou (181 465 – 171 210)
 = (+ 10 255 Fav.)
E/CV = $(t_p - t_b) CA_p$
 = (19,917 % – 19,886 %) 171 210
 = 0,031 ˙˙% x 171 210
 = (+ 53 Fav)
E/VG = $(CA_p - CA_b) t_b$
 =(171 210 – 176 000) 19,886 %
 = (– 953 Déf.).
Vérification : (+ 10 255) + (+ 53) + (– 953) = (+ 9355)

c) Commentaires

La bonne performance des services commerciaux est due essentiellement à une hausse des prix. En effet, les volumes sont légèrement inférieurs à ceux prévus et la composition des ventes est globalement respectée.
Le jugement porté sur cette performance est difficile :
– si la hausse des prix est générale, alors l'entreprise a été portée par le marché et la «bonne vision de sa performance» doit être remise en cause. Dans ce cas, l'entreprise doit s'inquiéter fortement pour sa rentabilité car sur tous les domaines (commercial, productif, fonctionnels) elle n'est pas performante ;
– si la hausse des prix est le résultat d'une attitude agressive des commerciaux, alors il y a lieu d'être rassuré sur la performance de ces services.
Compte tenu des informations, on ne peut trancher entre les deux approches.

4) Décomposition/quantités

Marge dite réelle	Marge préétablie	Marge budgétée
44 355 pour 8 525 pdts vendus ⇓ marge unitaire moyenne $\overline{m}_R$ = 44 355/8 525 = 5,2029	344 100 pour 8 525 pdts vendus ⇓ marge unitaire moyenne $\overline{m}_p$ = 31 100/8 525 = 4	35 000 pour 8 750 pdts vendus ⇓ marge unitaire moyenne $\overline{m}_b$ = 35 000/8 750 = 4

E/prix : idem précédemment $M_{Réelle} - M_{préétablie}$ = + 10 255 Fav

$E/CV = (\overline{m}_p - \overline{m}_b) QT_{Réelles}$ = ici $\overline{m}_p = \overline{m}_b = 0$

$$E/VG = (QT_R - QT_b)\,\overline{m}_p = (8\,525 - 8\,750)\,4$$
$$= -225 \times 4$$
$$= (-900\ \text{Déf})$$

Vérification : (+ 10 255) + (0) + (– 900) = (+ 9 355)

Commentaires

Globalement, il s'agit de la même décomposition : seule la référence aux quantités changent.

Pour pouvoir utiliser cette vision, il faut pouvoir additionner les quantités de produits et cela n'a un sens que dans les cas d'une gamme homogène…

En fait, l'entreprise choisit une méthode adaptée à son cas et s'y tient. Donc, de période en période il n'y a pas de divergence.

Ici, les mêmes éléments sont mis en évidence :
- un gros écart positif sur les prix, (même calcul dans les 2 démarches) ;
- une composition de vente respectée ;
- une baisse du volume vendu.

Il était prévisible, comme la marge moyenne préétablie est égale à la marge moyenne standard que l'écart de composition des ventes soit nul.

14 Contrôle budgétaire de l'activité productive

① CONTRÔLE DE PRODUCTION DU PRODUIT PF

1) Fiche de coût préétabli

	Quantité	CU	Montant
Matières premières	0,8	52	41,6
Main-d'œuvre directe	0,4	56	22,4
Charges indirectes	0,4	15,625	6,25
Coût de la transformation d'un kilo de PF			70,25

2) Tableau comparatif

	Réel			Standard			Écart
	Qté	CU	Montant	Qté	CU	Montant	Total
Matières premières	3 000	53	159 000	3 200	52	166 400	− 7 400 F
Main-d'œuvre	1 400	57	79 800	1 600	56	89 600	− 9 800 F
Charges indirectes	1 400	16,07	22 500	1 600	15,625	25 000	− 2 500 F
			261 300			281 000	−19 700 F

3) Analyse de l'écart sur matières premières et sur centre d'analyse

a. Matières premières

	Nombre de produits fabriqués dans la période	Rendement matière — Quantité de matières par produit	Quantité de matières consacrées à la fabrication	Prix d'un kilo	Prix des matières consommées	Valeurs comparées	Écarts
Éléments prévus	4 000	0,8	3 200	52	166 400		sur prix unitaire
Éléments constatés	3 400	0,88	3 000	53	159 000		
Écart total					− 7 400 F		

Analyse de l'écart total	Coût constaté					= 159 000	Sur prix d'achat 3 000 D	Écart relatif à la matière consommée 17 560 Déf
	Coût préétabli de la consommation constatée		3 000 × 52			= 156 000	Sur quantité consommée par produit 14 560 Déf	
	Coût préétabli de la consommation prévue, adapté à la production constatée	(3 400 × 0,8) = 2 720 × 52				= 141 440	Écart sur volume d'activité − 24 960 F	
	Coût préétabli de la consommation prévue					= 166 400		
	Écart total					− 7 400 F		

b. Centre d'analyse de l'atelier 2

	Nombre de produits fabriqués	Rendement travail Produits par heure	Nombre d'heures consacrées à la fabrication	Coût d'une heure	Coût des produits Variable	Coût des produits Fixe	Coût des produits Total	Coût d'un produit	Valeurs comparées	Écarts
Éléments prévus	4 000	2,5	1 600	Var. 10,625 Fixe 5	17 000	8 000	25 000	6,25		
Éléments constatés	3 400	2,43	1 400	16,07	14 500	8 000	22 500	6,61		
Écart total							− 2 500 F			

Analyse de l'écart total	Coût constaté				= 22 500	Sur coût variable − 375 F	Écart relatif à la production constatée 1 250 D
	Coût préétabli des heures consacrées à la production constatée	(1 400 × 10,625) = 14 875 + 8 000			= 22 875	Sur imputation du coût 1 000 D	
	Coût préétabli de la production attendue des heures consacrées à la fabrication	3 500 (= 2,5 × 1 400)		× 6,25	= 21 875	Sur rendement travail 625 D	
	Coût préétabli de la production constatée	3 400		× 6,25	= 21 250		
	Coût préétabli de la production prévue				25 000	Écart sur volume d'activité − 3 750 F	

② ENTREPRISE SAMUR

1) Budgets flexibles

Activité	Normale	0,95	1,05
Nombre U.O.	500 000	475 000	525 000
Production	500 000	475 000	525 000
Frais variables (2 x nbre U.O.)	1 000 000	950 000	1 050 000
Frais fixes (3 x 500 000)	1 500 000	1 500 000	1 500 000
Totaux	2 500 000	2 450 000	2 550 000

2) Analyse de l'écart sur centre découpeuse

	Nombre de produits fabriqués	Rendement travail Produits par heure	Nombre d'heures consacrées à la fabrication	Coût d'une heure	Coût des produits Variable	Coût des produits Fixe	Coût des produits Total	Coût d'un produit	Valeurs comparées	Écarts
Éléments prévus	500 000	1	500 000	Var. 2 Fixe 3	1 000 000	1 500 000	2 500 000	5		
Éléments constatés	525 000	1,05	500 000	5,397	1 000 000	1 698 500	2 698 500	5,14		
Écart total							198 500 D			

Analyse de l'écart total										
	Coût constaté							= 2 698 500	Sur coût variable 198 500 D	Écart relatif à la production constatée
	Coût préétabli des heures consacrées à la production constatée			(500 000 x 2) = 1 000 000 + 1 500 000			= 2 500 000	Sur imputation du coût 0	73 500 D
	Coût préétabli de la production attendue des heures consacrées à la fabrication	500 000	(= 1	x 500 000)			x 5 = 2 500 000	Sur rendement travail 125 000 F	
	Coût préétabli de la production constatée	525 000					x 5 = 2 625 000	Écart sur volume d'activité	
	Coût préétabli de la production prévue						2 500 000	125 000 D	

3) Dénomination du PC 82

Pour le Plan comptable 82 :

$$\text{Écart sur coûts variables} = (v_R - v_s) A_R$$

compte tenu d'une hypothèse simplificatrice qui consiste à considérer que les frais fixes réels sont toujours égaux aux frais fixes prévus.

Si l'on ne retient pas cette hypothèse, l'écart est égal à :

$$\begin{aligned} E/CV &= \text{Frais réels} - \text{Budget flexible} (A_R) \\ &= [(v_R \cdot A_R) + FF_R] - [(v_s \cdot A_r) + FF_s] \end{aligned}$$

c'est-à-dire que deux causes peuvent être à l'origine de cet écart :
– une différence sur les coûts variables unitaires d'unité d'œuvre,
– une différence sur le montant des frais fixes. Dans cette optique, il vaudrait mieux nommer cet écart «écart sur coûts».

C'est en fait la décomposition en quatre sous-écarts évoquée dans le manuel sous le nom de «méthode des contrôleurs de gestion».

Ici l'écart sur coût se décomposerait en :
– un écart sur taux variable $= (v_R - v_s) A_R$
$= (2 - 2) A_R = 0$
– un écart sur charges fixes $= (FF_R - FF_s)$
$= 1\,698\,500 - 1\,500\,000$
$= + 198\,500 \text{ DEF.}$

③ SOCIÉTÉ JARDIPLAST

a. Calcul des amortissements et des coûts financiers sur immobilisations

	Approvision-nements	Moulage			Vernissage
		Bacs	Chaises	Tables	
VO totale	75 000 x 2 + 60 400	99 500 x 8	169 500 x 8	263 250 x 2	179 560 x 5
Amort. pratiqués VO x 0,2	210 400 – 42 080	796 000 – 159 200	1 356 000 – 271 200	526 500 – 105 300	897 800 – 179 560
VNC au 1/01 Dotation N VNC au 31/12 VCN moyenne $\frac{VCN1/01 + VCN\,31/12}{2}$	168 320 21 040 147 280 157 800	636 800 79 600 557 200 597 000	1 084 800 135 600 949 200 1 017 000	421 200 52 650 368 550 394 875	718 240 89 780 628 460 673 350
F. Financiers	17 358	65 670	111 870	43 436,25	74 068,5

b. Centre approvisionnement

- *Charges indirectes et fixes*

Salaires 5 100 x 2 x 13	132 600
Charges sociales 132 600 x 42,7 %	56 620,2
Fournitures 2 600 x 11	28 600
Dotation aux amortissements	21 040
Coût financier	17 358
Total	256 218,2

- *Nature de UO*

	kg de Mat.	F d'achat
Nbre UO	1 775 000	10 295 000
Coût UO	0,1443…	0,0248
	14,4 %	2,49 %

- *Coût d'approvisionnement par produit*

	Bacs	Chaises	Tables
Charges variables			
Matières	17,40	29	58
Charges fixes			
→ kg achetés	0,43	0,72	1,44
ou			
→ F d'achat	0,43	0,72	1,44
Coût complet	17,83	29,72	59,44

c. Centre moulage

- *Charges variables*

	Bacs	Chaises	Tables
Énergie	102	202,50	270
M.C.	3	7,50	7,50
Coût/heure marche	105	210	277,50
Coût/minute	1,75	3,50	4,625
Temps par produit	2	4	6
Coût/produit	3,5	14	27,75

- *Charges fixes indirectes*

Salaires : 15 x 5 127 F x 13 x 1,427 =   1 426 664,7

Temps production en minutes :
15 x 47 s x 39 h x 60 x 0,92 x 0,94 =   1 426 660,6

Coût d'une minute :   1 F

	Bacs	Chaises	Tables
Nombre opérateur	1	1	2
Temps opérateur	2	4	6
Temps total	2	4	12
Coût	2	4	12

- *Charges fixes directes*

	Bacs	Chaises	Tables
Dotation aux amort.	79 600	135 600	52 650
Coût financier	65 670	111 870	43 436,25
Entretien	70 400	114 400	28 600
Total	215 670	361 870	124 686,25
Nombre de produits	300 000	125 000	25 000
Coût unitaire	0,72	2,89	4,99

- *Récapitulatif – Centre moulage*

	Bacs	Chaises	Tables
CV	3,50	14,00	27,75
CF	2,72	6,89	16,99
Coût complet	6,92	20,89	44,74

d. Centre vernissage

- *Charges variables*

Énergie + matières consommables = 1 320 F/heure

	Bacs	Chaises	Tables
Coût horaire	1 320	1 320	1 320
Nombre de cycle/heure	3	3	3
Nombre de produit/cycle	50	20	5
Nombre de produits/heure	150	60	15
Coût variable/produit	8,80	22	88

- *Charges fixes indirectes*

Personnel : 2 x 5 100 x 13 x 1,427 =	189 220,2
Entretien : 1 200 x 11 x 5 =	66 000
Dotation aux amortissements	89 780
Coût financier	74 068,5
	419 068,7

Contrôle budgétaire de l'activité productive

Nbre de cycles :
300 000/150 + 125 000/20 + 25 000/5 =   17 250
Coût d'un cycle :   24,29 F/cycle

- *Récapitulatif – Centre vernissage*

	Bacs	Chaises	Tables
Charges variables	8,80	22	88
Charges fixe par cycle	24,29	24,29	24,29
Nombre prod/cycle	50	20	5
Charge fixe/produit	0,49	1,21	4,86
Coût/produit	9,29	23,21	92,86

Conclusion : Coût standard de production par chaque produit

	Bac		Chaise		Table	
	Variable	Fixe	Variable	Fixe	Variable	Fixe
Coût de production						
Approvisionnement – Matières	17,40	0,43	29	0,72	58	1,44
Moulage	3,50	2,72	14	6,89	27,75	16,99
Vernissage	8,8	0,49	22	1,21	88	4,86
Total	29,70	3,64	65	8,82	173,75	23,29
Coût de production		33,34		73,82		197,04

④ ENTREPRISE «GARDENA SA»

1) Analyse graphique de l'écart et 2) valeurs des écarts

- *Points représentatifs des différents budgets*

	Points	Valeurs
Frais réels	→ C	47 040
Budget flexible (A_R)	→ B	43 520
Budget standard (A_R)	→ A	39 200
Budget standard (A_p)	→ D	49 000
Budget standard (A_n)	→ F	50 000

- *Vecteurs exprimant les écarts*

	Vecteurs	Valeurs
E/coût variable	$\overrightarrow{BC}$	3 520 D
E/coût fixe	$\overrightarrow{AB}$	4 320 D
E/rendement travail	$\overrightarrow{DA}$	– 9 800 F
E/ volume d'activité	$\overrightarrow{FD}$	– 1 000 F
Écart total	$\overrightarrow{CF}$	– 2 960 F

On s'aperçoit que

$$E/CV + E/CF + E/RT + E/VA = \text{Écart total}$$
$$\overrightarrow{BC} + \overrightarrow{AB} + \overrightarrow{DA} + \overrightarrow{FD} = \overrightarrow{CF}$$

3) Équation des droites

- *Budget flexible* = $v_s \cdot A^* + FF$
  Soit 2 points de cette droite : $\begin{cases} v_s \times 7\,840 + FF = 43\,520 \\ v_s \times 10\,000 + FF = 50\,000 \end{cases}$

  On obtient : $\boxed{\begin{array}{l} v_s = 3 \\ FF = 20\,000 \end{array}}$

- *Coût préétabli* = Budget standard = $c_s \cdot A^*$

  or on sait que $c_s \times 10\,000 = 50\,000$
  $$\boxed{\text{donc } c_s = 5}$$

Les équations recherchées sont donc :

$$\boxed{\begin{array}{l} \text{Budget flexible fi } y = 3 \times A^* + 20\,000 \\ \text{Coût préétabli} \Rightarrow y = 5\,A^* \end{array}}$$

4) Tableau détaillé

L'écart sur coûts variables (dénomination PC 82) est égal à 3 520 Défavorable.
Il est possible de l'analyser en deux sous écarts (cf. corrigé de l'application 14.1 ; question c) :
– l'un exprimant les différences sur le taux de charges variables,
– l'autre les différences sur les charges fixes.
Ici on sait que :
– l'écart sur budget des charges fixes est défavorable de 1752 donc :

$$CF \text{ standard} = 20\,000$$
$$CF \text{ réelles} = 21\,752$$

– en conséquence l'écart sur budget des charges variables est égal à :

$$\begin{array}{cccc} E/CV & = & E/\text{Budget CF} & + & E/\text{Budget CV} \\ 3520 & = & (1752) & + & (1768) \\ \text{Déf} & & \text{Déf} & & \text{Déf} \end{array}$$

et donc : CV standard = 30 000 pour une activité de 10 000 h.
soit 3F/heure.
CV réelles = 47 040 – 21 752
= 25 288 pour une activité de 7 840 h
soit 3,225 F/heure.

L'écart sur budget des charges variables s'analyse comme
comme CV réelles – CV adaptées à A_R
25 288 – (3 x 7 840) = 1 768 (Déf)

Contrôle budgétaire de l'activité productive

	A_N = 10 000	A_R = 7 840
Charges variables	30 000	25 288
Charges fixes	20 000	21 752
Total des charges	50 000	47 040
Coût de l'unité d'œuvre	5 F	6 F
Rendement préétabli	0,1 prodt/h	–
Rendement réel	–	0,125 pdt/h
Production	1 000	980 (1)
Coût par unité de produit	50	48

(1) 9 800 h x 0,1 p/h

⑤ ENTREPRISE MÉCANICA

1) Fiche de coût préétabli (standard)

	Produit A			Produit B		
	Coût unit.	Q	Montant	Coût unit.	Q	Montant
Matière M	45	4	180	45	2	90
Matière N	75	6	450	75	4	300
MOD	52	1/4	13	58	1/6	$9\,^2/_3$
Atelier I	3 (1)	10	30	3	6	18
Atelier II	33 (2)	1/4	8,25	33	1/6	5,5
Atelier III	5 (3)	1	5	5	1	5
			686,25			$428\,^1/_6$

(1) 31 200/(4 kg x 500 A) + (2 kg x 900 B) + (6 kg x 500 A) + (4 kg x 900 B)
(2) 9 075/(15 min x 500 A) + (10 min x 900 B) exprimé en heure
(3) 7 000/(500 A + 900 B)

2) Tableau de la production achevée

	Quantités de produits				
	en cours début m.	créées ou entrées	Total	en cours fin de m.	achevées et sorties
	①	②	① + ②	③	① + ② – ③
Produit A					
– Atelier I	–	520	520	–	520
– Atelier II	*80*	520	600	*170*	430
– Atelier III	*60*	430	490	*30*	460
Produit B					
– Atelier I	–	1 050	1 050	–	1 050
– Atelier II	–	1 050	1 050	–	1 050
– Atelier III	–	1 050	1 050	–	*1 050*

Les données en italique sont données dans le texte et permettent vers l'amont et vers l'aval de reconstituer les autres informations.

3) Calcul des équivalents terminés

Produits A	Prod. terminée	+ en-cours final		Total	− en-cours initial		équiv. de la prod. du mois
		Quantités	Eq.		Quantités	Eq.	
Atelier 2	430	170 (à 60 %)	102	532	80 (à 50 %)	40	492
Atelier 3	460	30 (à 30 %)	9	469	60 (à 40 %)	24	445

4) Tableau de répartition des charges indirectes réelles

	Atelier I	Atelier II	Atelier III
Total	36 887,5	10 048,5	7 176
Nature de l'U.O.	kg matière	heure MOD	unité fictive
Nombre d'U.O.	11 350	315	1 495
Coût de l'U.O.	3,25	31,90	4,80

5) Tableau comparatif

Tableau comparatif entre données réelles et données préétablies (standard adapté à la production réelle) pour le mois de février 19N :

Tableau comparatif du coût de production de A

	Coût réel			Coût préétabli			Écart
	Q	P.U.	Montant	Q	P.U.	Montant	
Matières M	2 200	47,50	104 500	2 080 (1)	45	93 600	10 900 D
Matières N	3 100	78	241 800	3 120 (2)	75	234 000	7 800 D
M.O.D.	135	55	7 425	123 (3)	52	6 396	1 029 D
Centre usinage Fusion	5 300	3,25	17 225	5 200 (4)	3	15 600	1 625 D
Centre Assemblage	135	31,90	4 306,5	123	33	4 059	247,5 D
Centre Finition	445	4,80	2 136	445	5	2 225	− 89 F
			377 392,5			355 880	21 512,5

(1) 2 080 = 4 × 520 (3) 123 = 492 : 4
(2) 3 120 = 6 × 520 (4) 5 200 = 2 080 + 3 120

Tableau comparatif du coût de production de B

	Coût réel			Coût préétabli			Écart
	Q	P.U.	Montant	Q	P.U.	Montant	
Matières M	2 000	47,50	95 000	2 100 (1)	45	94 500	500 D
Matières N	4 050	78	315 900	4 200 (2)	75	315 000	900 D
M.O.D.	180	60	10 800	175 (3)	58	10 150	650 D
Centre usinage Fusion	6 050	3,25	19 662,5	6 300 (4)	3	18 900	762,5 D
Centre Assemblage	180	31,90	5 742	175	33	5 775	− 33 F
Centre Finition	1 050	4,80	5 040	1 050	5	5 250	− 210 F
			452 144,5			449 575	2 569,5

(1) 2 100 = 1 050 × 2 (3) 175 = 1 050 : 6
(2) 4 200 = 1 050 × 4 (4) 6 300 = 2 100 + 4 200

6) Analyse des écarts sur centre d'analyse

a. Atelier I : Centre de fusion – usinage

- Production normale   500 A et 900 B
  Activité normale   (500 A x 4 kg) + (900 B x 2 kg)
                    + (500 A x 6 kg) + (900 B x 4 kg) = 10 400 kg
  Budget standard   = 31 200 F soit 3 F par kilo
- Production réelle   520 A et 1 050 B
  Activité réelle   = 11 350 kg
  Frais réel   = 36 887,5 F
- Activité préétablie   = [520 A x (4 kg + 6 kg)] + [1 050 B x (2 kg + 4 kg)]
                    = 11 500 kg

Frais réels	36 887,50	écart sur coûts	
Budget flexible (A_R)		variables	+ 3 977,5 DEF
(1,8 x 11 350) + 12 480	32 910		
Budget standard (A_R)		écart sur coûts fixes	
(3 x 11 350)	34 050		– 1 140 FAV
Budget standard (A_p)		écart sur rendement	
(3 x 11 500)	34 500	travail	– 450 FAV
		écart	2 387,50 DEF

Vérification : E/pdt A + E/pdt B = 1 625 + 762,5 = 2 387,5

b. Atelier III : Centre de finition

- Production normale 500 A et 900 B
  Activité normale : exprimée en nombre de produits c'est-à-dire pas d'expression de rendement.
  Budget standard : 7 000 F soit 5 F par produit.
- Activité réelle 445 A et 1 050 B
  ou Production réelle
  Frais réels : 7 176 F
- Activité préétablie : identique à l'activité réelle de par la définition de la nature de l'unité d'œuvre.

Frais réels	7 176	écart sur coûts	
Budget flexible (A_R)		variables	– 137,50 FAV
(3,3 x 1 495) + 2 380	7 313,50		
Budget standard (A_R)		écart sur coûts fixes	
(5 x 1 495)	7 475		– 161,50 FAV
Budget standard (A_p)		écart sur rendement	
(5 x 1 495)	7 475	travail	0
		écart économique	– 299 FAV

Vérification : E/pdt A + E/pdt B = (– 89) + (– 210) = (– 299)

Il n'existe pas lors des prévisions de notion de rendement puisque l'activité du centre est exprimée en nombre de produits. On ne peut donc pas analyser cette composante : l'écart sur rendement sera toujours nul.

④ CONTRÔLE BUDGÉTAIRE DU RÉSULTAT

Remarque : Les questions A et B sont traitées en parallèle.

1. Calcul de l'écart sur résultat

	RÉEL		BUDGET		ÉCART
Chiffre d'affaires					
• Produit A	900 x 50 F	45 000	1 000 x 50	50 000	
• Produit B	600 x 80 F	48 000	720 x 70	50 400	
• Produit C	400 x 120 F	48 000	310 x 100	31 000	
		141 000		131 400	
Coût des produits vendus					
• Charges de la période : 18 900 +			1 000 x 36,4	36 400	
39 000 + 49 800		107 700	720 x 44,3	31 896	
+ (SI – SF)		– 8 541	310 x 81	25 110	
		99 159		93 406	
Résultat hors charges commerciales		41 841		37 994	+ 3 847 FAV

2. Décomposition de l'écart sur résultat

Cet écart se décompose en deux sous-écarts :
– un écart de marge sur chiffre d'affaires,
– un écart de coût de production.

Remarque relative aux quantités de référence

L'écart de marge sur chiffre d'affaires est obtenu par rapport aux quantités vendues alors que l'écart sur coût de production est calculé par rapport aux quantités produites ; ainsi la variation de stock intégrée aux quantités vendues doit être valorisée au coût de production standard afin de permettre le calcul de la marge dite "réelle", premier élément de l'écart sur chiffre d'affaires.

• *Calculs préliminaires avant la décomposition de l'écart de résultat*

Produits	Eléments du budget					Réel		Eléments préétablis (adaptés aux quantités réelles)				
	Quantités budgetées	Prix budgété	Chiffre d'affaires budgeté	Coût de production standard	Marge budgétée ①	Quantités réelles vendues	Chiffre d'affaires réel	Quantités réelles produites ②	Coût de production standard		CA préétabli Qr x p budgété	Marge dite "réelle" ③
									Qtés vendues	Qtés produites		
A	1 000	50	50 000	36 400	13 600	900	45 000	950	32 760	34 580	45 000	12 240
B	720	70	50 400	31 896	18 504	600	48 000	770	26 580	34 111	42 000	21 420
C	310	100	31 000	25 110	5 890	400	48 000	390	32 400	31 590	40 000	15 600
TOTAL	NS	NS	131400	93 406	37 994	NS	141 000	NS	91 740	100 281	127 000	49 260

① Marge budgétée = chiffre d'affaires budgeté – coût de production standard.
② Quantités réelles produites = quantités vendues + stock final – stock initial (pour le produit A, il vient : 900 + 150 – 100 = 950).
③ Marge dite "réelle" = chiffre d'affaires réel – coût de production standard des quantités vendues.

Contrôle budgétaire de l'activité productive

- *Décomposition de l'écart de résultat*

$$
\begin{aligned}
\text{E/Résultat} &= \text{Écart de marge sur chiffre d'affaires} - \text{Écart sur coût de production} \\
&= [\text{Marge dite "réelle"} - \text{Marge budgétisée}] - [\text{Coût de production réel} - \text{coût de production standard des quantités produites}] \\
&= [49\,260 - 37\,994] - [107\,700 - 100\,281] \\
&= [+\,11\,266\text{ fav}] - [+\,7\,419\text{ def}] \\
&= +\,3\,847\text{ fav}
\end{aligned}
$$

Il est possible d'écrire que l'écart favorable mis en évidence sur le résultat s'analyse comme :
– une bonne prestatation des services commerciaux (+11 266 FAV),
– un dérapage des coûts de production (+ 7 419 DEF).
Cette analyse nécessite pourtant une décomposition plus fine de chaque sous-écart.

3. Analyse de l'écart de marge sur chiffre d'affaires

Il est habituel de décomposer cet écart en trois sous-écarts :
– un écart de prix
– un écart de volume global   } regroupés dans un écart de quantité.
– un écart de composition des ventes

$$
\begin{aligned}
\text{Écart de prix} &= \text{Chiffre d'affaires réel} - \text{Chiffre d'affaires préétabli} \\
&= 141\,000 - 127\,000 \\
&= +\,14\,000\text{ FAV}
\end{aligned}
$$

Écart de quantité   =   Écart de quantité   ×   Marge budgétée unitaire
Pour A = (900 − 1 000)   ×   (50 − 36,4)   =   − 1 360
     B = (600 − 720)   ×   (70 − 44,3)   =   − 3 084
     C = (400 − 310)   ×   (100 − 81)   =   + 1 710
                                                 − 2 734 DEF

ou encore :

$$
\begin{aligned}
\text{Écart de quantité} &= \text{Marge préétablie} - \text{Marge budgétée} \\
&= \left(\text{Chiffre d'affaires préétabli} - \text{Coût de production standard des quantités réelles vendues}\right) - \text{Marge budgétée} \\
&= (127\,000 - 91\,740) - 37\,994 \\
&= 35\,260 - 37\,994 \\
&= -\,2\,734\text{ DEF}
\end{aligned}
$$

qui se décompose en :

- *Écart de volume global*

$$
\begin{aligned}
\text{E/VG} &= (\text{CA préétabli} - \text{CA budgété}) \times \text{taux de marge budgété} \\
&= (127\,000 - 131\,400) \times \frac{37\,994}{131\,400} \\
&= (-\,4\,400) \times 0{,}289147 \\
&= -\,1\,272\text{ DEF}
\end{aligned}
$$

- *Écart de composition des ventes*

$$E/CV = (\text{Taux de marge préétabli} - \text{Taux de marge budgété}) \times \text{Chiffre d'affaires préétabli}$$

$$= \left(\frac{35\,260}{127\,000} - \frac{37\,994}{131\,400}\right) \times 127\,000$$

$$= (0{,}277638 - 0{,}289147) \times 127\,000$$

$$= -1\,462 \text{ DEF}$$

Il vient bien :

$$\begin{aligned} E/\text{quantité} &= E/VG + E/CV \\ &= (-1\,272) + (-1\,462) \\ &= -2\,734 \end{aligned}$$

La décomposition de l'écart de marge sur chiffre d'affaires fait apparaître :
– un écart favorable sur les prix (+ 14 000 F),
– une mauvaise prestation quant aux quantités (– 2 734 DEF).
Cette constatation oblige à nuancer la qualité de la prestation des services commerciaux. Ceux-ci ont peut-être su profiter de conditions favorables externes (hausse de prix généralisée sur le marché des produits) mais ils ont été incapables de développer une stratégie commerciale offensive de croissance des ventes (en quantités).

4) Analyse de l'écart sur coût de production

La décomposition de cet écart oblige à des calculs de coûts préétablis pour chaque élément du coût de production.

(*Remarque* : cette analyse s'effectue par rapport aux quantités produites.)

	Coût réel			Coût préétabli (quantités réelles)			Écart
	Qté	C.U.	Montant	Qté	C.U.	Montant	
Matière M							
Produit A				1 900 kg	4		
Produit B		Détails non fournis		1 694 kg	4		
Produits C				975 kg	4		
	4 500	4,20	18 900	4 569 kg	4	18 276	+ 624 DEF
Main d'oeuvre directe							
Produit A				190 H	62		
Produit B		Détails non fournis		192,5 H	62		
Produit C				195 H	62		
	600	65	39 000	577,5 H	62	35 805	+ 3 195 DEF
Centre C							
Produit A				380 H	40		
Produit B		Détails non fournis		385 H	40		
Produit C				390 H	40		
	1 200	41,5	49 800	1 155 H	40	46 200	+ 3 600 DEF
Coût de production			107 700			100 281	+ 7 419 DEF

Contrôle budgétaire de l'activité productive

- *Décomposition de l'écart sur matière M*

E/Coût	=	(4,20 – 4) 4 500 =	+ 900 DEF
E/Quantité	=	(4 500 – 4 569) 4 =	– 276 FAV
			+ 624 DEF

- *Décomposition de l'écart sur main-d'œuvre directe*

E/Taux horaire	=	(65 F – 62 F) 600 =	+ 1800 DEF
E/Heures travaillées	=	(600 – 577,5) 62 =	+ 1 395 DEF
			+ 3 195 DEF

- *Décomposition de l'écart sur centre C*

  Calcul préliminaires

  Charges fixes standard = 15 F x Activité normale
  = 15 F x [(1 000 x 0,40) + (750 x 0,50) + (300 x 1)]
  = 16 125

  Charges variables unitaires standard = 40 F – 15 F = 25 F
  Equation du budget flexible   y = 25 x Activité + 16 125
      Budget standard   y = 40 x Activité.

- *Décomposition de l'écart*

  Frais réels (activité réelle 1 200 h) = 49 800

  } Écart sur coût variable
    + 3 675 DEF

  Budget flexible pour activité réelle
  25 x 1 200 + 16 125 = 46 125

  } Écart sur imputation
    du coût fixe
    – 1 875 FAV

  Budget standard pour activité réelle
  40 F x 1 200 h = 48 000

  } Écart sur rendement
    travail

  Budget standard pour activité préétabli
  40 F x 1 155 h = 46 200

    + 1 800 DEF

  Il vient : E/Centre C = E/CV + E/CF + E/RT
  = (+ 3 675) + (– 1 875) + (+1 800)
  = 3 600

Bien qu'en sur-activité (1 200 h pour une activité normale de 1 050 h) les conditions de production sont globalement déficientes. Les responsables ne maitrisent pas le rendement et la productivité de la main-d'œuvre tant pour les charges directes (+ 3 195 DEF) que pour le rendement machine du centre (Écart de rendement travail + 1 800). Les coûts de fabrication indirects dérapent (Écart défavorable de 3 675) soit un coût unitaire variable réel de 28 F pour un coût prévu de 25 F.
En conclusion, il faut s'inquiéter de la gestion de cette entreprise qui, bien que présentant un résultat réel meilleur que le résultat budgété, n'arrive pas :
– à s'implanter sur les marchés : quantités vendues inférieures à celles prévues ;
– à maîtriser ses coûts de production.
Pendant la période, elle n'a en fait que profiter de la hausse des prix généralisée sans réellement maintenir ni même améliorer sa rentabilité.

15 La gestion budgétaire des ventes

① SOCIÉTÉ TUBE SA

I. Lissage par les moyennes mobiles

1) Moyennes mobiles centrées de longueur 4

Elles se calculent selon la formule suivante :

$$\text{MMC}_i = \left[\frac{1}{2} y_{i-2} + y_{i-1} + y_i + y_{i+1} + \frac{1}{2} y_{i+2}\right] \frac{1}{4}$$

On perd des informations en début et en fin de série. La première MMC est celle relative à l'observation 3 :

$$\text{MMC}_3 = \left[\frac{1}{2} \times 524 + 378 + 354 + 636 + \frac{1}{2} \times 532\right] \frac{1}{4} = 474$$

L'ensemble des MMC est présenté dans le tableau suivant :

	T_1	T_2	T_3	T_4
19 N – 3	–	–	474	480
19 N – 2	488	498	508	512
19 N – 1	515	520	536	556
19 N	568	574	–	–

2) Représentation graphique

Cf. graphique page ci-contre.
Ce modèle est multiplicatif : la composante saisonnière et éventuellement la composante accidentelle sont proportionnelles au trend.

La gestion budgétaire des ventes

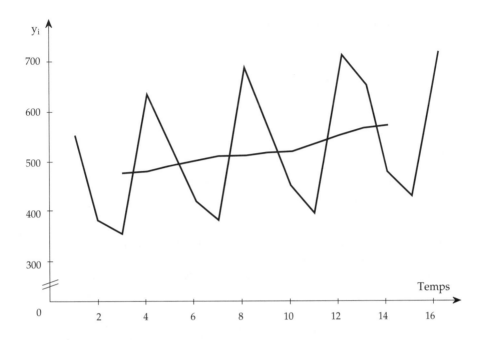

3) Calcul de l'indice saisonnier et 4) Des coefficients saisonniers

Il est égal à la valeur observée y_i par rapport à la MMC_i.

	T_1	T_2	T_3	T_4
19 N – 3	–	–	0,7468	1,325
19 N – 2	1,09	0,8393	0,744	1,3515
19 N – 1	1,0796	0,8192	0,735	1,2877
19 N	1,1619	0,8397	–	–
Σ des indices	3,3315	2,4982	2,2258	3,9642
Coefficients bruts	1,1105	0,8327	0,7419	1,3214

La somme des coefficients bruts est égale à 4,0065 soit une majoration de :

$$\frac{4,0065}{4} = 1,001625 \text{ par rapport à la valeur attendue}$$

(en effet, Σ des coefficients = périodicité de la série soit ici 4).

Les coefficients saisonniers corrigés apparaissent à :

T_1	T_2	T_3	T_4
1,11	0,83	0,74	1,32

5) Estimation des ventes en volume de l'année N + 1

1er trimestre [(9 x 17) + 460] x 1,11 = ...	680
2e trimestre [(9 x 18) + 460 x 0,83 = ...	516
3e trimestre [(9 x 19) + 460] x 0,74 = ...	467
4e trimestre [(9 x 20) + 460] x 1,32 = ...	845
Total	2 508

II. Lissage exponentiel

6) Méthode des résidus appliquée au lissage exponentiel

Principe : on établit le lissage exponentiel selon la formule suivante :

$$Y_t = \alpha \, y_{t-1} + (1 - \alpha) \, Y_{t-1}$$

avec : Y prévision de la période indicée, y observation de la période indicée et en retenant les valeurs de 0,4 et 0,7 pour α.

Pour chaque valeur de α, on calcule le carré des résidus en faisant :

$$\sum_{t=1}^{n} (y_t - Y_t)^2$$

et on retient la valeur de α pour laquelle cette expression sera minimum.

y_t	$\alpha = 0{,}4$			$\alpha = 0{,}7$		
	Y_t	$y_t - Y_t$	$(y_t - Y_t)^2$	Y_t	$y_t - Y_t$	$(y_t - Y_t)^2$
556	–	–	–	–	–	–
426	556	– 130	16 900	556	– 130	16 900
394	504	– 110	12 100	465	– 71	5 041
716	460	+ 256	65 536	415,3	+ 300,7	90 420,49
660	562,4	+ 97,6	9 525,76	625,8	+ 34,7	1 204,09
482	601,4	– 119,4	14 256,36	649,8	– 167,8	28 156,84
434	553,6	– 119,4	14 256,36	532,3	– 98,3	9 662,89
724	505,8	218,2	47 611,24	463,5	+ 260,5	67 860,25
			180 233,52			219 245,56

La valeur $\alpha = 0{,}4$ doit être retenue tout en remarquant qu'elle entraîne des écarts importants.

7) Prévisions des ventes

En appliquant la formule :

$$Y_t = \alpha \, y_{t-1} + (1 - \alpha) \, Y_{t-1}$$

et en retenant les valeurs suivantes :

  t = 17 $\alpha = 0{,}4$ $y_{16} = 724$ $Y_{16} = 505{,}8$

On obtient :

$$Y_{17} = 0{,}4 \times 724 + (1 - 0{,}4) \, 505{,}8$$

$$Y_{17} = 593{,}08$$

La gestion budgétaire des ventes

② SOCIÉTÉ ARCTURUS

1) Coefficients saisonniers

- *Données observées en milliers de francs*

Mois	1	2	3	4	5	6	7	8	9	10	11	12
Année 1	795	947	1 339	1 054	585	724	858	1 482	1 685	1 360	826	788
Année 2	1 010	1 326	1 441	1 361	505	775	913	1 355	1 770	1 299	777	934
Année 3	1 130	1 391	1 579	1 560	417	826	1 122	1 428	1 750	1 252	649	866

Un ajustement par les moindres carrés donnent une droite de paramètres «a» = 4,1157 et «b» = 1 031,61

- *Données ajustées en milliers de francs*

Mois	1	2	3	4	5	6	7	8	9	10	11	12
Année 1	1 035,726	1 039,841	1 043,957	1 048,073	1 052,189	1 056,304	1 060,42	1 064,536	1 068,651	1 072,767	1 076,883	1 080,998
Année 2	1 085,114	1 089,23	1 093,346	1 097,461	1 101,577	1 105,693	1 109,808	1 113,924	1 118,04	1 122,155	1 126,271	1 130,387
Année 3	1 134,503	1 138,618	1 142,734	1 146,85	1 150,965	1 155,081	1 159,197	1 163,312	1 167,428	1 171,544	1 175,66	1 179,775

- *Rapport entre données réelles et données ajustées*

Mois	1	2	3	4	5	6	7	8	9	10	11	12
Année 1	0,768	0,911	1,283	1,006	0,556	0,685	0,809	1,392	1,577	1,268	0,767	0,729
Annéé 2	0,931	1,217	1,318	1,24	0,458	0,701	0,823	1,216	1,583	1,158	0,69	0,826
Année 3	0,996	1,222	1,382	1,36	0,362	0,715	0,968	1,228	1,499	1,069	0,552	0,734
Coefficients saisonniers	0,898	1,117	1,327	1,202	0,459	0,7	0,867	1,279	1,553	1,165	0,67	0,763

On vérifie que la somme des coefficients est bien égal à 12 (périodicité de la série chronologique).

2) Prévisions de ventes pour l'exercice prochain

Le chiffre d'affaires prévisionnel mensuel est égal à 15 700/12 = 1 308,333 milliers de francs.

Mois	1	2	3	4	5	6	7	8	9	10	11	12
Coefficients saisonniers	0,898	1,117	1,327	1,202	0,459	0,7	0,867	1,279	1,553	1,165	0,67	0,763
Ventes prévues (en miliers de F)	1 175	1 461	1 736	1 573	601	916	1 134	1 673	2 032	1 524	877	998

③ SOCIÉTÉ DES ÉQUIPEMENTS DE BÂTIMENTS MODULAIRES

1) Prévisions des ventes N + 1

Modules classiques N + 1 (sans nouveau produit)	40 000
Modules mobiles (MEM)	16 000
$\rightarrow$ 40 000 x 0,2 = 8 000	
$\rightarrow$ N. clients = 8 000	
Plates-formes (1/pour 8)	2 000
Modules échaf. classique (MEC) 40 000 – 8 000	32 000

2) Coefficients saisonniers

	T_1	T_2	T_3	T_4
%	17,5	35	30	17,5
Coef.	0,7	1,4	1,2	0,7

Budget des ventes N + 1 (en milliers de francs)

Trimestres	Module échafaudage classique			Module échafaudage mobile			Plate-forme mobile			CA TOTAL
	Q	PU	MF	Q	PU	MF	Q	PU	MF	MF
T1	5 600	500	2 800	2 800	400	1 120	350	2 000	700	4 620
T2	11 200	–	5 600	5 600	–	2 240	700	–	1 400	9 240
T3	9 600	–	4 800	4 800	–	1 920	600	–	1 200	7 920
T4	5 600	–	2 800	2 800	–	1 120	350	–	700	4 620
	32 000		16 000	16 000		6 400	2 000		4 000	26 400

3) Analyse de l'écart sur chiffre d'affaires

* *Tableau de calcul de l'écart sur chiffres d'affaires du 2e trimestre*

PRODUITS	RÉEL			PRÉÉTABLI			BUDGET		
	Q	PU	CA	Q	PU	CF	Q	PU	CA
MEC	12 600	445	5 607 000	12 600	500	6 300 000	11 200	500	5 600 000
MEM	4 960	470	2 331 200	4 960	400	1 984 000	5 600	400	2 240 000
PFM	620	2 010	1 246 200	620	2 000	1 240 000	700	2 000	1 400 000
	18 180		9 184 400	18 180	523,8727 [1]	9 524 000	17 500	528 [2]	9 240 000

[1] Prix moyen préétabli.   [2] Prix moyen budgété.

La gestion budgétaire des ventes

- *Décomposition de l'écart*

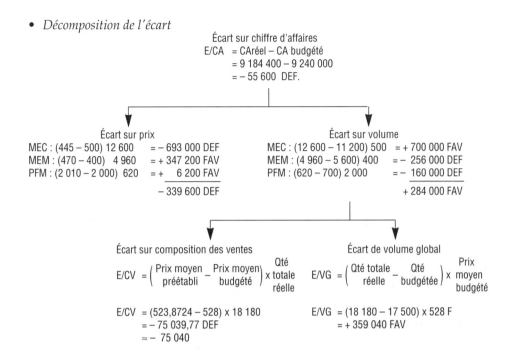

④ **SOCIÉTÉ ALIBERT**

Soit u = log Y avec deux décimales

X_i	Y_i	u_i	$u_i - \bar{u}$	$x_i - \bar{x}$	$(x_i - \bar{x})^2$	$(x_i - \bar{x})(u_i - \bar{u})$
1	31	1,49	– 1,68	– 5,5	30,25	9,24
2	67	1,83	– 1,34	– 4,5	20,25	6,03
3	125	2,10	– 1,07	– 3,5	12,25	3,745
4	263	2,42	– 0,75	– 2,5	6,25	1,875
5	499	2,70	– 0,47	– 1,5	2,25	0,705
6	1 150	3,06	– 0,11	– 0,5	0,25	0,055
7	2 025	3,31	0,14	0,5	0,25	0,07
8	4 157	3,62	0,45	1,5	2,25	0,675
9	7 850	3,89	0,72	2,5	6,25	1,8
10	17 320	4,24	1,07	3,5	12,25	3,745
11	31 450	4,50	1,33	4,5	20,25	5,985
12	69 200	4,84	1,67	5,5	30,25	9,185
78		38			143	43,11

1) Calcul de u = log Y

Cf. tableau précédent.

2) Représentation graphique

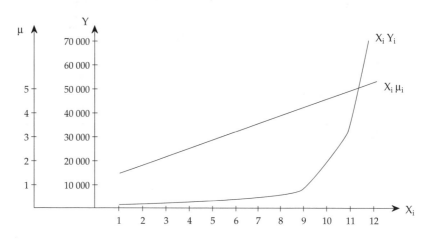

3) Droite d'ajustement de la forme U = ax + b

Il vient
$$a = \frac{\Sigma(u_i - \overline{u})(x_i - \overline{x})}{\Sigma(x_i - \overline{x})^2}$$

$$b = \overline{u} - a\overline{x}$$

Du tableau précédent, il est possible de calculer :

$$\overline{u} = \frac{\Sigma u_i}{12} = 3{,}17 \qquad \overline{x} = \frac{\Sigma x_i}{12} = 6{,}50$$

et $a = \dfrac{43{,}11}{143} = 0{,}30$ et $b = 3{,}17 - (0{,}30 \times 6{,}5) = 1{,}22$

Il vient : $\boxed{u = 0{,}30\,x + 1{,}22}$

4) Transformation de la droite

Remplaçons u par sa valeur en fonction de y, il vient :
$$\begin{aligned}
\log Y &= 0{,}30\,x + 1{,}22 \\
y &= 10^{0{,}30\,x} \cdot 10^{1{,}22} \\
&= 16{,}60 \cdot 10^{0{,}30\,x} \\
&= 16{,}60 \cdot 2^{x}
\end{aligned}$$

On obtient donc :
$$\boxed{y = 16{,}60 \cdot 2^{x}}$$

16 La gestion budgétaire de la production

① ENTREPRISE ZED

1) Programme optimal

Soit E les tonnes mensuelles de E, soit S les tonnes mensuelles de S.
- Contraintes de fabrication
  $40 \leq E \leq 180$
  $5S + 3,5E \leq 700$ (B)
  $6S + 2E \leq 600$ (A)
- Fonction économique : Max $F = 12S + 10E$
- Résolution : cf. graphique

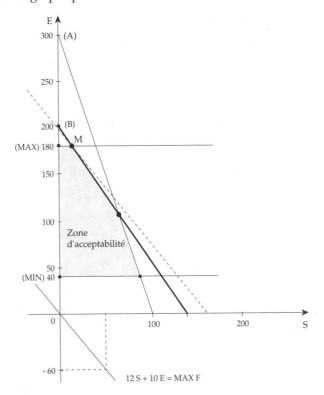

Remarque :
Les contraintes définissent une zone d'acceptabilité (zone rayée du graphique). La droite économique est représentée au point de coordonnées (0.0). Son déplacement est symbolisé par la droite en pointillé qui détermine le point M de coordonnées :

$$\boxed{\begin{array}{l} S = 14 \\ E = 180 \end{array}}$$

2) Marge sur coût variable de ce programme

```
14 tonnes de S à 12 F l'unité  =    168
180 tonnes de E à 10 F l'unité = 1 800
       Marge globale :           1 968
```

② PRODUITS A ET B

1) Calcul de la marge sur coût variable unitaire

Marge/Produit A = 16,7 − (2,75 + 2,35 + 1,65 + 1,80 + 1,65 + 0,82) = 5,68 F
    soit 34 %
Marge/Produit B = 26 − (5,20 + 3,40 + 3,30 + 2,70 + 1,65 + 1,30) = 8,45 F
    soit 32,50 %

2) Programme de production

- Fonction économique : Max F = 5,68 A + 8,45 B
- Contraintes de production
  Atelier 1 : 0,20 A + 0,40 B ≤ 2 400
  Atelier 2 : 0,20 A + 0,30 B ≤ 2 400
  Atelier 3 : 0,30 A + 0,30 B ≤ 3 000
- Contraintes commerciales : A ≤ 9 000 ; B ≤ 5 000
- Représentation graphique (cf. annexe 1 ci-contre)
- Résultat global :

```
       Marge/coût variable    A = 5,68 × 8 000 = 45 440
                              B = 8,45 × 2 000 = 16 900
Marge globale :                                  62 340
– Charges fixes
```

$$\text{Atelier 1 : } 2\,400\,h \times \frac{0{,}60\,F}{0{,}20\,h} = 7\,200$$

$$\text{Atelier 2 : } 2\,400\,h \times \frac{1{,}20\,F}{0{,}20\,h} = 14\,400 \quad\Big\} \quad 35\,600$$

$$\text{Atelier 3 : } 3\,000\,h \times \frac{1{,}40\,F}{0{,}30\,h} = 14\,000$$

= Résultat global   26 740

La gestion budgétaire de la production

3) Plein emploi des 3 ateliers

Si la capacité de l'atelier 2 ne peut être augmentée, celui-ci constitue un goulot d'étranglement dont il faut optimiser le fonctionnement.
La production de A dans l'atelier 2 génère une marge horaire de :
  5,68 F/0,20 = 28,40 F
alors que celle de B dégage une marge horaire de :
  8,45 F/0,30 = 28,16 F ;
il faut privilégier la production de A.
Compte tenu des contraintes commerciales (inchangées), la production sera de :
  9 000 A et 2 000 B [(2 400 h – 0,20 x 9 000) / 0,30]

Les temps de marche nécessaires à cette production seront de
  Atelier 1 : (0,20 x 9 000) + (0,40 x 2 000) = 2 600 h soit 200 h en plus,
  Atelier 3 : (0,30 x 9 000) + (0,30 x 2 000) = 3 300 h soit 300 h de plus.
Le résultat attendu de cette solution sera de :
  (9 000 x 5,68) + (2 000 x 8,45) – 35 600 = 32 420

Annexe 1

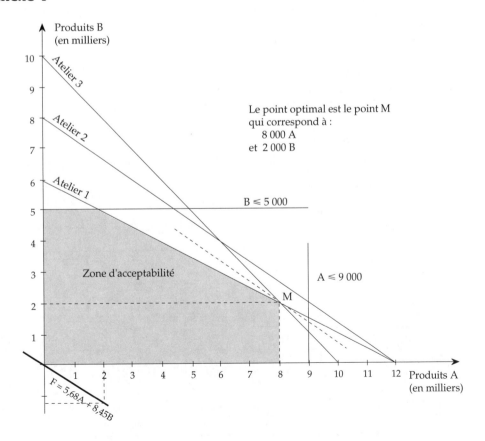

③ **SOCIÉTÉ GRANUFILM**

1) Marge sur coûts variables par tonne vendue

	M	N	P	Q
Prix de vente	19 600	39 600	41 400	47 800
Charges variables	7 000	6 000	11 000	10 000
MCV par tonne	12 600	33 600	30 400	37 800
Poids de granulé	0,3 t	0,8 t	0,8 t	0,945 t
Marge par kg granulé	42 F	42 F	38 F	40 F
Ordre de fabrication	1	1	3	2

2) Programme de production optimal

Le goulot d'étranglement est la capacité de livraison des granulés par l'atelier A. Il faut donc optimiser la gestion de l'atelier B en utilisant le critère de l'unité de facteur rare ici la MCV par kg de granulé par produit.

	M	N	P	Q	Total
Approv. Client AGRO	300 t	300 t	300 t	300 t	
Granulés prélevés pour cette commande	300 x 0,3 = 90 t	300 x 0,8 = 240 t	300 x 0,8 = 240 t	300 x 0,945 = 283,5 t	853,5 t
Ventes encore possibles	2 700 t	1 700 t	1 700 t	2 200 t	

d'où fabrication de :
  2 700 t de M qui consomment 2 700 t x 0,3 =   810 t
  1 700 t de N qui consomment 1 700 t x 0,8 = 1 360 t
                                                2 170 t

Il reste de disponible : 4 913,5 t − 853,5 t − 2 170 t = 1 890 t de granulés pour fabriquer le produit Q, soit : 1 890 t / 0,945 = 2 000 t de produit Q.

3) Programme et résultat attendu

Le programme est donc de :

	M	N	P	Q	Total
Client Agro (en tonnes)	300	300	300	300	
Autres clients (en tonnes)	2 700	1 700	–	2 000	
	3 000	2 000	300	2 300	
MCV/produit (en F)	12 600	33 600	30 400	37 800	
MCV globale (en MFS)	37 800	67 200	9 120	86 940	201 060
Charges fixes par tonnes	16 800 x 3 000	14 400 x 2 000	26 400 x 2 000	24 000 x 2 500	
Charges fixes totales (en MFS)	50 400	28 800	52 800	60 000	192 000
Résultat global (MFS)					9 060

La gestion budgétaire de la production

④ SOCIÉTÉ CEMENTEX

1) Programme de production

a. Contraintes commerciales

$$C_1 \leq 50 \quad C_3 \leq 30$$
$$C_2 \leq 40 \quad C_4 \leq 20$$

b. Contraintes de production

$$2C_1 + 3C_2 + 2C_3 + 4C_4 \leq 600 \text{ H} \quad \text{(Four A)}$$
$$6C_1 + 4C_2 + 3C_3 + 5C_4 \leq 800 \text{ H} \quad \text{(Four B ou C)}$$

On s'aperçoit que les contraintes commerciales ne saturent pas celles de production donc on les prend comme limites. La production sera de :

$$C_1 = 50 \text{ T} \quad C_3 = 30 \text{ T}$$
$$C_2 = 40 \text{ T} \quad C_4 = 20 \text{ T}$$

Le problème reste un problème d'affectation de la production entre le four B et le four C puisque tous les produits doivent être traités indifféremment par l'un ou par l'autre mais que les conditions de cessions de chaque four sont différentes.

c. Étude des conditions de cession

	C_1	C_2	C_3	C_4
Prix de vente (tonne)	600	500	400	600
Passage Four A				
• Nbre d'heures nécessaires	2	3	2	4
• Coût du passage N x 50 F	100	150	100	200
Marge unitaire après passage dans le four A ①	500	350	300	400
Passage Four B				
• Nbre d'heures nécessaires	6	4	3	5
• Coût du passage N x 60 ②	360	240	180	300
Marge unitaire après passage dans le four B ① − ②	140	110	120	100
Marge horaire/Four B	23,3	27,5	40	20
Passage Four C				
• Nbre d'heures nécessaires	6	4	3	5
• Coût du passage N x 65 ③	390	260	195	325
Marge unitaire après passage dans le four B ① − ③	110	90	105	75
Marge horaire/Four C	18,3	22,5	35	15

Comme les deux fours (B et C) sont de même technologie (même temps de passage par types de produits), il existe une infinité de programmes qui utilisent la même quantité de temps des 2 fours.

Comme le four B est moins cher que le four C, il vaut mieux le saturer en premier.

Voici un exemple de programme optimal (en utilisant la marge horaire dégagée par le four B).

30 t de $C_3 \Rightarrow$ MCV = 120 F x 30 = 3 600 F qui consomment 90 h
40 t de $C_2 \Rightarrow$ MCV = 110 F x 40 = 4 400 F qui consomment 160 h
25 t de $C_1 \Rightarrow$ MCV = 140 F x 25 = 3 500 F qui consomment 150 h
soit au total 400 h.
Le four C produira :
25 t de $C_1 \Rightarrow$ MCV = 110 F x 25 = 2 750 F qui consomment 150 h
20 t de $C_4 \Rightarrow$ MCV =   75 F x 20 = 1 500 F qui consomment 100 h
Le four C est en sous-activité pour 150 h.
La marge sur coûts variable globale s'établit à 15 750 F et le résultat est de :
15 750 – (1 000 + 800 + 800) = 13 150 F

d. Montant maximum des charges fixes supportables par le four C

Il faut mettre le four C en conditions de fonctionnement les plus mauvaises pour cet atelier :
- sous-activité maximum,
- fabrication de ciments générant les plus faibles marges horaires.

La MCV générée dans cette situation représentera le montant maximum de charges fixes que peut supporter ce four.
C'est ce qui a été fait dans la question précédente. Il est alors possible d'écrire :

$$\text{Max charges fixes}_{\text{four C}} = \text{MCV}_{\text{globale du four C}} = 4\ 250\ F$$

e. Programme si charges fixes du four C supérieures à 4 250 F

Le goulot d'étranglement serait constitué par le four B puisque dans cette hypothèse le four C ne devrait pas être mis en service.
Les capacités du four B permettraient seulement de produire :

30 t de C_3 ; 40 t de C_2 ; 25 t de C_1

La marge serait de : 3 600 + 4 400 + 3 500 = 11 500 F et le résultat de :
11 500 – (1 000 + 800) = 9 700 F.

2) Programme de production sans four B

Il s'agit de réécrire un programme de production en affectant prioritairement les produits qui génèrent la plus grande marge par heures d'utilisation du four.

Produits	Heures disponibles	Heures utilisées	Solde	Marge générée	
30 T de C_3	600	90	510	30 x 105 =	3 150
40 T de C_2	510	160	350	40 x 90 =	3 600
50 T de C_1	350	300	50	50 x 110 =	5 500
10 T de C_4	50	50	–	10 x 75 =	750
					13 000
			Coûts fixes	Four A	1 000
				Four C	800
			RÉSULTAT		11 200

⑤ SOCIÉTÉ MODULEC

1) Plan de production

Activité nécessaire pour faire face aux prévisions de ventes

	T_1	T_2	T_3	Σ des 3 T	T_4
Echafaudages classiques					
Modules en Q	5 600	11 200	9 600	26 400	5 600
Tubes/modules	x 4	x 4	x 4	x 4	x 4
Tubes nécessaires	22 400	44 800	38 400	105 600	22 400
Δ stocks	– 4 000	–	–	– 4 000	+ 8 000
Tubes à produire	18 400	44 800	38 400	101 600	30 400
Temps par tube	x 0,25	x 0,25	x 0,25	x 0,25	x 0,25
Activité nécessaire (H)	4 600	11 200	9 600	25 400	7 600
Echaf. mobiles					
Modules en Q	2 800	5 600	4 800	13 200	2 800
Tubes/modules	x 4	x 4	x 4	x 4	x 4
Tubes nécessaires	11 200	22 400	19 200	52 800	11 200
Δ stocks	–	–	–	–	+ 4 000
Tubes à produire	11 200	22 400	19 200	52 800	15 200
Temps par tube	0,20	0,20	0,20	0,20	0,20
Activité nécessaire (H)	2 240	4 480	3 840	10 560	3 040

a. Pour les 3 premiers trimestres

Activité totale nécessaire :   35 960 h (budgétée)
   25 400 + 10 560
Activité normale maximum :   28 800 h
   3 600 x 8

Activité supplémentaire nécessaire :   7 160 h (besoin)
⇒ Heures supplémentaires :
   à 25 % ⇒ 28 800 h x 0,2 = 5 760 h
   à 50 % ⇒ 7 160 – 5 760 = 1 400 h

b. Pour le trimestre 4

Activité nécessaire 7 600 + 3 040   = 10 640 h
Activité normale 3 600 x 3   = 10 800 h
    – 160 h (excédent)

Utilisation des capacités de production

			Trimestre 1	Trimestre 2	Trimestre 3	Total des 3 premiers trimestres	Trimestre 4
			(3 x 3 600)	(3 x 3 600)	(2 x 3 600)		(3 x 3 600)
	Activité disponible	1	10 800	10 800	7 200	28 800	10 800
	– Echafaudages classiques – Echafaudages mobiles		4 600 2 240	11 200 4 480	9 600 3 840	25 400 10 560	7 600 3 040
Utilisation	**Activité nécessaire**	2	**6 840**	**15 680**	**13 440**	**35 960**	**10 640**
de l'activité	Solde activité (1 – 2) =	3	+ 3 960	– 4 880	– 6 240	– 7 160	+ 160
hors heures supplémentaires	Saturation de l'activité disponible		– 3 960	+ 3 960		0	0
	Manque		0	– 920	– 6 240	– 7 160	+ 160
Utilisation des heures à 25 %	Heures disponibles à 25 %		(10 800 x 0,2) 2 160	(10 800 x 0,2) 2 160	(7 200 x 0,2) 1 440		(10 800 x 0,2) 2 160
	Saturation des heures à 25 %	4	2 160	2 160	1 440	+ 5 760	0
Utilisation des heures à 50 %	Utilisation des heures à 50 %	5	525	525	350	+ 1 400	0
Plan de production	1 + 4 + 5 =		13 485	13 485	8 990	35 960	10 640 (6 = 2)

Compte tenu des objectifs du directeur technique (assurer une meilleure répartition dans le temps de l'activité des ateliers), la charge de travail est équilibrée sur les trois premiers trimestres.

c. Récapitulatif

Pour les 3 trimestres on a besoin de 35 960 h,
 soit pour les MEC = 25 400 h / 35 960 h
  = 0,70634
 soit pour les MEM = 10 560 / 35 960 h
  = 0,2936

De ces coefficients on déduit la production de MEM et MEC par trimestres :

$$\text{Trim}_1 \text{ et Trim}_2 \Rightarrow \text{Activité totale } 13\,485 \text{ h/t}$$

MEC 13 485 h x 0,70634 x 4 = 38 099,88 ≈ 38 100
MEM 13 485 h x 0,2936 x 5 = 19 795,98 ≈ 19 800

Démarche identique pour le Trim_3 et le Trim_4 :

	T_3	T_4
MEC	25 400	30 400
MEM	13 200	15 200

La gestion budgétaire de la production

	CENTRE USINAGE – TUBES				
	T_1	T_2	T_3	T_4	Total annuel
Activité nécessaire dont	13 485	13 485	8 990	10 640	46 600
H. Sup à 25 %	2 160	2 160	1 440	–	5 760
H. Sup à 50 %	525	525	350	–	1 400
Tubes/MEC					
Stock initial	6 000	21 700	15 000	2 000	6 000
+ Production	38 100	38 100	25 400	30 400	132 000
– Ventes	22 400	44 800	38 400	22 400	128 000
= Stock final	21 700	15 000	2 000	10 000	10 000
Tubes/MEM					
Stock initial	1 000	9 600	7 000	1 000	1 000
+ Production	19 800	19 800	13 200	15 200	68 000
– Ventes	11 200	22 400	19 200	11 200	64 000
= Stock final	9 600	7 000	1 000	5 000	5 000

2) Budgets trimestriels

a. Coûts salariaux directs

	Trimestre 1			Trimestre 2			Trimestre 3			Trimestre 4			Coût total annuel
	Q	PU	Mont.	Q	PU	Mont.	Q	PU	Mont.	Q	PU	Mont.	
Usinage-tubes													
H. normales	10 800	40	432 000	10 800	40	432 000	7 200	40	288 000	10 640	40	425 600	1 577 600
H. à 25 %	2 160	50	108 000	2 160	50	108 000	1 440	50	72 000	–	–	–	288 000
H. à 50 %	525	60	31 500	525	60	31 500	350	60	21 000				84 000
	13 485	42,38	571 500	13 485	42,38	571 500	8 990	42,38	381 000	10 640	40	425 600	1 949 600

b. Centre d'analyse : Usinage tube

	Nombre des unités d'œuvre	Charges du centre		Charges totales	Coût de l'U.O. (arrond.)	# de traitements affectés au R.G.
		Charges Variables unitaires	totales	Charges fixes		
Trimestre 1	13 485	50	674 250	432 000	1 106 250	82	480
Trimestre 2	13 485	50	674 250	432 000	1 106 250	82	480
Trimestre 3	8 990	50	449 500	288 000	737 500	82	320
Trimestre 4	10 640	50	532 000	432 000	964 000	90	6 400
	46 600	50	2 330 000	1 584 000	3 914 000	84	7 680

3) Coût de production budgété

a. Pour modules classiques

	Trimestre 1			Trimestre 2			Trimestre 3			Trimestre 4		
	Q	Cu	M	Q	Cu	M	Q	Cu	M	Q	Cu	M
Tubes/25	2,5	4	10	2,5	4	10	2,5	4	10	2,5	4	10
Main-d'œuvre directe	0,25	42,38	(1) 10,6	0,25	42,38	10,6	0,25	42,38	10,6	0,25	40	10
Centre usinage	0,25	82	20,5	0,25	82	20,5	0,25	82	20,5	0,25	90	22,5
Coût unitaire			41,10			41,10			41,10			42,5
Coût total	38 100	41,1	1 565 910	38 100	41,1	1 565 910	25 400	41,1	1 043 940	30 400	42,5	1 292 000

b. Pour modules mobiles

	Trimestre 1			Trimestre 2			Trimestre 3			Trimestre 4		
	Q	Cu	M	Q	Cu	M	Q	Cu	M	Q	Cu	M
Tubes/25	2,2	4	8,8	2,2	4,4	8,8	2,2	4	8,8	2,2	4	8,8
Main-d'œuvre directe	0,2	42,38	(1) 8,48	0,2	42,38	8,48	0,2	42,38	8,48	0,2	40	8
Centre usinage	0,2	82	16,4	0,2	82	16,4	0,2	82	16,4	0,2	90	18
Coût unitaire			33,68			33,68			33,68			34,8
Coût total	19 800	33,68	666 864	19 800	33,68	666 864	13 200	33,68	444 576	15 200	34,8	528 960

⑥ ENTREPRISE DUVIEUXBOURG

1) Programme de production

Inconnues : Quantités de produits A, B, C à produire et à vendre dans l'année.

a. Contraintes d'approvisionnement

Compte tenu de la fabrication de Y possible à partir de X, il faut essayer de saturer la contrainte d'approvisionnement national d'autant que cette transformation «ne pèse pas sur les coûts».

Donc à partir de 5 600 t de X on obtient :   560 t de Y réservées à A
5 040 t de X réservées à B et C

$$\text{donc } 8A \leq 560\,000 \Rightarrow A \leq 70\,000$$
$$40 B + 40 C \leq 5\,040\,000$$

b. Contraintes de fabrication

Atelier 1 : $8A \leq 336\,000$ kg $\Rightarrow$ $A \leq 42\,000$
Atelier 2 : $10B + 10C \leq 5\,000 \times 250$ J. ouvrables $\leq 1\,250\,000$ ②
Atelier 3 : $3B + C \leq 750 \times 250$ J. ouvrables $\leq 187\,500$ ③
peut encore s'exprimer

$$B + 1/3\,C \leq 250 \times 250 \text{ J. ouvrables.}$$

La gestion budgétaire de la production

c. Fonction à maximiser

Dans l'hypothèse d'approvisionnement national, la consommation de MP de A n'est que de 8 kg x 2 = 16 F.

	A		B		C	
Prix de vente		80		256		179,20
Achat de MP	8 kg x 2	16	40 kg x 2	80	40 kg x 2	80
Achat de MC		−		24		8
Marge/CV		64		152		91,20
Marge/kg de MP		8		3,8		2,28
Ordre de priorité		1		2		3

$$F = 64A + 152B + 91{,}20C$$

d. Résolution

• *1re étape* : Le goulot d'étranglement existe sur la matière X. Comme par unité de facteur goulot c'est le produit A qui génère la plus grande marge on doit fabriquer A au maximum soit

$$A = 42\ 000$$

Le programme devient un programme à 2 inconnues soluble par une représentation graphique.

• *2e étape* : La contrainte d'approvisionnement évolue. On n'a plus besoin de transformer tous les X en Y. Il suffit de 336 000 kg de Y. On peut donc reporter 560 000 − 336 000 kg de Y sur la production de B et C :

$$40\ B + 40\ C \leq 5\ 264\ 000 \quad ①$$

Graphique

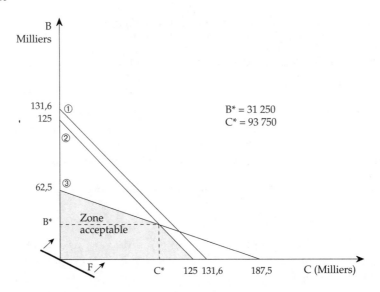

e. Marges et ventes pour N + 1

	Total	A	B	C
Quantités		42 000	31 250	93 750
Chiffres d'affaires	28 160 000	3 360 000	8 000 000	16 800 000
• Matières premières	10 672 000	672 000	2 500 000	7 500 000
• Mat. consommables	1 500 000	–	750 000	750 000
Marge/coûts variables	15 988 000	2 688 000	4 750 000	8 550 000

2) Nouveau programme : modifications de la contrainte d'approvisionnement

a. Solution 1

Pas de recours à l'importation de X : on obtient
  A ≤ 42 000
  8A ≤ 500 000
  40 B + 40 C ≤ 4 664 000   ① bis
  10 B + 10 C ≤ 1 250 000
  3 B + 3 C ≤ 187 500

Même raisonnement que précédemment : on sature A ⇒ A = 42 000

La contrainte ① bis remplace ① de l'ancien programme et devient avec la contrainte ③ celle qui détermine le point optimal, la fonction économique restant inchangée.

Le système d'équations à résoudre est le suivant :

$$\begin{cases} 3B + C \leq 187\,500 \\ 40B + 40C \leq 4\,664\,000 \end{cases} \Rightarrow \boxed{\begin{array}{l} B = 35\,450 \\ C = 81\,150 \end{array}}$$

MCV = (4 200 x 64) + (35 450 x 152) + (81 150 x 91,20)
    = 2 688 000 + 5 388 400 + 7 400 880 = 15 477 280

Soit une baisse de 510 720 avec l'hypothèse précédente.

b. Solution 2

Importation des quantités de Y nécessaires pour réaliser l'ancien programme de X. Pour fabriquer 31 250 B et 93 750 C il faut 5 000 t de X. Il faut donc importer la quantité de Y nécessaire pour A soit 336 t.
Dans ce cas la marge sur coût variable unitaire de A n'est plus que de 48 F. On perd 16 F x 42 000 = 672 000 F.
La MCV globale s'établit à 15 988 000 – 672 000 = 15 316 000 F.

c. Conclusion

Les conditions climatiques défavorables ne doivent pas conduire l'entreprise à importer des matières Y. Celle-ci reste sur la base du programme de production de la solution 1.

17 La gestion budgétaire des approvisionnements

① **ENTREPRISE TRUC**

$C = 10\,800 \quad t = 0{,}08 \quad f = 40 \quad p = 30\,F$

1) Quantité économique à commander

$$Q^* = \sqrt{\frac{2 \cdot C \cdot f}{p \cdot t}} = \sqrt{\frac{2 \times 10\,800 \times 40}{0{,}08 \times 30}} = 600$$

2) Coût de gestion minimum

$$K^* = \sqrt{2 \cdot C \cdot f \cdot p \cdot t} = \sqrt{2 \times 10\,800 \times 40 \times 0{,}08 \times 30} = 1\,440\,F$$

Rythme optimal de commandes : $N^* = \dfrac{C}{Q^*} = \dfrac{10\,800}{600} = 18$

soit une commande tous les 20 jours.

② **ENTREPRISE MATHOUX**

$C = 6\,t$ ou $6\,000\,kg \quad p = 4\,F/kg \quad f = 20\,F \quad c_R = 2F/100\,kg = 0{,}02/kg_{/mois}$

1) Quantité économique à commander

Attention : Prendre des informations homogènes par rapport aux unités de poids.

$$Q^*_{en\,kilo} = \sqrt{\frac{2 \times 6\,000 \times 20}{0{,}02 \times 12\,{}_{(1)}}} = 1\,000\,kg.$$

(1) $c_R/mois \times 12 = c_R/annuel = p \cdot t$.

2) Niveau du stock après la commande

Stock maximum = stock actif + stock de sécurité
= 1 000 + 400
= 1 400 kg

③ ENTREPRISE DE VOITURES MINIATURES

$f = 300 \quad t = 0{,}15/\text{an} \quad C = 200\,000 \quad p = 300\,000 + 6Q$

Calcul des coûts de gestion du stock

- Coût de lancement : $K_1 = 300 \cdot N$ avec $N = \dfrac{C}{Q^*}$

- Coût de possession : $K_2 = 0{,}15 \times$ stock moyen en valeur.

Or le stock moyen est égal à :

$$\frac{SI + SF}{2} = \frac{0 + 300\,000 + 6Q}{2} = 150\,000 + 3Q$$

d'où $K_2 = 0{,}15\,(150\,000 + 3Q)$

Il vient : $K = K_1 + K_2$

$\qquad\qquad = 300 \times \dfrac{C}{Q} + 22\,500 + 0{,}45Q$

On cherche Q^* telle que la fonction de coût de gestion K soit minimum.

$K' = -\dfrac{300 \times 200\,000}{Q^2} + 0{,}45 = 0$

$$Q^2 = \frac{60 \times 10^6}{0{,}45} \Rightarrow \boxed{\begin{array}{l} Q^* = \sqrt{133{,}33 \times 10^6} \\ Q^* = 11\,547 \end{array}}$$

Si on retient $Q^* = 11\,550$ on obtient $N^* = \dfrac{200\,000}{11\,550} = 17{,}31$. Or N doit être un nombre entier, il faut donc calculer le coût de gestion pour $N = 17$ et $N = 18$.

$\boxed{\text{Si } N = 17} \Rightarrow Q = 11\,765.$

$\qquad\qquad K_{11\,765} = (300 \times 17) + 22\,500 + (0{,}45 \times 11\,765)$
$\qquad\qquad\qquad\quad = 32\,894$

$\boxed{\text{Si } N = 18} \Rightarrow Q = 11\,112$

$\qquad\qquad K_{11\,112} = (300 \times 18) + 22\,500 + (0{,}45 \times 11\,112)$
$\qquad\qquad\qquad\quad = 32\,900$

On lancera 17 lots de 11 765 produits en fabrication soit sur la base de 360 jours un lot tous les 20 jours environ.

La gestion budgétaire des approvisionnements

④ ENTREPRISE D'ÉLECTRO-MÉNAGER

$C = 60\,000/\text{mois}$ $c_S = 0,20/\text{jour}/\text{pièce}$ $f = 2\,500\text{ F}.$

Sans pénurie

1) Quantité optimale d'une commande de réapprovisionnement

$$Q^* = \sqrt{\frac{2 \cdot C \cdot f}{p \cdot t}} = \sqrt{\frac{2 \times 60\,000 \times 2\,500}{0,20 \times 30}} = 7\,071 \text{ pièces}$$

2) Durée optimale séparant deux approvisionnants

Soit $N = 60\,000/7\,071 = 8,48$; soit tous les 3 jours et demi.

3) Coût optimal de la gestion du stock

$K^* = \sqrt{2 \times 60\,000 \times 2\,500 \times 6} = 42\,426\text{ F}$

4) Niveau du stock provoquant la commande

SR = Consommation pendant la durée de livraison,
= 2 jours × 60 000/30,
= 4 000 produits.

Avec pénurie

1) Quantité optimale d'une commande

Coût de stockage : 0,20/jour soit 6 F par mois.

Coût de pénurie : $0,20 \times \frac{25}{11}$ /jour, soit $6 \times \frac{25}{11}$ par mois

Le taux de pénurie est donc de :

$$\alpha = \frac{c_R}{c_S + c_R} = \frac{5/11}{0,20 + 5/11} = 0,69$$

$Q^* = Q^* \cdot \frac{1}{\sqrt{\alpha}} = 7\,071 \times \frac{1}{\sqrt{0,69}} = 7\,071 \times 1,20 = 8\,512$

2) Niveau optimal du stock :

$S^* = \alpha \cdot Q^* \Rightarrow S^* = 8\,512 \times 0,69$
$= 5\,873$

3) Durée entre deux approvisionnements

Si les commandes sont de 8 512, il faut en passer pendant un mois : $\frac{60\,000}{8\,512} = 7$ donc sur 30 jours, tous les 4 jours environ.

4) Coût mensuel de gestion : $K^* = K^* \cdot \sqrt{\alpha} = 42\,426 \times \sqrt{0,69} = 35\,242\text{ F}$

La gestion avec pénurie (taux de service de 69 %) se révèle moins coûteuse qu'une gestion sans pénurie (taux de service 100 %).

5) Durée de pénurie pendant un mois de gestion

- Elle correspond au temps T_2 dans les graphiques du chapitre 17.

$$T_2 = \left[\frac{Q-S}{Q} \times T\right] \text{ nbre de cycles,}$$

$$= \left[\left(\frac{8\,512 - 5\,873}{8\,512}\right) 4{,}28\right] \times 7 \text{ commandes} = 1{,}32 \text{ J} \times 7 \text{ cdes.}$$

= 9,28 jours ≈ environ 9 jours par mois, la société est en rupture de stock.

- Si délai de réapprovisionnement est de 3 jours, il vient :

$$SR = \text{Consommation pendant le délai de livraison} + \text{Temps de pénurie}$$

Le rythme de consommation est de : $\dfrac{5\,873}{4{,}28 - 1{,}32} = \dfrac{5\,873}{2{,}96}$ soit 1 984 produits par jour.

Comme tous les 4,28 jours, l'entreprise décide d'être en pénurie pendant 1,32 jours, temps inclus dans le délai de livraison :

$$SR = \text{Consommation pendant 1,68 jour} + \text{Temps de pénurie}$$
= 1 984 produits × 1,68 + 0 pdts × 1,32
= 3 333 produits.

⑤ PRODUIT DE GRANDE CONSOMMATION

C = 1 600/an   f = 20 F c_S = 0,225 produit/an   Délai de livraison = 6 jours

1) Équations des coûts d'approvisionnement

Coût de lancement des commandes : 20 N

Coût de stockage : $\left[\dfrac{1\,600}{2} \times 0{,}225\right] \times \dfrac{1}{N}$

donc $K = 20N + \dfrac{180}{N} \Rightarrow Y' = 20 - \dfrac{180}{N^2} \Rightarrow N^2 = \sqrt{\dfrac{180}{20}} = \sqrt{9}$

Il faut passer 3 commandes par an.

2) et 3) Évaluation de l'intérêt de la remise

$N = 3 \rightarrow K = 20 \times 3 + \dfrac{180}{3} = 120.$

$N = 2 \rightarrow K = 20 \times 2 + \left[\dfrac{1\,600}{2} \times 0{,}225 \times 0{,}95\right] \dfrac{1}{2} = 125{,}5$

soit un écart défavorable de 5,5 pour la deuxième solution mais il faut envisager l'économie obtenue sur l'achat du produit.

La gestion budgétaire des approvisionnements

$$E = 1\,600 \times 1 \times 0{,}05 = 80\text{ F}$$

La deuxième solution est préférable car elle permet d'économiser 80 F sur le coût d'achat malgré un surcoût de stockage de 5,5 F.

4) Quantité à commander (hypothèse 1)

La demande suit une loi normale de m = 800 et σ = 100.
  Prob {D < Q*} = 84,13 %.
La loi centrée réduite donne :

$$\text{Prob}\left\{D < \frac{Q^* - 800}{100}\right\} = 84{,}13\ \%$$

$\pi(t) = 84{,}13\ \% \Rightarrow t = 1$
donc SS = 1.σ = 100 produits.

Hypothèse 1 : délai 6 jours – 125 articles en stock.
La quantité à commander est de :

Q	=	Consommation entre 2 approvisionnements	+	Consommation pendant le délai de livraison	+	Stock de sécurité	−	Articles en stock
	=	$\dfrac{1\,600}{12} \times 6$ mois	+	$\dfrac{1\,600}{360} \times 6$ jours	+	100	−	125

  = 801,66 produits ≈ 800 produits.

On retrouve la demande moyenne qui correspond à la quantité économique.

5) Quantité à commander (hypothèse 2)

Hypothèse 2 : délai = 9 jours – 98 articles en stock

$$Q = \frac{1\,600 \times 6\text{ mois}}{12} + \frac{1\,600 \times 9\text{ jours}}{360} + 100 - 98$$

  = 840

Le magasin doit reconstituer son stock et répondre à la demande pendant l'allongement du délai de livraison. Sa commande doit être plus élevée.

⑥ ENTREPRISE SITRADEP

1) Expression du stock moyen

• Si la demande D_J est inférieure au nombre de produits en stock S_i le stock moyen s'écrit :

$$SM = \frac{(S_i) + (S_i - D_J)}{2} = S_i - \frac{D_J}{2}$$

• Si la demande D_J est supérieure au stock S_i : $SM = \dfrac{S_i}{2} \times \dfrac{T_1}{T}$

où T_1 représente la période de temps séparant deux approvisionnements pendant laquelle le stock n'est pas nul.
Or on sait que :

$$\frac{T_1}{T} = \frac{S_i}{D_j} \quad \text{(cf. le cours)}$$

Il est possible de conclure que : $SM = \frac{S_i}{2} \cdot \frac{S_i}{D_j} = \frac{S_i^2}{2D_j}$

2) La matrice vient :

S_i \ D_J	0	1	2	3	4	5
0	0	1 000	2 000	3 000	4 000	5 000
1	250	125	1 000 + 62,5	2 000 + 41,66	3 000 + 31,25	4 000 + 25
2	500	375	250	1 000 + 166,67	2 000 + 125	3 000 + 100
3	750	625	500	375	1 000 + 281,25	2 000 + 225
4	1 000	875	750	625	500	1 000 + 400
5	1 250	1 125	1 000	875	750	625

Exemple : $S_i = 1$ $D_J = 2$ soit $D_J > S_i$
Les coûts sont :

Coût de stockage : $\frac{S_i^2}{2D_j} \times 250\ F = \frac{1^2}{2 \times 2} = 250 = 62,50\ F$

Coût de pénurie : $(D_j - S_i) \times 1\ 000\ F = 1\ 000\ F$

3) Niveau optimal de stock à approvisionner

Probabilités	0,1	0,1	0,2	0,3	0,2	0,1	Espérance mathématique
S_i \ D_J	0	1	2	3	4	5	
0	0	100	400	900	800	500	2700
1	25	12,5	212,5	612,50	606,25	402,5	1871,25
2	50	37,5	50	350	425	310	1222,50
3	75	62,5	100	112,5	256,25	222,5	828,75
(4)	100	87,5	150	187,5	100	140	(765) ← Optimum
5	125	112,5	200	262,5	150	62,5	912,5

La gestion budgétaire des approvisionnements

⑦ SOCIÉTÉ AGDE-MARINE

Partie I

1) Cadence optimale d'approvisionnement

a. Consommation annuelle de mousse polyuréthane

2 800 x 10 kg =   28 000 kg
9 000 x 15 kg = 135 000 kg
2 150 x 15 kg =   32 250 kg
                 ─────────
                 195 250 kg soit en valeur : 195 250 x 15 F = $\boxed{2\ 928\ 750}$

b. Expression du coût total annuel de gestion du stock

- Soit N le nombre annuel de commandes

$$CT = (450\,N) + \frac{2\ 928\ 750 \times 10\,\%}{2\,N}$$

$$\boxed{CT = 450\,N + \frac{146\ 437{,}50}{N}}$$

- *Autre solution* : soit Q la quantité commandée

$$CT = \frac{Q \times 15 \times 10\,\%}{2} + \frac{195\ 250}{Q} \times 450$$

$$\boxed{CT = 0{,}75\,Q + \frac{87\ 862\ 500}{Q}}$$

c. Recherche de l'optimum

- *1er cas* : $(CT)'_N = 450 - \dfrac{146\ 437{,}50}{N^2}$

  $(CT)'_N = 0 \Rightarrow N = 18{,}039 \rightarrow \boxed{N \approx 18 \text{ commandes}}$

- *2e cas* : $(CT)'_Q = 0{,}75 - \dfrac{87\ 862\ 500}{Q^2} \rightarrow \boxed{Q = 10\ 823{,}58}$

d. Autres paramètres

- Quantité de mousse à commander : $\dfrac{195\ 250}{18{,}039} = \boxed{10\ 823{,}58}$

- Période de réapprovisionnement : $\dfrac{360\,j}{18{,}039} = \boxed{20 \text{ jours}}$

- Coût total annuel de gestion du stock :

$$CT = (450 \times 18) + \frac{146\ 437{,}50}{18} = \boxed{16\ 235{,}42}$$

2) Incidence de l'existence d'un stock de sécurité de 3 000 kg

• Aucune incidence sur les paramètres suivants : cadence d'approvisionnement (N), lot économique (Q), et période de réapprovisionnement (T).
• Le coût total de gestion du stock serait majoré du coût de possession du stock de sécurité sur toute l'année :

$$\Delta CT = 3\,000 \times 15 \times 10\,\% = \boxed{4\,500}$$

Le coût total de gestion du stock serait alors de : $16\,235{,}42 + 4\,500 = \boxed{20\,735{,}42}$.

3) Calcul du stock d'alerte

• Le délai d'approvisionnement est le temps qui sépare la commande de sa livraison (noté d).
• Le stock d'alerte est le niveau du stock qui déclenche une commande.
• La période de réapprovisionnement est le délai qui sépare deux livraisons (ici T).
Dans ce cas T = 20 jours   d = 30 jours.
Le délai de livraison est plus long que la période de réapprovisionnement : il y a donc une commande en cours lorsque l'on lance la seconde commande.

$$SR = \text{Consommation pendant le délai de livraison} + \text{stock de sécurité} - \text{Commande en cours}$$

$$= \frac{195\,250 \times 30 \text{ jours}}{360} + 3\,000 - 10\,820$$

$$\boxed{SR \approx 8\,450}$$

Partie II

1) Taux de service correspondant à un stock de sécurité de 3 000 kg

Soit Q la consommation annuelle : $L(Q) \to \mathcal{N}(m, \sigma)$.

a. Recherche des paramètres de la loi normale suivie par les quantités

• Moyenne de L (Q) :

$$m = (3\,000 \times 10) + (9\,000 \times 15) + (2\,000 \times 15) = \boxed{195\,000}$$

• Écart type de L (Q) :

$$\sigma = \sqrt{(10 \times 200)^2 + (15 \times 100)^2 + (15 \times 50)^2}$$

$$= \sqrt{2\,000^2 + 1\,500^2 + 750^2} = \boxed{2\,610}$$

• $L(Q) \to \mathcal{N}(195\,000\,;\,2\,610)$

b. Taux de service avec un stock de sécurité de 3 000 kg

Dans ce cas, le taux de service est la probabilité que les besoins soient tous satisfaits compte tenu du niveau de stock de sécurité retenu.

La gestion budgétaire des approvisionnements

$t_s = \text{Prob } \{Q < 195\,000 + 3\,000\}$

$t_s = \text{Prob } \left\{ \dfrac{Q - 195\,000}{2\,610} < \dfrac{3\,000}{2\,610} \right\}$

$t_s = \text{Prob } \{x < 1{,}149\}$ avec $x = \dfrac{Q - 195\,000}{2\,610}$

$t_s = 0{,}8749$ soit $87{,}49\,\%$

2) Stock de sécurité pour un taux de rupture de 5 %

- Taux de rupture de 5 % $\Leftrightarrow$ taux de service = 95 %.
- Soit SS le stock de sécurité tel que :
  Prob $\{Q < 195\,000 + SS\} = 0{,}95$

  $\text{Prob}\left\{x < \dfrac{SS}{2\,610}\right\} = 0{,}95$

Par lecture de la table : $\dfrac{SS}{2\,610} = 1{,}645$

$\Rightarrow SS = 2\,610 \times 1\,645$

$\boxed{SS = 4\,293{,}45}$

Autre solution du B

En toute rigueur, le calcul du taux de service devrait se faire sur le délai de réapprovisionnement. Le seul délai indiqué dans le texte étant de 30 jours, nous le retenons.

Soit D_l la demande pendant le délai de livraison.

Il est possible d'écrire :

$$E(D_l) = \dfrac{195\,000}{12} = 16\,250 \quad \sigma(D_l) = \dfrac{2\,610}{\sqrt{12}} = 753{,}44$$

Dans ce cas et compte tenu de la loi de la demande pendant le délai de livraison de paramètres :

$$m = 16\,250 \text{ et } \sigma = 753$$

Il vient :
- taux de service si SS = 3 000

  Taux de service = Prob $\{D_l < 16\,250 + 3\,000\}$

  Taux de service = 99 %

- niveau du stock de sécurité si taux de service = 0,95

  Prob $\{D_l < 16\,250 + SS\} = 0{,}95$

  d'où $\dfrac{SS}{753} = 1{,}645 \Rightarrow SS = 1\,238{,}68 \approx 1\,240$ articles.

⑧ **ENTREPRISE DE TUBES**

1) Programme d'approvisionnement des culots de tubes X

Mois	Consommations	Stock théorique	Livraisons	Stock réel	Dates des commandes
Janvier	18 000	+ 7000		25 000 7 000	$\dfrac{(7\,000 - 3\,000)}{16\,000} \times 28 = 7$ Janv.
Février	16 000	– 9 000	20 000	11 000	$\dfrac{(11\,000 - 3\,000)}{20\,000} \times 3 = 12$ Févr.
Mars	20 000	– 9 000	20 000	11 000	$\dfrac{(11\,000 - 3\,000)}{16\,000} \times 3 = 15$ Mars
Avril	16 000	– 5 000	20 000	15 000	$\dfrac{(15\,000 - 3\,000)}{15\,000} \times 3 = 24$ Avril
Mai	15 000	0	20 000	20 000	$\dfrac{(20\,000 - 3\,000)}{19\,000} \times 3 = 26$ mai
Juin	19 000	+ 1 000	20 000	21 000	$\dfrac{(21\,000 - 3\,000)}{20\,000} \times 3 = 27$ Juin

Stock au 30 juin 1990 = ... 21 000 u.
Stock au 1er janvier + livraisons – consommations :
  25 000 + 100 000 – 104 000

2) Programme d'approvisionnement des culots de tubes Y

Budgétisation en périodes constantes en 6 commandes de début de mois.
Si les commandes sont passées en début de chaque mois, les livraisons ont lieu le 15 de chaque mois (délai de 15 jours) et doivent permettre de tenir jusqu'au 15 du mois suivant et du stock de sécurité.

  1re commande : Consommations   Consommations   Stock réel
             2e quinzaine   +   1re quinzaine   +   SS   –   au
             de janvier   de février   15/01
             = 120 000   +   112 500   + 15 000 –   20 000
             = 227 500
à livrer par caisses de 5 000 unités ⇒ 230 000 unités.

La gestion budgétaire des approvisionnements

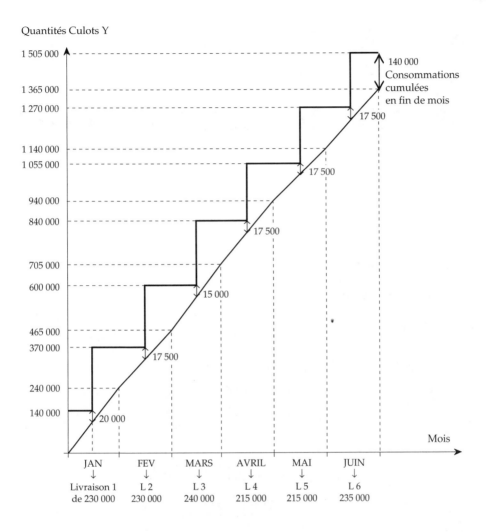

3) Budget des approvisionnements en quantités

Mois de	Janv	Fév	Mars	Avril	Mai	Juin
Tubes X						
Stock initial (début de mois)	25 000	7 000	11 000	11 000	15 000	20 000
Livraisons (début mois)	–	20 000	20 000	20 000	20 000	20 000
Consommations	18 000	16 000	20 000	16 000	15 000	19 000
Stock fin de mois	7 000	11 000	11 000	15 000	20 000	21 000
Tubes Y						
Stock initial (début de mois)	140 000	130 000	135 000	135 000	115 000	130 000
Livraisons	230 000	230 000	240 000	215 000	215 000	235 000
Consommations	240 000	225 000	240 000	235 000	200 000	225 000
Stock fin de mois	130 000	135 000	135 000	115 000	130 000	140 000

18 La gestion budgétaire des investissements

① SOCIÉTÉ CÉMENT

1) Choix du projet à retenir

a. Four fuel

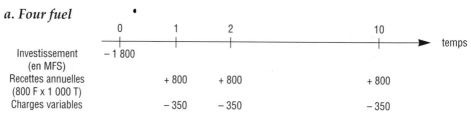

Il vient :

$$I_{Fuel} = -1\,800 + 450 \left(\frac{1-(1+i)^{-10}}{i}\right)$$

$$\Rightarrow \boxed{TIR_{Fuel} \approx 21\,\%}$$

b. Four électrique

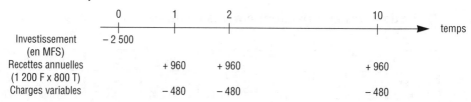

Il vient :

$$I_{Elect.} = -2\,500 + 480 \left(\frac{1-(1+i)^{-10}}{i}\right)$$

$$\Rightarrow \boxed{TIR_{Elect.} \approx 14\,\%}$$

Le choix se portera sur le four à fuel.

2) Choix du mode de financement

a. Emprunt

L'annuité de remboursement de l'emprunt est égale à :

$$a = 1\,800 \, \frac{0{,}12}{1-(1{,}12)^{-10}} = 318\,600 \text{ F}$$

Comme l'influence de l'IS est négligé, il n'y a pas lieu de distinguer les intérêts du capital.
Le cash-flow annuel sera de :

$$450\,000 - 318\,600 = 131\,400$$

Il vient :

$$\text{VAN}_{\text{EMPRUNT}} = 131\,400 \times \frac{1-(1+i)^{-10}}{i}, \text{ avec } i = 20\,\% \text{ rémunération des capitaux propres}$$

$$\boxed{\text{VAN}_{\text{EMPRUNT}} \approx 550\,890}$$

b. Crédit-bail

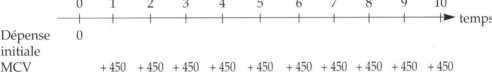

Premier problème : Choisir entre l'achat fin de période 5 ① ou le loyer réduit de moitié ②.
Actualisons les loyers de la période 6 à la période 10 :

$$L_{\text{ACT}} = 225\,000 \times \frac{1-(1+i)^{-5}}{i} \quad \text{avec } i = 20\,\%$$

Il faut débourser 675 000 F pour le système des loyers réduits contre 450 000 pour l'achat : Le choix sera d'acheter en fin de période 5.
Deuxième problème : Calcul de la valeur nette actuelle :

$$\text{VAN}_{\text{crédit-bail}} = -450\,(1+i)^{-5} + 450 \left(\frac{1-(1+i)^{-5}}{i} \right)(1+i)^{-5}$$

$$\boxed{\text{VAN}_{\text{crédit-bail}} \approx 360\,000 \text{ F.}}$$

c. Choix final

Il faut choisir le four au fuel financé par emprunt.

② SOCIÉTÉ LASALLE

1) Flux prévisionnels de trésorerie

Emprunt + augmentation de capital

Résultat provisoire année 1 : (20 000 × 1 500) − (881 × 20 000) − 5 000 000 = 7 380 000.

	1	2	3	4	5
Résultat provisoire Dot. aux amort. Intérêts	7 380 1 200 1 080	7 749 1 200 864	8 136,45 1 200 648	8 543,27 1 200 432	8 970,44 1 200 216
Résultats avant IS Résultats nets + Amortisssements − Amort. emprunt − Dividendes	5 100 3 400 + 1 200 − 1 440 − 180	5 685 3 790 + 1 200 − 1 440 − 180	6 288,45 4 192,30 1 200 1 440 − 180	6 911,27 4 607,52 1 200 1 440 − 180	7 554,44 5 036,29 1 200 1 440 − 180
Flux nets	2 980	3 370	3 772,30	4 187,52	4 616,29

Crédit-bail

	1	2	3	4	5
Résultat provisoire Amort. bâtiments (1/2) Matériel Loyer crédit-bail	7 380 400 1 400	7 749 400 1 400	8 136,45 400 1 400	8 543,27 400 400 500	8 970,44 400 400 500
Résultat avant IS Résultat net + Amortissement − Achat Fin. CB	5 580 3 720 + 400 	5 949 3 966 + 400 	6 336,45 4 224,30 + 400 − 800	7 243,27 4 828,85 + 800 	7 670,44 5 113,62 + 800 − 200
Flux nets	4 120	4 366	3 824,3	5 628,85	5 713,62

+ Décaissement de 3 500 000 en époque 0.

2) Conseils et choix de l'investissement

a. Opportunité de la rentabilité économique : sans incidence de financement

EBE 5 320   5 566   5 824,3   6 095,52   6 380,29
⇒ TIR > 40 % ⇒ investissement intéressant.
ATT. aux limites du TIR.

b. Choix du mode de financement

→ Flux nets actualisées à 12 %
Hypothèse 1 : ≈ 13 313
Hypothèse 2 : ≈ 13 200 } ⇒ choix du premier mode de financement

mais de fait au vu de ces critères, aucun mode de financement ne s'impose vraiment.

La gestion budgétaire des investissements

③ MATÉRIEL DE COUPE

1) Rentabilité économique du projet

Valeur d'origine du bien : 1 560 000 F + 140 000 = 1 700 000 F
amorti au taux de 40 % (dégressif) à compter du 1.12.N

(En milliers de francs)

Flux en fin de période	N	N + 1	N + 2	N + 3	N + 4	N + 5
Économies de charges • Tissus • Fonctionnement • Personnel	– – –	440 96 104	440 96 104	440 96 104	440 96 104	440 96 104
Économies totales Amortissement	– – 57	640 – 657	640 – 394	640 296	640 296	640 –
Solde avant IS IS à 33,1/3 %	– 57 <– 19>(1)	– 17 <– 5,67>(1)	246 <82>	344 <114,67>	344 <114,67>	640 <213,33>
Solde après IS Amortissement	– 19 57	– 5,67 + 657	+ 164 + 394	+ 229,33 + 296	+ 229,33 + 296	+ 426,67 –
Cash flows Δ du BFRE Projet d'investissement Valeur vénale nette (1 000 x 0,60)	38 – 500 – 1 700	651,33	558	525,33	525,33	+ 426,67 + 500 + 6
Flux nets	– 2 162	651,33	558	525,33	525,33	932,67
Coeff. d'actualisation 12 %	1	0,892857	0,797194	0,711780	0,635518	0,567427
Valeur actualisée	– 2 162	581,54	444,83	373,92	333,86	529,22

(1) Il s'agit en fait d'économies d'IS assimilables à des recettes

> Valeur actuelle nette du projet = 101 370F

2) Calcul du coût moyen pondéré (CMP) des sources de financement

CMP = (0,156 x 0,6) + (0,11 x 0,6 x 0,4)
    = 0,0936 + 0,0264   soit 12 %

④ SOCIÉTÉ HUGO

Partie I

1) Taux d'actualisation à retenir

Le taux d'actualisation représente le coût moyen pondéré des capitaux investis dans l'entreprise c'est-à-dire le coût du capital.
Ce taux doit rémunérer 2 facteurs : le temps et le risque.
Ainsi, le taux de rendement des obligations représente la rémunération du temps hors facteur risque.
Ici, il faut donc retenir le taux de 10 %.

2) Calcul de la valeur actuelle nette

	VAN	TRI
Investissement 1	695 390	30,77 %
Investissement 2	806 020	26,39 %

3) Valeur actuelle nette globale

L'utilisation du TRI repose implicitement sur l'idée qu'il est possible de réinvestir les flux de trésorerie dégagés par l'investissement au taux du TRI, ce qui dans la réalité est peu vraisemblable.

Méthode à mettre en œuvre :

1. Calculer la valeur acquise des flux de trésorerie à 12 % ;
2. Actualiser cette valeur au taux de 10 %.

Implicitement, on admet que les flux de trésorerie sont réinvestis au taux de 12 %.

$$\text{VAN}_{\text{INVESTISSEMENT 1}} = \left[500\,000 \times \frac{(1+0{,}12)^5 - 1}{0{,}12} \right] \times (1+0{,}10)^{-5} - 1\,200\,000$$

$$= 772\,309 \text{ F (TRI = 21,49 \%)}$$

$$\text{VAN}_{\text{INVESTISSEMENT 2}} = [100\,000 \times (1+0{,}12)^4 + 300\,000 \times (1+0{,}12)^3 + 500\,000 \times (1+0{,}12)^2 ...] \times (1+0{,}10)^{-5} - 1\,200\,000$$

$$= 805\,301 \text{ F (TRI = 22,43 \%)}$$

Les deux critères VAN et TRI conduisent au choix de l'investissement 2.

4) Rapport de synthèse

Pour sélectionner l'investissement, un taux d'actualisation de 10 % a été choisi. Ce taux correspond au coût du capital et permet d'apporter une rémunération minimale des capitaux investis, tout en intégrant la notion de risque. Les deux investissements ont une rentabilité supérieure au taux exigé, leurs VAN respectives étant positives. Ils sont donc tous deux acceptables. Selon le critère de la VAN, l'investissement 2 semble préférable, mais le TRI de l'investissement 1 étant nettement supérieur, on peut s'interroger sur la validité de chacun de ces critères. Ces deux critères recourent à l'actualisation, ce qui permet de prendre en compte le fait que les flux de trésorerie sont répartis sur la durée de vie de l'investissement. C'est leur supériorité par rapport aux méthodes n'utilisant pas l'actualisation.

Le TRI donne un ordre de grandeur de la rentabilité économique de l'investissement. Il représente le taux maximal auquel l'investisseur acceptera d'emprunter des capitaux si le projet est totalement financé par emprunt et si les flux de trésorerie sont destinés à rembourser la dette. Mais on fait l'hypothèse implicite que ceux-ci sont réinvestis à ce même TRI. Par conséquent, cette hypothèse de réinvestissement devient irréaliste dès que le TRI est élevé. Ce n'est pas parce qu'un investissement présente un TRI de 31 % qu'il sera possible de réinvestir ultérieurement les flux futurs à ce taux. D'autre part, un TRI élevé conduit à minimiser les flux des dernières périodes en leur appliquant un faible «coefficient d'actualisation».

La gestion budgétaire des investissements

Le critère de la VAN est donc largement préféré à celui du TRI dans la mesure où le taux de réinvestissement est le taux d'actualisation retenu, lequel fait référence à l'alternative présentée par une possibilité de placer à un taux sans risque. C'est de plus le seul critère correspondant à l'objectif de maximisation de la valeur de la firme.

La méthode de la VAN globale et du TRI global résout la contradiction entre les deux critères traditionnels en supposant précisément que les flux de trésorerie pourront être réinvestis à un taux plausible et raisonnable, supérieur au coût du capital. On constate d'ailleurs qu'il conduit à retenir l'investissement 2 dont la VAN était la plus élevée.

Le délai de récupération du capital investi se définit comme le nombre de périodes nécessaires pour récupérer les fonds investis, la récupération s'appréciant en faisant le cumul des flux de trésorerie générés par l'investissement. Il peut être calculé avec ou sans actualisation. Le risque couru par l'entreprise est d'autant pl;us faible que ce délai est court.
Il est évident que le délai de récupération de l'investissement 1 est inférieur à celui de l'investissement 2 (2 ans et 5 mois contre 3 ans et 4,5 mois sans actualisation). On en conclut alors que l'investissement présentant la plus forte rentabilité est aussi celui qui présente un risque plus élevé.

Partie II

1) Risque d'exploitation et levier opérationnel

Le risque d'exploitation (ou risque économique) est le risque de baisse du résultat d'exploitation consécutif à une baisse de l'activité, toutes choses égales par ailleurs. Cette sensibilité du résultat d'exploitation par rapport au niveau d'activité peut s'apprécier en évaluant l'élasticité du résultat d'exploitation par rapport au CAHT (ou encore coefficient de volatilité, ou levier opérationnel) ainsi que la position de l'entreprise par rapport à son point mort. (Voir chapitre 6 du manuel.)
Pour apprécier ce risque d'exploitation, il est possible de comparer les résultats de l'entreprise dans les deux hypothèses envisagées : recours à la sous-traitance ou investissement. Pour chacune de ces hypothèses, la variation de plus ou moins 20 % du CAHT permettra d'évaluer la sensibilité du résultat d'exploitation.

	Hyp. 1 (Sous-traitance			Hyp. 2 (Investissement)		
Taux de marge/CV	50 %	80 %				
Niveau d'activité	− 20 %	normal	+ 20 %	− 20 %	normal	+ 20 %
CAHT	16 800	21 000	25 200	16 800	21 000	25 200
Charges variables	− 8 400	− 10 500	− 12 600	− 3 360	− 4 200	− 5 040
Marges s/CV	8 400	10 500	12 600	13 440	16 800	20 160
Charges fixes d'exploitation	− 6 300	− 6300	− 6 300	− 12 600	− 12 600	− 12 600
Résultat d'exploitation	2 100	4 200	6 300	840	4 200	7 560
IS 33 1/3 %	− 700	− 1 400	− 2 100	− 280	− 1 400	− 2 520
Résultat d'exploitation net d'IS	1 400	2 800	4 200	560	2 800	5 040
Point mort d'exploitation		12 600			15 750	
Levier opérationnel MCV/R		2,5			4	

L'hypothèse 2 présente un risque d'exploitation supérieur : point mort supérieur, indice de sécurité plus faible (0,25 pour Investissement contre 0,4 pour la sous-traitance), levier d'exploitation plus élevé.
Ce risque est lié à la structure des charges et en particulier la proportion des charges fixes par rapport aux charges variables.

2) Effet de levier et décomposition de cet effet

L'effet de levier financier mesure les conséquences de l'ndettement sur la rentabilité des capitaux propres (ou rentabilité financière R_f) par rapport à la rentabilité de l'ensemble des capitaux investis (ou rentabilité économique R_e). La rentabilité financière augmente avec l'endettement si le taux d'intérêt est inférieur à la rentabilité économique.

Niveau d'activité	− 20 %	normal	+ 20 %
Résultat d'exploitation après IS = RE	560	2 800	5 040
R_e : rentabilité économique = RE/(10,5 + 7)	3,2 %	16 %	28,8 %
Résultat d'exploitation avant IS	840	4 200	7 560
Intérêts	− 630	− 630	− 630
Résultat courant avant IS	210	3 570	6 930
IS 33 1/3	− 70	− 1 190	− 2 310
Résultat courant après IS = R	**140**	**2 380**	**4 620**
R_f : rentabilité financière = R/10 500	1,33 %	22,66 %	44 %
Effet de levier après IS	− 1,87 %	+ 6,66 %	+ 15,2 %
Bras de levier = 7/10,5	2/3	2/3	2/3
Différentiel (après IS) = R_e − i avec i = 9 % × $\frac{2}{3}$	− 2,8 %	+ 10 %	+ 22,8 %

3) Point mort dans le cas du recours à l'emprunt

Les intérêts augmentent les CF de l'entreprise qui s'élèvent à (12 600 + 630) = 13 020 F.
Comme le taux de marge est de 80 %, le point mort devient : 13 020/0,8 = 16 275 et le levier opérationnel (MCV/R) est égal à 4,70 (hors impôt).
Pour mémoire, les mêmes données sans recours à l'emprunt donnaient :
Seuil = 15 750 ; L0 = 4

L'endettement, dans ce cas, augmente la rentabilité des capitaux propres mais aussi le risque supporté par les actionnaires.
Ce risque s'accroît lorsque le ratio D/CP augmente, ce qui justifie la recherche d'une rentabilité plus élevée.

4) Le problème posé au dirigeant d'entreprise par cette étude est celui du mode de développement et du choix de son financement. Investir conduit généralement à augmenter le niveau des charges fixes et donc le risque d'exploitation. En contrepartie, la capacité bénéficiaire de l'entreprise est accrue grâce à un taux de marge sur coûts variables plus élevé.

La gestion budgétaire des investissements

Conscientes du risque que présentent des charges fixes d'exploitation élevées, surtout en période de stagnation ou de récession de l'activité, certaines entreprises tentent de les «variabiliser», c'est-à-dire de les transformer en charges variables : par exemple en substituant du personnel intérimaire ou sous contrat à durée déterminée à du personnel permanent, ou en ayant recours à la sous-traitance plutôt que d'investir. Cela explique également que le premier souci d'une entreprise en difficulté ou devant faire face à une baisse de son activité est de réduire ses charges fixes en diminuant les salaires, en licenciant.

L'existence d'un risque purement financier lié à l'endettement explique d'autre part la réticence de certains dirigeants d'entreprises à avoir recours à l'emprunt pour financer leur croissance malgré les charmes apparents de l'effet de levier financier.

La décision du dirigeant correspond donc à des objectifs stratégiques et est fonction du secteur d'activité de l'entreprise et de son environnement.

⑤ CAS CHAUSSUREX

PARTIE I

Présentation de la situation de l'entreprise

La société Chaussurex vend des chaussures à 2 types de clients :
– des grossistes avec un prix de vente de 180 F HT,
– l'intendance de l'armée avec un prix de vente de 130 F HT.

La demande de l'armée peut se situer à deux niveaux pour l'année suivante :
– commande normale de 500 000 paires,
– commande réduite de 250 000 paires.

Avec les informations données sur les coûts de production, il faut déterminer, dans les deux hypothèses de la demande de l'armée, le nombre de paires à vendre pour couvrir les coûts fixes.

Démarche

- Calcul du coût variable – total de fabrication à partir des charges variables communes aux 2 produits données dans le compte de résultat.
- Détermination du partage du chiffre d'affaires entre les 2 clients dans l'hypothèse d'une commande de 250 000 paires par l'armée.
- Détermination du coût variable unitaire et de la marge sur coût variable pour les 2 produits.
- Calcul des charges fixes couvertes par la marge sur coût variable obtenue avec la commande de l'armée.
- Détermination des charges fixes restantes non couvertes et donc à couvrir par les grossistes, converties en nombre de paires de chaussures.

Calculs

a. Charges variables communes aux deux produits

- Achat de matières premières consommées   32 656 000 ⎫ charges directes
- MOD de fabrication   23 457 000 ⎬ du compte de
- Charges MOD de fabrication   12 473 000 ⎭ résultat
- Force motrice usine   1 414 000
                                                                              ─────────
                                                                              70 000 000

b. Chiffre d'affaiores

Le chiffre d'affaires total est de :   113 500 000.
Dans l'hypothèse de 250 000 paires :
   250 000 x 130 F =   32 500 000
                                                           ─────────
il reste donc pour les grossistes :   80 000 000
au prix unitaire de 180 F soit 450 000 paires achetées par les grossistes.
Donc la production totale est de : 250 000 + 450 000 paires = 700 000 paires.

Le coût variable unitaire de fabrication est alors de : $\dfrac{70\,000\,000}{700\,000} = 100$ F.

c. Marge sur coût variable

- Sur l'armée : 130 F – 100 F = 30 F/paire.
- Sur grossistes : Commissions VRP = 9 000 000/450 000 = 20 F paire ⇒ 180 – (100 + 20) = 60 F/paire.

d. Couverture des charges fixes

- Avec une commande de 250 000 paires pour l'armée.
  La marge globale sur coût variable est de 30 F x 250 000 = 7 500 000 F.
- Total des charges fixes à couvrir = total des charges du compte – charges variables de production et de distribution
  = 112 000 000 – 70 000 000 – 9 000 000 = 33 000 000
- Charges fixes restant à couvrir = 33 000 000 – 7 500 000 = 25 500 000
- Avec une marge variable unitaire de 60 F avec les grossistes il faut donc :
  $\dfrac{25\,500\,000}{60} = 425\,000$ paires pour les grossistes.
- On refait le même raisonnement avec 500 000 paires pour l'armée.

Couverture des charges fixes

Production chaussures armées Q_A	250 000	500 000
Ch. fixes couvertes Q_A x 30	7 500 000	15 000 000
Ch. fixes restant à couvrir	25 500 000	18 000
Nbre de chaussures/grossistes	425 000	300 000

La gestion budgétaire des investissements

Partie II

Présentation de la situation

Après l'action de promotion des ventes, les situations possibles du marché

A. Échec de la campagne : 50 000 paires en plus pour les grossistes + commande année : 250 000 } non retenue

B. Succès de la campagne : 20 000 paires en plus pour les grossistes + commande armée : 250 000 } Vente de 650 000 + 250 000

C. Échec de la campagne : 50 000 paires en plus pour les grossistes + commande armée : 500 000 } Vente de 500 000 + 500 000

D. Succès de la campagne : 200 000 paires en plus pour les grossistes + commande armée : 500 000 } Vente de 650 000 + 500 000

En tant compte des 2 informations :
– les ventes à l'armée ne bougent pas,
– les commandes des grossistes étaient de 450 000 paires l'année précédente.

Donc on peut avoir trois situations de vente :   900 000 paires,
1 000 000 paires,
1 150 000 paires.

Il faut donc croiser 3 niveaux de production et 3 niveaux de vente. Cela donne donc 9 situations possibles.

Démarches

- Calcul des ressources et des dépenses dans les neuf situations possibles et détermination des 9 résultats possibles.
- Application des différents critères de choix pour déterminer le niveau de production optimum.

Calculs

1) Budgets prévisionnels et résultats dans les neuf situations possibles

Voir tableau page suivante.

Remarques

- Si le niveau de production retenue est supérieure aux ventes, il faut tenir compte d'un coût de stockage (15 F par paire).
- Si le niveau de production retenue est inférieure aux ventes possibles, il faut tenir compte du manque à gagner : coût du préjudice commercial de 40 F par paire.
- Pour le niveau de production de 1 150 000 paires, l'investissement nouveau est nécessaire et il faut donc intégrer l'amortissement linéaire de 25 000 000 F sur 10 ans = 2 500 000 F.

Niveau de Prod. retenue	900 000			1 000 000			1 150 000		
Niveau réel des Ventes	900 000	1 000 000	1 150 000	900 000	1 000 000	1 150 000	900 000	1 000 000	1 150 000
Ventes Armées	250	500	500	250	500	500	250	500	500
Ventes Grossistes	650	400	400	650	500	500	650	500	650
Chiffres d'affaires	149 500	137 000	137 000	149 500	155 000	155 000	149 500	155 000	182 000
Stock final	–	–	–	10 000	–	–	25 000	15 000	–
TOTAL PRODUITS	149 500	137 000	137 000	169 500	155 000	155 000	174 500	170 000	182 000
Coût variable									
– de fabrication	90 000	90 000	90 000	100 000	100 000	100 000	115 000	115 000	115 000
– de distribution	13 000	8 000	8 000	13 000	10 000	10 000	13 000	10 000	13 000
Coût fixe	33 000	33 000	33 000	33 000	33 000	33 000	33 000	33 000	33 00
Coût Campagne pub	8 000	8 000	8 000	8 000	8 000	8 000	8 000	8 000	8 000
Coût de stockage	–	–	–	1 500	–	–	3 750	2 250	–
Coût du préjudice comm.	–	4 000	10 000	–	–	6 0000	–	–	–
Amort. Invt. nouveau	–	–	–	–	–	–	2 500	2 500	2 500
TOTAL CHARGES	144 000	143 000	149 000	155 500	151 000	157 000	175 250	170 750	171 500
RÉSULTATS	5 500	– 6 000	– 12 000	4 000	4 000	– 2 000	– 750	– 750	10 500

en quantité 10^3

en milliers de francs

2) Application des critères de choix

Les résultats possibles sont résumés dans le tableau suivant :

Vente → Production ↓	900 000	1 000 000	1 150 000
900 000	5 500	– 6 000	– 12 000
1 000 000	4 000	4 000	– 2 000
1 150 000	– 750	– 750	10 500

en milliers de F

a. critère optimiste : maximum

Pour une production de : → le plus fort résultat est (en milliers) :
        900   →   5 500
      1 000   →   4 000
      1 150   →   10 500

Le plus fort résultat 10 500 incite à produire 1 150 000.

b. Critère Wald : maximum

Pour une production de : → le plus faible résultat est (en milliers) :
        900   →   – 12 000
      1 000   →   – 2 000
      1 150   →   – 7 50

Le plus fort résultat (– 750) incite à produire 1 150 000.

La gestion budgétaire des investissements

c. Critère de Laplace : espérance mathématique avec équiprobabilité d'apparition

(en milliers) $\quad E(900) = \dfrac{5\,500 + (-6\,000) + (-12\,000)}{3} = -4\,167$

$$E(1\,000) = \dfrac{4\,000 + 4\,000 + (-2\,000)}{3} = +2\,000$$

$$\boxed{E(1\,150) = \dfrac{-750 + (-750) + 10\,500}{3} = +3\,500}$$

Le plus fort résultat 3 500 incite à produire 1 150 000 paires.

d. Critère de Hurwicz en supposant $\alpha = 0{,}7$ et $(1 - \alpha) = 0{,}3$

Pour une production de : → le plus fort résultat pondéré à 0,7
et le plus faible résultat pondéré à 0,3 :
- 900 → 5 500 x 0,7 − 12 000 x 0,3 = + 250
- 1 000 → 4 000 x 0,7 − 2 000 x 0,3 = + 2 200
- $\boxed{1\,150 \quad \to 10\,500 \times 0{,}7 - 7\,50 \times 0{,}3 = +\,7\,125}$

Le plus fort résultat 7 125 incite à produire 1 150 000 paires.

e. Critère de Savage : minimax des rejets

Il vient la matrice des rejets suivante :

Vente → Production ↓	900	1 000	1 150
900	0	11 500	17 500
<u>1 000</u>	0	0	<u>6 000</u>
1 150	11 250	11 250	0

en milliers de F

On souligne le rejet le plus fort pour chaque niveau de production.
On choisit le rejet le plus faible parmi ces résultats ici 6 000 donc le niveau de production correspondant est de 1 000 000 paires.

3) Conclusion

- Tous les critères donnent une préférence du niveau de production de 1 150 000 paires sauf le critère de Savage (1 000 000 paires).
- Mais il faut aussi signaler que l'espérance mathématique a intégré une probabilité identique d'apparition des 3 situations, ce qui est peu réaliste, et que le coefficient d'Hurwicz était optimiste.
- En revanche, à la simple lecture directe des résultats des 9 situations, on constate 5 pertes dues au préjudice commercial des ventes ratées : il paraît donc opportun d'augmenter la capacité de production.

⑥ CAS SOLIDAL

Présentation de la situation de l'entreprise

- La société Solidal fabrique des échaffaudages qu'elle vend à 2 clients :
  - Echafex achète 500 ou 1 000 produits,
  - des grossistes achètent 1 500 ou 2 500 produits.
- L'incertitude du marché conduit à 4 situations possibles :
  - Echafex 500 + grossistes 1 500 → vente de 2 000 produits,
  - Echafex 500 + grossistes 2 500 → vente de 3 000 produits,
  - Echafex 1 000 + grossistes 1 500 → vente de 2 500 produits,
  - Echafex 1 000 + grossistes 2 500 → vente de 3 500 produits.

PARTIE 1

1) Programme de production optimum avec une équiprobabilité des quatre situations

Démarche

- Il faut croiser les 4 niveaux possibles de ventes et les 4 niveaux possibles de production en tenant compte du stock initial.
- Puis il faut déterminer, pour les situations, la marge sur coût variable possibles (les charges fixes sont ttoujours les mêmes).
- Puis il faut calculer les résultats probables avec une probabilité identique pour les 4 situations.
- Enfin, il faut choisir le résultat le plus élevé pour déterminer le programme de production le plus intéressant.

Calcul

a. Confrontation demande et offre

Production SI	Prod.	Ventes x^n dispo.	2 000	2 500	3 000	3 500	
100	2 000	2 100	2 000 – 100	2 100 400 –	2 100 900 –	2 100 1 400 –	Ventes Ventes ratées Stock final
100	2 500	2 600	2 000 – 600	2 500 – 100	2 600 400 –	2 600 900 –	Ventes Ventes ratées Stock final
100	3 000	3 100	2 000 – 1 100	2 500 – 600	3 000 – 100	3 100 400 –	Ventes Ventes ratées Stock final
100	3 500	3 600	2 000 – 1 600	2 500 – 1 100	3 000 – 600	3 500 – 100	Ventes Ventes ratées Stock final

La gestion budgétaire des investissements

b. Calcul des marges sur coûts variables dans toutes les situations

Selon les cas il y aura des coûts de stockage ou des coûts de ventes ratées en plus des coûts de production.
Il est possible de suivre le schéma suivant :
+ chiffre d'affaires :   nb ventes x 800 F
+ production stockée :   stock final   = 100 produits x 450 F
                                                         + x produits x 350 F
                          − stock initial   = 100 produits x 450 F

= Ressources
− Coût de production de l'ensemble de la production
− Coût de stockage (le cas échéant) =   S moyen = $\dfrac{SI + SF}{2}$ x 100 F

− Coût des ventes ratées (le cas échéant) = nb produits x 100 F
= Marge sur coût variable

Exemples de calcul pour une production de 2 500 avec ventes de 2 000

Chiffre d'affaires :	2 000 pds x 800 F	1 600 000
Production stockée		175 000
− stock final :	100 pds x 450 F = 45 000 ⎫ 220 000	
	500 pds x 350 F = 175 000 ⎭	
− stock initial :	100 pds x 450 F =	− 45 000
		= 1 775 000
Coût de X^1 =	2 500 pds x 400 F	− 1 000 000
Coût de stockage :	$\left(SM = \dfrac{SI + SF}{2}\right) = 35$	
	350 pds x 100	− 35 000
Coût de ventes manquées		
	0 pds x 100	−
	Marge sur coût variable	= 740 000

En faisant le calcul pour les 16 situations possibles, il vient le tableau des marges sur coût variable suivant :

X^n Ventes ↓ →	2 000	2 500	3 000	3 500
2 000	790 000	790 000	740 000	690 000
2 500	740 000	990 000	990 000	940 000
3 000	690 000	940 000	1 190 000	1 190 000
3 500	640 000	890 000	1 140 000	1 390 000

c. Espérance mathématique des résultats

Pour le niveau de production choisie, les ventes peuvent se situer à quatre quantités différentes. Donc on calcule la moyenne des marges sur coût variable.

Production → Espérance mathématique de la marge suivant variable.

$$2\,000 \rightarrow \frac{790\,000 + 790\,000 + 740\,000 + 690\,000}{4} = 752\,500$$

$$2\,500 \rightarrow \frac{740\,000 + 990\,000 + 990\,000 + 940\,000}{4} = 915\,000$$

$$3\,000 \rightarrow \frac{690\,000 + 940\,000 + 1\,190\,000 + 1\,190\,000}{4} = 1\,002\,500$$

$$3\,500 \rightarrow \frac{640\,000 + 890\,000 + 1\,140\,000 + 1\,390\,000}{4} = 1\,015\,000$$

d. Choix du niveau de production

L'espérance mathématique de la marge sur coût variable, la plus élevée est 1 015 000. Elle correspond à un niveau de production de 3 500. Donc dans le cas d'une équiprobabilité d'apparition des 4 niveaux de vente, il est préférable de planifier la production à son niveau maximum de 3 500.

2) Programme de production optimum avec des probabilités différentes pour les quatre niveaux de vente

Démarche

- Elle est identique sur les deux premiers points, calcul des niveaux de ventes, de production et détermination des marges sur coût variable pour les 16 situations.
- Le calcul de l'espérance mathématique diffère car les probabilités ne sont pas égales :

Niveau vente → probabilité
  2 000   → 1/2   = 0,50
  2 500   → 1/4   = 0,25
  3 000   → 1/6   = 0,17
  3 500   → 1/12 = 0,08
                  = 1

Calcul

a. Espérance mathématique de marge sur coûts variables

À partir du tableau des marges dans les 16 situations
Production → Espérance mathématique
2 000 → (790 000 x 0,5) + (790 000 x 0,25) + (740 000 x 0,17) + (690 000 x 0,08)
        = 773 333
2 500 → (740 000 x 0,5) + (990 000 x 0,25) + (990 000 x 0,17) + (940 000 x 0,08)
        = 860 333
3 000 → (690 000 x 0,5) + (940 000 x 0,25) + (1 190 000 x 0,17) + (1 190 000 x 0,08)
        = 877 499
3 500 → (640 000 x 0,5) + (890 000 x 0,25) + (1 140 000 x 0,17) + (1 390 000 x 0,08)
        = 848 333

La gestion budgétaire des investissements

b. Choix du niveau de production

Cette fois, avec les probabilités différentes, c'est le niveau de production de 3 000 qui est le plus générateur de marge.

c. Application des critères de choix

- Pour les 2 situations, le critère de l'espérance mathématique a été utilisé (probabilités égales ou différentes) ou critère de Laplace.
- Il est possible d'appliquer les autres critères de choix pour comparer les solutions retenues.

Critère optimal : Maximax

Pour production → Plus fort résultat
    2 000   → 790
    2 500   → 990
    3 000   → 1 190
    3 500   → 1 390

Le plus fort 1 390 donne le niveau de production de 3 500.

Critère de Wald : Maximin

Pour production → Plus faible résultat
    2 000   → 690
    2 500   → 740
    3 000   → 690
    3 500   → 640

Le plus fort 740 donne une production de 2 500.

Critère de Hurciz en supposant que $\alpha = 0{,}8$ et $1 - \alpha = 0{,}2$

Pour production → Plus fort et plus faible résultat
    2 000   → 690 x 0,2 + 790 x 0,8 = 770
    2 500   → 740 x 0,2 + 990 x 0,8 = 940
    3 000   → 690 x 0,2 + 1 190 x 0,8 = 1 090
    3 500   → 640 x 0,2 + 1 390 x 0,8 = 1 280

Le plus fort 1 280 donne une production de 3 500.

Critère de Savage : il vient la matrice de rejets suivante

	2 000	2 500	3 000	3 500
2 000	–	–	50	100
2 500	250	–	–	50
3 000	500	250	–	–
3 500	750	500	250	–

On souligne le rejet maximum pour chaque action. On choisit le rejet minimum 100 donc une production de 2 000.

Partie 2

1) Soit N le nbre d'échafaudages du service location
- Coût de l'investissement : 400–N (CV de production unitaire)
- Charges annuelles du service location :
  200 N   + 700 000
  (Révision) + (C. fixes)

a. 1er cas : Si N ≤ 1 000

CA minimum : 200 j x 8 F x 0,50 . N = 800 N.
CA maximum : 200 j x 8 F x 0,70 . N = 1 120 N.
- Limite inférieure :

$$400\,N \leq (800\,N - 200\,N - 700\,000)\,\frac{1-(1{,}15)^{-5}}{0{,}15}$$

→ N ≥ 1 458 échaffaudages impossible
- Limite supérieure :

$$400\,N \leq (1\,120\,N - 200\,N - 700\,000)\,\frac{1-(1{,}15)^{-5}}{0{,}15}$$

→ –N ≥ 875 échaffaudages

Remarque : On peut vouloir rechercher la probabilité minimale pour que N soit égal à 1000. Dans cette hypothèse le CA s'écrit : 200 j x 8 F x 1 000 x p = 1 600 000 p.

$$400 \times 1\,000\,E \leq (1\,600\,000\,p. - 200 \times 1\,000\,E - 700\,000)\,\frac{1-(1{,}15)^{-5}}{0{,}15}$$

$$400\,000 \leq (1\,600\,000\,p. - 900\,000)\,\frac{1-(1{,}15)^{-5}}{0{,}15}$$

⇒ p = 0,63 au lieu de 0,50.

b. 2e cas : si N ≥ 1 000

CA minimum : 200 x 8 F x N x 0,40 = 640 N
CA maximum : 200 x 8 x N x 0,60 = 960 N
- Limite inférieure :

$$400\,N < (640\,N - 200\,N - 700\,000)\,\frac{1-(1{,}15)^{-5}}{0{,}15}$$

⇒ N ≥ 2 188 échaffaudages
- Limite supérieure : forcément réalisée.

Conclusion : La limite de rentabilité difficile à atteindre si le parc est inférieur à 1 000 échaffaudages, possible si supérieur à 1 000.

2) Commentaires

La capacité de production ne permet pas de répondre aux besoins de la vente et de la location : 3 000 + 2 180 > 4 500.
* Nécessité d'un investissement en capacité de production.
* Peut être possibilité de compenser les deux programmes : prélever sur le stock final pour garnir le parc d'échafaudages en location, au moins en phase de démarrage.

⑦ SOCIÉTÉ BODOG

1) Arbre de décision

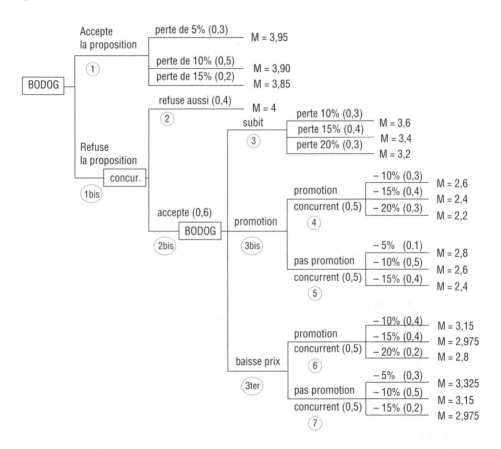

2) Résultats possibles

soit x = part de marché.

① Bodog accepte la proposition
marge = 100 000 × 0,4 (1 − x) + 100 000 × 0,1 (3x)
marge = 40 000 − 40 000 x + 30 000 x
       = 40 000 − 10 000 x

$\boxed{m = 4 - x}$ en dizaines de milliers de francs.

pour $\begin{cases} x = 0,05 \Rightarrow m = 3,95 \\ x = 0,10 \Rightarrow m = 3,90 \\ x = 0,15 \Rightarrow m = 3,85 \end{cases}$

② Bodog et concurrent refusent la proposition ⇒ situation inchangée
M = 100 000 boîtes × 0,40 F = 40 000.

③ Concurrent accepte et Bodog refuse sans rien faire.
marge = 100 000 (1 − x) × 0,4 ⇒ $\boxed{m = 4 - 4x}$

pour $\begin{cases} x = 0,10 \Rightarrow m = 3,6 \\ x = 0,15 \Rightarrow m = 3,4 \\ x = 0,20 \Rightarrow m = 3,2 \end{cases}$

④ Concurrent accepte, Bodog refuse et fait une promotion.
m = 100 000 (1 − x) × 0,4 − 10 000
m = 40 000 − 40 000 x − 10 000 = + 30 000 − 40 000 x ⇒ $\boxed{m = 3 - 4x}$

pour $\begin{cases} x = 0,05 \Rightarrow m = 2,6 \\ x = 0,10 \Rightarrow m = 2,4 \\ x = 0,15 \Rightarrow m = 2,4 \end{cases}$

⑤ Concurrent accepte, Bodog refuse, fait une promotion, le concurrent aussi
m = 100 000 (1 − x) 0,4 − 10 000 ⇒ $\boxed{m = 3 - 4x}$

⑥ et ⑦ Concurrent accepte – Bodog refuse et baisse prix.
m = 100 000 (1 − x) 0,35 = 35 000 − 35 000 x ⇒ $\boxed{m = 3,5 - 3,5x}$

pour $\begin{cases} x = 0,05 \Rightarrow m = 3,5 - 0,175 = 3,325 \\ x = 0,10 \Rightarrow m = 3,5 - 0,35 = 3,15 \\ x = 0,15 \Rightarrow m = 3,5 - 0,525 = 2,975 \\ x = 0,20 \Rightarrow m = 3,5 - 0,70 = 2,8 \end{cases}$

3) Calcul des espérances mathématiques

a) Branche 1

E (B1) = (3,95 × 0,3) + (3,90 × 0,5) + (3,85 × 0,2)

$\boxed{E(B1) = 3,855}$

La gestion budgétaire des investissements

b) Branche 1 bis

Il faut commencer par le niveau le plus bas de l'arbre et remonter celui-ci
E (B4) = (2,6 x 0,3) + (2,4 x 0,4) + (2,2 x 0,3)

$\boxed{E (B4) = 2,4}$

E (B5) = (2,8 x 0,1) + (2,6 x 0,10) + (2,4 x 0,15)

$\boxed{E (B5) = 2,64}$

On peut obtenir en combinant ces espérances, celle de la banche 3bis.
E (B3bis) = [0,5 x E (B4)] + [0,5 x E (B5)]
E (B3bis) = (0,5 x 2,4) + (0,5 x 2,64)

$\boxed{E (B3bis) = 2,52}$

Même démarche pour la branche 3ter composée de l'espérance mathématique des espérances mathématiques des branches 6 et 7

E (B3ter) = [0,5 x E (B6)] + [0,5 x E (B7)]
= {0,5 x [(3,15 x 0,40) + (2,975 x 0,4) + (2,8 x 0,20)]} + {0,5 [(3,325 x 0,30)
+ (3,15 x 0,10) + (2,975 x 0,15)]}

$\boxed{E (B3ter) = 3,088}$

E (B3) = (3,6 x 0,10) + (3,4 x 0,4) + (32,2 x 0,3)

$\boxed{E (B3) = 3,4}$

Il vient :
E (B1bis) = [0,4 x E (B2)] + (0,6 x E (B2bis)]
= (0,4 x 4) + [0,6 x (E (3) + E (3bis) + E (3ter))]
= 1,6 + [0,6 x (3,4 + 2,52 + 3,088)]

$\boxed{E (B1bis) = 7}$

En comparant les décisions **B1** : accepter la proposition ou **B1bis** : refuser la proposition au regard de leur espérance mathématique, Bodog doit refuser la proposition.

19 Le budget général et les états financiers prévisionnels

① BUDGET DES ENCAISSEMENTS

1) Budgets des ventes du premier semestre N + 1

Tubes X

	JANVIER	FÉVRIER	MARS	AVRIL	MAI	JUIN
Quantités	18 000	18 000	20 000	16 000	14 000	14 000
C.A.H.T.	450 000	450 000	500 000	400 000	350 000	350 000
T.V.A.	92 700	92 700	103 000	82 400	72 100	72 100
C.A.T.T.C.	542 700	542 700	603 000	482 400	422 100	422 100

Tubes Y

	JANVIER	FÉVRIER	MARS	AVRIL	MAI	JUIN
Quantités	235 000	230 000	235 000	170 000	150 000	170 000
C.A.H.T.	2 820 000	2 760 000	2 820 000	2 040 000	1 800 000	2 040 000
T.V.A.	580 920	568 560	580 920	420 240	370 800	420 240
C.A.T.T.C.	3 400 920	3 328 560	3 400 920	2 460 240	2 170 800	2 460 240

2) Budgets des encaissements des créances-clients

Tubes X

	JANVIER	FÉVRIER	MARS	AVRIL	MAI	JUIN
Acompte-commande	45 000	50 000	40 000	35 000	35 000	
50% Livraison	271 350	271 350	301 500	241 200	211 050	211 050
Solde		226 350	226 350	251 500	201 200	176 050
Total	316 350	547 700	567 850	527 700	447 250	387 100

Le budget général et les états financiers prévisionnels

Clients – Tubes Y

- Encaissements sur ventes de novembre N
  – en janvier : 3 415 680 x 30% =... 1 024 704
- Encaissements sur ventes de décembre N
  – en janvier : 3 486 840 x 50% =... 1743 420
  – en février : 3 486 840 x 30% =... 1 046 052

	JANVIER	FÉVRIER	MARS	AVRIL	MAI	JUIN
Clients bilan	2 768 124	1 046 252				
VENTES 01	680 184	1 700 460	1 020 276			
VENTES 02		665 712	1 664 280	998 568		
VENTES 03			680 184	1 700 460	1 020 276	
VENTES 04				492 048	1 230 120	738 072
VENTES 05					434 160	1 085 400
VENTES 06						492 048
TOTAL	3 448 308	3 412 224	3 364 740	3 191 076	2 684 556	2 315 520

3) Solde du compte clients

- Solde dû au 30.06.N + 1 par les clients tubes X :   176 050

- Solde dû au 30 juin N + 1 par les clients tubes Y :
  – sur ventes du mois de mai... 651 240
  – sur ventes du mois de juin.. 1 968 192

                                                                                         2 619 432

- Solde du compte 441 – clients :   2 795 482
  (176 050 + 2 619 432)

② ENTREPRISE COMMERCIALE SOLVER

1)

• *Budget mensuel des recettes de n+1*

Recettes	TOTAL	J	F	M	A	M	J	J	A	S	O	N	D	Bilan
Clients 31/12/N ①		160 000	160 000											
Effet à recevoir ②		160 000	115 776	115 776										
Janvier	231 552		115 776	115 776										
Février	231 552				115 776	115 776								
Mars	231 552				115 776	115 776								
Avril	385 920					115 776	192 960							
Mai	385 920						192 960	192 960						
Juin	385 920							192 960	192 960					
Juillet	617 472								192 960	308 736				
Août	617 472									308 736	308 736			
Septembre	617 472										308 736	308 736		
Octobre	308 736											154 368	154 368	
Novembre	308 736												154 368	154 368
Décembre	308 736													308 736
	4 631 040	320 000	275 776	231 552	231 552	308 736	385 920	385 920	501 696	617 472	617 472	463 104	308 736	463 104

① Règlement des clients de décembre à crédit = 50% des ventes de décembre.
② Effets négociables : soit 320 000
 – ventes de décembre à 2 mois = 160 000 payables en février.
 – ventes de novembre à 2 mois = 160 000 payables en janvier.

Le budget général et les états financiers prévisionnels

- **Budget mensuel de TVA en N + 1**
  (fait générateur : livraison des biens)

	J	F	M	A	M	J	J	A	S	O	N	D
TVA collectée	39 552	39 552	39 552	65 920	65 920	65 920	105 472	105 472	105 472	52 736	52 736	52 736
TVA déductible												
• Matières Premières	37 080			37 080			37 080			37 080		
• Charges administrat.	13 390	13 390	13 390	13 390	13 390	13 390	13 390	13 390	13 390	13 390	13 390	13 390
• Investissements			82 400									
TVA à décaisser	–10 918	26 162	–56 238	15 450	52 530	52 530	55 002	92 082	92 082	2 266	39 346	39 346

- **Budget mensuel des décaissements**

	TOTAL HT	J	F	M	A	M	J	J	A	S	O	N	D	Bilan
Fournisseurs Bilan		20 000												
Achats de M. Premières ①	720 000	108 540	108 540			108 540	108 540			108 540	108 540			
Frais de fabrication														
– Variables 600 F x 100	660 000	60 000	60 000	60 000	60 000	60 000	60 000	60 000		60 000	60 000	60 000	60 000	
– Fixes ③	960 000	80 000	80 000	80 000	80 000	80 000	80 000	80 000	80 000	80 000	80 000	80 000	80 000	
Frais d'administration	780 000	78 390	78 390	78 390	78 390	78 390	78 390	78 390	78 390	78 390	78 390	78 390	78 390	
Commissions/ventes	384 000	30 000 ②	19 200	19 200	19 200	32 000	32 000	32 000	51 200	51 200	51 200	25 600	25 600	25 600
Emprunt							241 200							241 200
Investissement				72 000										
TVA à décaisser	NS	38 000		15 244			11 742	52 530	55 002	92 082	92 082	2 266	39 346	39 346
TOTAL DÉCAISSEMENTS		414 930	346 130	324 834	346 130	358 930	503 332	411 460	373 132	361 672	470 212	354 796	283 336	

① Paiement 50 % comptant – 50 % à 1 mois = (6 000 kg x 30 F x 1,206 x 50 %) = 108 540.
② Charges à payer au bilan 19N.
③ Charges de fabrication fixes hors amortissement : 1 200 000 – 240 000 = 960 000.

- *Situation de trésorerie initiale*

	Encaissements	Décaissements	Solde mensuel	Solde cumulé
Trésorerie Bilan				+ 106 000
Janvier	320 000	414 930	− 94 930	+ 11 070
Février	275 776	346 130	− 70 354	− 59 284
Mars	231 552	324 834	− 93 282	− 152 566
Avril	231 552	346 130	− 114 578	− 267 144
Mai	308 736	358 930	− 50 194	− 317 338
Juin	385 920	503 332	− 117 412	− 434 750
Juillet	385 920	411 460	− 25 540	− 460 290
Août	501 696	373 132	+ 128 564	− 331 726
Septembre	617 472	361 672	+ 255 800	− 75 926
Octobre	617 472	470 212	+ 147 260	+ 71 334
Novembre	463 104	354 796	+ 108 308	+ 179 642
Décembre	308 736	283 336	+ 25 400	+ 205 042

2) **Ajustement de la trésorerie**

		Janvier	Février	Mars	Avril
Trésorerie début de mois		106 000	+ 11 070	+ 116	+ 4 734
Encaissements théoriques		320 000	275 776	231 552	231 552
− Effets escomptés		-	-	− 60 000	− 110 000
A recevoir		426 000	286 846	171 668	126 286
Décaissements		414 930	346 130	324 834	346 130
	Trésorerie brute	+ 11 070	− 59 284	− 153 166	− 219 844
+ Effets escomptés	m−2 0,99 % M	-	+ 59 400 ①	+ 108 900 ②	59 400 ③
	m−1 0,98 % M	-	-	49 000	166 600
+ Avances bancaires	-	-	-	−	
	Trésorerie nette	+ 11 070	+ 116	+ 4 734	+ 6 156

① Effets à négocier échéance mars : 60 000 F
  Valeur reçue 60 000 − 1% de 60 000 = 59 400
② Effets à négocier sur mars : 150 000 F
  − Date de création : février échéance avril : maximum possible 110 000 F
    montant net 108 900 F
  − Date de création : mars échéance mai : 50 000 F
    montant net : 50 000 − 2 % de 50 000 = 49 000 F
③ Montant à financer : 230 000 F compte tenu des intérêts
  − Sur effets échéance mai (date de création : mars)
    110 000 − 50 000 = 60 000 F Montant reçu 59 400 F
  − Sur effets échéance juin (date de création : avril)
    Le solde soit 230 000 − 60 000 = 170 000 F
    Montant reçu : 166 600 F

3) Le compte de résultat prévisionnel

Ventes de la période Production stockée ①	960 pdts x 4 000 F (240 pdts x 2 420 F) – 264 000	3 840 000 + 316 800
	TOTAL des produits	4 156 800
Achats de matières premières Variation de stocks ② Frais de fabrication Services extérieurs Dettes aux amortissements Commissions / ventes Frais financiers	24 000 kg x 30 F (2 000 kg – 4 000 kg) x 30 F 1 860 000 – 240 000 780 000 240 000 + 120 000 + 120 000 960 x 4 000 x 0,10 35 000	720 000 – 60 000 1 620 000 780 000 480 000 384 000 35 000
	Résultat de l'exercice	197 800
	TOTAL GÉNÉRAL	4 156 800

① Coût de production de 1100 pdts fabriqués
   MP : 20 kg x 30 x 1 100   =   660 000
   CV : 600 F x 1 100   =   660 000
   FF de fabrication   =   1 320 000
                                       2 640 000
+ Stock initial (100 pdts)   264 000
                                       2 904 000
soit 2 420 F le produit
Stock final de produits   =   100 + 1 100 – 960
                         =   240 produits

② SF de matières premières
   2 000 + 24 000 – 22 000 = 4 000

③ SOCIÉTÉ OCE

1) Budget de trésorerie

Budget des encaissements

| | Montant | Encaissement | | | |
		Mai	Juin	Juillet	Dû au 31.7
Clients au 30.4	455 000	455 000			
Ventes de mai...............	1 145 700	572 850	572 850		
Ventes de juin...............	964 800		482 400	482 400	
Ventes de juillet...........	1 326 600			663 300	663 300
		1 027 850	1 055 250	1 145 700	663 300

Budget TVA

	Mai	Juin	Juillet
TVA collectée	195 700	164 800	226 600
TVA déductible sur achats................................	154 500	154 500	120 900
TVA déductible sur charges diverses	5 000	5 000	5 000
TVA à décaisser	36 200	5 300	87 700

Budget des décaissements

| | Montant | Décaissements | | | |
		Mai	Juin	Juillet	Dû au 31.7
Fournisseurs au 30.4.....	355 000	355 000			
Achats mai	904 500	361 800	542 700		
Achats juin	904 500		361 800	542 700	
Achats juillet................	783 900			313 560	470 340
Charges diverses..........	240 000	80 000	80 000	80 000	
TVA à décaisser............	–	(1) 94 050	36 200	5 300	87 700
Emprunt	40 480		40 480		
IS	–		(2) 10 500		56 700
		890 850	1 071 680	941 560	–

(1) «État» au passif comprend le solde de l'IS N – 1/N et de la TVA à décaisser en mai :
  – acomptes versés au titre de l'exercice clos le 30/04/N soit 33 1/3 % du résultat fiscal de l'exercice clos le 30.04.N – 1 = 126 000 x 33 1/3 = 42 000 F,
  – solde à verser le 15.8.N = 98 700 – 42 000 = 56 700 F,
  – TVA à décaisser en mai N : 150 750 – 56 700 = 94 050 F.
(2) Acompte n° 1 sur résultat fiscal de l'exercice clos le 30.4.N – 1 soit :
  126 000 x 8 1/3 % = 10 500 F.

Budget de trésorerie

	Mai	Juin	Juillet
Trésorerie en début de mois.............................	103 050	288 850	272 420
Encaissements...	1 076 650 ①	1 055 250	1 145 700
Décaissements...	890 850	1 071 680	941 560
Trésorerie en fin de mois	288 850	272 420	476 560

① 1 027 850 + 48 800 (autres créances encaissables en mai).

2) Compte de résultat prévisionnel

- Ventes HT = CA TRIM / 1,206 = 3 437 100 / 1,206 = 2 850 000
- Achats HT = Achats TTC / 1,206 = 2 592 900 / 1,206 = 2 150 000
- Variation des stocks : valorisée au coût d'achat HT
  SF = SI + E – S
  $\qquad$ = 910 000 + 2 150 000 – (2 850 000 x 0,70)
  $\qquad$ = 1 065 000
  SI – SF $\quad$ = 910 000 – 1 065 000 = – 155 000
- Assurances = 42 600 / 4 = 10 650
- Charges diverses HT = (80 000 – 5 000) x 3 = 225 000

- Intérêts : $18\,350 \times \dfrac{2}{3} + 17\,415 \times \dfrac{1}{3} = 18\,038$

- Dotations aux amortissements
Constructions	930 000 x 5% x 1/4 =	11 625
Installations	448 000 x 10% x 1/4 =	11 200
Autres	64 200 x 15% x 1/4 =	2 408
		25 233

Le budget général et les états financiers prévisionnels

Charges		Produits	
Achats...	2 150 000	Ventes	2 850 000
Variation du stock...........................	– 155 000		
Assurances......................................	10 650		
Charges diverses	225 000		
Intérêts	18 038		
Dotations aux amortiss...................	25 233		
Résultat (Bénéfice)	576 079		
	2 850 000		2 850 000

3) Bilan prévisionnel au 31/07/N

- Charges constatées d'avance
  Prime d'assurance pour 6 mois du 1.8.N au 31.1.N+1
  soit 42 600 / 2 = 21 300

- Dettes auprès des établissements de crédit
  412 187 + (17 415 / 3) = 417 992

- Dettes fiscales
TVA à décaisser en août	87 700
IS N–1/N (solde payable en…)	+ 56 700
1er acompte N/N+1	– 10 500
payé en juin N	133 900

ACTIF   PASSIF

	Brut	Amortiss. et provis.	Net		
Fonds commercial	145 400		145 400	Capital	1 200 000
Terrains	153 300		153 300	Réserve légale	120 000
Constructions	930 000	451 625	478 375	Report à nouveau	251 116
Installations	448 000	224 700	223 300	Résultat (du trimestre et	
Autres immob. corp.	64 200	21 308	42 892	avant IS)	576 079
Total (I)	1 740 900	697 633	1 043 267	Total (I)	2 147 195
Marchandises	1 065 000		1 065 000	Emprunts auprès d'établ.	
Créances clients	663 300		663 300	de crédit	417 992
Disponibilités	476 560		476 560	Dettes fournisseurs	470 340
Charges constatées d'av.	21 300		21 300	Dettes fiscales (État)	133 900
				Autres dettes	100 000
Total (II)	2 226 160		2 226 160	Total (II)	1 122 232
Total général	3 967 060	697 633	3 269 427	Total général	3 269 427

20 Prévisions et maîtrise de la masse salariale

① ÉVOLUTION DE LA MASSE SALARIALE

Voir tableau préparatoire page suivante.

1) Analyse des écarts

Masse salariale année N+1 :	169 × 151,77 = 25 649,00
Masse salariale à ancienneté constante :	169 × 145,95 = 24 666,00
Masse salariale à structure constante :	169 × 146,26 = 24 718,14
Masse salariale à salaire moyen global constant :	169 × 146,82 = 24 812,64
Masse salariale année N =	167 × 146,82 = 24 519,00

$\left.\begin{array}{l}\text{Écart sur salaires nominaux} = \quad 983,00 \\ 25\,649 - 24\,666 \end{array}\right.$

$\left.\begin{array}{l}\text{Écart sur composition} = \quad -52,14 \\ \text{d'ancienneté } 24\,666 - 24\,718,14 \end{array}\right.$

$\left.\begin{array}{l}\text{Écart sur structure} = \quad -94,50 \\ \text{professionnelle } 24\,718,14 - 24\,812,64 \end{array}\right.$

$\left.\begin{array}{l}\text{Écart sur effectif} = \quad 293,64 \\ 24\,812,64 - 24\,519 \end{array}\right.$

$\left.\begin{array}{l}\text{Écart total} = \quad 1\,130,00 \\ 25\,649 - 24\,519 \end{array}\right.$

2) Analyse des effets

Effet sur taux :	151,77/145,95	= 1,03985
Effet de noria :	145,95/146,26	= 0,99789
Effet de structure :	146,26/146,82	= 0,99619
Effet effectif :	169/167	= 1,01198
Effet total :	25 649/25 419	= 1,04609

Tableau préparatoire

En milliers de F

Catégories		MS année N			MS année N+1			MS à structure constante			MS à ancienneté constante			MS à salaire constant		
		Effectifs	sal. an	Total	Effectifs	sal. an	Total	Effectifs	sal. an	Total	Effectifs	sal. an	Total	Effectifs	sal. an	Total
Ingénieurs	a.1	12	162	1 944	10	166	1 660				10	162	1 620			
	a.2	14	180	2 520	13	182	2 366				13	180	2 340			
	a.3	6	210	1 260	7	217	1 519				7	210	1 470			
		32	178,88	5 724	30	184,83	5 545	30	178,88	5 366,25	30	181	5 430			
		effectifs	sal. an	total	effectifs	sal. an	total	effectifs	sal. an	total	effectifs	sal. an	total	effectifs	sal. an	total
Techniciens	a.1	45	121	5 445	52	128	6 656				52	121	6 292			
	a.2	60	144	8 640	55	152	8 360				55	144	7 920			
	a.3	30	157	4 710	32	159	5 088				32	157	5 024			
		135	139,22	18 795	139	144,63	20 104	139	139,22	19 351,89	139	139,39	19 236			
Total général		167	146,82	24 519	169	151,77	25 649	169	146,26	24 718,14	169	145,95	24 666	169	146,82	24 812,6

3) Schéma récapitulatif

```
┌─────────────────────────┐
│ Accroissement des       │
│ salaires nominaux       │
│      1,0399             │
└─────────────────────────┘
         ┌──────────────────┐
         │ Effet de noria   │
         │     0,9979       │
         └──────────────────┘
┌─────────────────────────────────┐
│ Accroissement des salaires moyens│ ┌──────────────────┐
│       par catégories             │ │ Effet de structure│
│      1,0399 × 0,9979 = 1,038     │ │     0,9962        │
└─────────────────────────────────┘ └──────────────────┘
┌────────────────────────────────────────────┐
│ Accroissement du salaire moyen global       │ ┌──────────────┐
│        1,038 × 0,9962 = 1,034               │ │ Effet effectif│
└────────────────────────────────────────────┘ │    1,012      │
                                               └──────────────┘
┌────────────────────────────────────────────────────────────┐
│     Accroissement général de la masse salariale            │
│            1,034 × 1,102 = 1,0461                           │
│         ou encore MSn+1 = 25 649 / 24 519                  │
└────────────────────────────────────────────────────────────┘
```

② ENTREPRISE MESINE

Soit l'exercice N/N+1 désigné par exercice 1 et l'exercice N+1/N+2 désigné par exercice 2

1) Variation globale E_2/E_1

Exercice 1			Exercice 2		
Nombre de mois	Salaire	Total	Nombre de mois	Salaire	Total
2 Juil^t → Août	100,00	200,00	5 Juil^t → Nov	105,06	525,30
6 Sep → Fév	102,00	612,00	6 Déc → Mai	107,1612	642,96
4 Mars → Juin	105,06	420,24	1 Juin	108,2328	108,23
12		1 232,24	12		1 276,49

$$VG = \frac{1\,276,49 - 1\,232,24}{1\,232,24} = 3,59\,\%.$$

2) Dans l'hypothèse d'une augmentation nulle en E_2, variation E_2/E_1

Exercice 1			Exercice 2		
Nombre de mois	Salaire	Total	Nombre de mois	Salaire	Total
2	100,00	200,00	12	105,06	1 260,72
6	102,00	612,00			
4	105,06	420,24			
		1 232,24			1 260,72

$$VG = \frac{1\,260,72 - 1\,232,24}{1\,232,24} = 0,02311, \text{ soit } 2,31\,\%.$$

Prévisions et maîtrise de la masse salariale

- Masse salariale N/N–1 : 187 500 x 12 = 2 250 000
- Masse salariale N/N+1
  187 500 x 2 + 187 500 x 1,02 x 6 + 187 500 x 1,02
  x 1,03 x 4 = 2 310 450.

  ou 2 250 000
  x 12,32 24/12
  = 2 310 449,99

Masse salariale N+1/N+2
  187 500 x 1,02 x 1,03 x 12 = 2 363 850.
  ou 2 250 000 x 1,0506
  ou 2 310 450 x 1,02311

- Bien que l'augmentation soit nulle en E2, la masse salariale est plus élevée qu'en E1 en raison de la répercussion des augmentations de E1. Une telle décision sur un exercice engage les exercices ultérieurs (effet report).

3) **Dans l'hypothèse d'une augmentation nulle en E_1, la variation E_2/E_1**

	Exercice 1			Exercice 2	
Nombre de mois	Salaire	Total	Nombre de mois	Salaire	Total
12	100,00	1 200,00	5	100,00	500,00
			6	102,00	612,00
			1	103,02	103,02
		1 200,00			1 215,02

$$V2 = \frac{1\,215,02 - 1\,200}{1\,200} = 0{,}01251, \text{ soit } 1{,}25\,\%.$$

4) **Relation entre VG, V1 et V2**

(1 + VG) = (1 + V1) (1 + V2) ;
(1,0359) = (1,02311) (1,01251).

③ **ENTREPRISE LIANI**

Question 1

Catégories	Année N–1			Année N			Année N adaptée			E/Tot	E/taux	E/Effect
	Effectifs	Sal annuel	Total	Effectifs	Sal annuel	Total	Effectifs	Sal annuel	Total			
Direction	5	285 600	1 428	5	292 400	1 462	5	285 600	1 428	34	34	0
Ingénieurs	15	214 733	3 221	16	219 875	3 518	16	214 733	3 436	297	82	215
Techniciens	220	187 950	41 349	222	194 401	43 157	222	187 950	41 725	1 808	1 432	376
Ouvriers	53	144 642	7 666	50	149 540	7 477	50	144 642	7 232	– 189	245	– 434
Employés	45	161 778	7 280	45	163 511	7 358	45	161 778	7 280	78	78	0
Total général	338	180 308	60 944	338	186 308	62 972	338	994 703	61 101	2 028	1 871	157

Les montants des colonnes « Total » sont exprimés en milliers de francs.

Question 2

a. Calcul de la masse salariale de N+1 en ne tenant compte que des augmentations de salaires

Soit I, l'indice des salaires.
I = 100 en décembre N.
Évolution de I :
- janvier : I = 100.
- février : augmentation générale de 1 % : I = 101, pendant 5 mois.
- juillet : augmentations individuelles qui représentent 0,95 % de la masse salariale de décembre N :
I = 101 + 0,95 % x 100 = 101,95 pendant 2 mois.
- septembre : augmentation générale de 1,6 % :
I = 101,95 x 1,016 = 103,5812, pendant 4 mois.
Total des indices mensuels = 100 + 101 x 5 + 101,95 x 2 + 103,5812 x 4
                           = 1 223,2248.
Masse salariale N = Salaires versés en décembre N x 12,232248.
Salaires versés en décembre N = Salaires moyens de décembre x effectifs :
24 582 x 5 + 18 526 x 16 + 16 309 x 222 + 12 600 x 50 + 14 008 x 45 = 5 300 kF.
Masse salariale N+1 = 5 300 x 12,232248 = 64 831 kF.
Ce montant doit être corrigé de l'effet des mouvements prévus sur les effectifs.

b. Effet des mouvements de personnel

- *Diminution de la masse salariale*

Catégorie	Mois de départ	Salaire mensuel au 31-12-N	Nombre de mois gagnés à l'indice 101	Nombre de mois gagnés à l'indice 102,616	Économies réalisées (kF)
Ouvrier	mars	14 780	5	4	135
Ouvrier	novembre	15 250	0	1	16
Employé	juillet	15 800	1	4	81
Employé	novembre	14 900	0	1	15
Technicien	août	18 550	0	4	76
					323

Le personnel quittant l'entreprise en cours d'année ne bénéficie pas des augmentations individuelles. Donc, indice des salaires = 101 pendant quelques mois puis 101 x 1,016 = 102,616.
Nombre de mois gagnés à l'indice 101 = nombre de mois séparant le mois de départ (exclu) du mois de septembre (exclu).
Nombre de mois gagnés à l'indice 102,616 = nombre de mois restant jusqu'à la fin de l'année.

Prévisions et maîtrise de la masse salariale

- *Augmentation de la masse salariale due aux arrivées*

Catégorie	Mois d'arrivée	Salaire mensuel d'embauche	Nombre de mois à l'indice 100	Nombre de mois à l'indice 101,6	Augmentation de la masse salariale (kF)
Ouvrier	avril	9 200	5	4	83
Technicien	juin	12 450	3	4	88
Technicien	novembre	12 450	2	0	25
Technicien	novembre	12 450	2	0	25
					221

Les nouveaux arrivés ne bénéficient pas des augmentations individuelles. Par contre, ils sont concernés par les augmentations générales.

Nombre de mois à l'indice 100 = nombre de mois séparant le mois d'arrivée (inclus) au mois de septembre (exclu), ou au mois de décembre si l'embauche a lieu après le 1er septembre.

Indice salarial après septembre = 100 x 1,016 = 101,6, sauf pour les embauches de novembre où cet indice reste à 100.

c. Détermination de la masse salariale prévisionnelle pour N+1

Masse salariale après application de l'accord salarial, sans mouvements de personnel : 64 831
– effets des départs : – 323
+ effet des arrivées : + 221

Masse salariale N+1 : 64 729

d. Commentaire

La masse salariale augmenterait de 1 757 kF, soit une progression de 2,8 %, inférieure à celle de N. Le projet d'accord salarial fait passer la masse salariale de 62 972 kF à 64 831 kF, soit une augmentation de 2,95 %. Sans tenir compte des augmentations individuelles, le salaire brut mensuel augmente, lui, de 3,58 % en N+1, ce qui devrait conduire à une nouvelle amélioration du pouvoir d'achat des salariés de l'entreprise (si le taux d'inflation reste au niveau actuel).

Les mouvements de personnel atténuent partiellement l'effet de l'accord salarial. Le solde de ces mouvements est négatif : l'effectif global diminue d'une unité. Par contre, la qualification du personnel s'améliore. Ce résultat est dû essentiellement à la réorganisation du travail administratif qui a permis de libérer des postes.

L'entreprise associe maîtrise de la masse salariale et progression des rémunérations.

④ SOLDECOR

1) Décomposition en deux sous-écarts

Travail en milliers de francs

Catégorie	Masse salariale N+1				Masse sal. à structure constante				Masse salariale N				Calcul des écarts		
	Effectif	Salaire Moyen mensuel	Salaire Moyen annuel	Total	Effectif	Salaire Moyen annuel	Total		Effectif	Salaire Moyen mensuel	Salaire Moyen annuel	Total	Écart total MSn+1 – MSn	Écarts sur salaires nominaux	Écart sur volume
Ingénieur	185	35,00	420,00	77 700,00	185	379,20	70 152,00		152	31,60	379,20	57 638,40	20 061,60	7 548,00	12 513,60
Maîtrise	235	24,00	288,00	67 680,00	235	268,80	63 168,00		220	22,40	268,80	59 136,00	8 544,00	4 512,00	4 032,00
Employé	80	10,30	123,60	9 888,00	80	115,20	9 216,00		85	9,60	115,20	9 792,00	96,00	672,00	– 576,00
Ouvrier	2 250	8,85	106,20	238 950,00	2 250	102,00	229 500,00		2 315	8,50	102,00	236 130,00	2 820,00	9 450,00	– 6 630,00
Total	2 750	11,95	143,35	394 218,00	2 750	135,29	372 036,00		2 772	10,90	130,84	362 696,40	31 521,60	22 182,00	9 339,60
													8,69 %	5,96 %	2,58 %

Valeur de l'écart en pourcentage de la masse salariale de référence :

La masse salariale entre les années N et N+1 a augmenté de 8,69 % soit un montant de 31 521 600 F en valeur absolue.
Cette augmentation est due pour près de 70 % à la hausse des salaires nominaux (22 182 kF sur 31 521 kF).
En effet, le salaire moyen annuel toutes catégories est passé de 130,84 kF à 143,35 kF soit une hausse de 9,56 %.
Dans le même temps, l'écart sur volume entraîne un accroissement de la masse salariale de 9 339 kF alors même que les effectifs diminuent de 22 personnes.
À ce niveau d'analyse, il n'est pas possible d'analyser l'écart sur volume plus en détail et donc de positionner la part de l'écart due à la variation des effectifs de la part due à la modification de la structure de la masse salariale.
Il est possible de noter que l'écart est favorable (négatif) pour les catégories Employé et Ouvrier et défavorable (positif) pour les catégories Maîtrise et Ingénieur.

Prévisions et maîtrise de la masse salariale

2) Décomposition en trois sous-écarts

(Travail en milliers de francs)
Il s'agit de décomposer l'écart sur volume en deux sous-écarts :
– l'écart de structure professionnelle,
– l'écart sur effectif.
L'écart sur salaires nominaux reste le même ; pour aller plus avant dans sa décomposition, il faudrait connaître la composition par ancienneté de chaque catégorie, ce qui n'est pas donnée dans cet exercice.
Pour obtenir la décomposition désirée, il faut calculer une masse salariale intermédiaire appelée «masse salariale à salaire moyen global constant» et qui se calcule de la façon suivante :
Effectif total année N+1 x Salaire moyen global année N
Ici, exprimé en milliers de francs, il vient :
Effectif année N+1 = 2 750   } Masse salariale à salaire moyen
Salaire moyen global année N = 130,84 } constant = 359 817,86

Récapitulation

	Effectif	Sal. moyen	Total
Masse salariale N+1	2 750	143,35	394 218,00
Masse salariale à structure constante	2 750	135,29	372 036,00
Masse salariale à salaire global constant	2 750	130,84	359 817,86
Masse salariale N	2 772	130,84	362 696,40

Écart sur salaires nominaux : 22 182,00
Écart sur structure professionnelle : 12 218,14
Écart sur effectif : – 2 878,54
Écart total : 31 521,60

Avec cette décomposition, il est possible de mettre en évidence l'influence favorable sur l'évolution sur la masse salariale de la baisse des effectifs (écart négatif de 2 878 540 F) et l'impact négatif sur la masse salariale de la modification de sa structure professionnelle.
Les catégories les mieux payées (Maîtrise et ingénieurs) se développent (+ 48 personnes) ce qui conduit à un salaire moyen global de 135,29 au lieu de 130,84 soit un accroissement de 3,40 % du uniquement au changement de structure.

3) Évolution de la masse salariale sous formes d'effets relatifs

Reprenons les données récapitulatives précédentes

	Effectif	Sal. moyen	Total
Masse salariale N+1	2 750	143,35	394 218,00
Masse salariale à structure constante	2 750	135,29	372 036,00
Masse salariale à salaire global constant	2 750	130,84	359 817,86
Masse salariale N	2 772	130,84	362 696,40

Effet sur salaires nominaux : 143,35/135,29 = 1,0596
Effet sur structure : 135,29/130,84 = 1,034
Effet sur effectif : 2 750/2 772 = 0,9921
Effet total : 394 218/362 696,4 = 1,0869

Accroissement des salaires nominaux 1,0596	Effet de structure 1,034
Accroissement du salaire moyen global 1,0596 x 1,0339 = 1,0955	Effet effectif 0,9921
Accroissement général de la masse salariale 1,0955 x 0,9921 = 1,0869 ou encore MS $_{N+1}$/MS $_N$ = 394 218/362 696,4 = 1,0869	

4) Calcul du GVT (glissement, vieillesse, technicité) de N+1

La masse salariale a été multipliée par :　　　　　　1,0869 au cours de l'année N+1.
Sur une même période, il est observé que :
- les salaires nominaux sont multipliés par :　　　　1,0596
- les effectifs sont mulitpliés par :　　　　　　　　0,9921

Le GVT s'établit à : 1,0869/(1,0596 x 0,9921) = 1,0339, soit un GVT positif de 3,39 %.

Ce calcul aurait pu être obtenu en direct puisque le GVT est égal au produit de l'effet de noria par l'effet de structure.

Dans cet exercice, comme l'effet de noria ne peut être calculé, le GVT est égal à l'effet de structure.

Compte tenu de l'évolution de la masse salariale entre les deux années, le GVT exprime ici principalement la technicité accrue des salariés.

5) Augmentation en niveau et en masse

- L'évolution en niveau ou **effet niveau** est le rapport du salaire mensuel d'un salarié entre deux dates données, pour un même niveau de qualification,. Ici, il s'agit de comparer les salaires globaux de décembre N et de décembre N+1.

$$\frac{\text{Salaire moyen global de décembre N pondéré par les catégories de N+1}}{\text{Salaire moyen global de décembre N+1}} = \frac{11\ 700}{12\ 200}$$

Effet niveau = 12 200/11 700 = 1,0427, soit une hausse de : 4,27 %.

- L'évolution en masse mesure la variation de la masse des salaires annuels pour l'année N+1 par rapport à la masse salariale sans augmentation.

Cet **effet masse** doit être calculé à effectif constant. (Ici, le texte nous indique de prendre l'année N+1 comme référence).

Ces calculs ont déjà été faits : il s'agit de la masse salariale à structure constante.

	Pour mémoire, masse salariale à structure constante			Pour mémoire, masse salariale de N+1		
Total	2 750	135,29	372 036,00	2 750	143,35	394 218,00

L'augmentation en masse s'établit à :
394 218,00/372 036,00 = 1,0596, soit une hausse de : 5,96 %

Prévisions et maîtrise de la masse salariale

Défini en référence aux effectifs de N+1, l'effet masse est, ici, égal à l'effet sur salaires nominaux.

Cet accroissement inclut des augmentations obtenues sur l'année N+1 et l'influence de l'effet report de l'année N sur l'année N+1.

L'effet report mesure l'accroissement de la hausse de la masse salariale due à des décisions d'augmentation prises l'année précédente. Ici, il est évalué à 2 %

L'augmentation des salaires décidée en N+1 a donc une incidence de :
1,0596/1,02 = 1,0388, soit une hausse de : 3,88 %

6) Date des hausses de salaires et effet report

a. Cas 1 : augmentation unique le 1er octobre N+1

- Salaires mensuels de janvier à septembre N+1 : 11 700
- Salaires mensuels d'octobre à décembre N+1 : 11 700 x 1,388 = 12 154
- Masse salariale simulée de N+1 :
  [(11 700 x 9 mois) + (12 154 x 3 mois)] 2 750 salariés = 389 845,5
- Masse salariale plancher de N+2 : (12 154 x 12 mois) 2 750 salariés = 401 082

Effet report : 401 082/389 845,5 = 1,0288, soit un effet report de : 2,88 %

b. Cas 2 : augmentation unique le 1er août N+1

- Salaires mensuels de janvier à août N+1 : 11 700
- Salaires mensuels d'août à décembre N+1 : 11 700 x 1,388 = 12 154
- Masse salariale simulée de N+1 :
  [(11 700 x 7 mois) + (12 154 x 5 mois)] 2 750 salariés = 392 342,5
- Masse salariale plancher de N+2 : (12 154 x 12 mois) 2 750 salariés = 401 082

Effet report = 401 082/392 342,5 = 1,0223, soit un effet report de : 2,23 %

Ainsi plus la date d'augmentation de salaires est tardive plus l'effet report est important. Souvent, pour une hausse en niveau donné, les gestionnaires peuvent être tentés de positionner celle-ci le plus tard possible dans l'année pour minimiser l'effet masse sans s'attacher suffisamment aux conséquences de leurs décisions sur l'année suivante.

Les trois effets se conjugent de façon antagoniste et doivent faire l'objet d'optimisation conjointe.

21 Des essais de dynamisation des budgets

① L'UTILISATION DU BBZ

Idée directrice

La pratique du BBZ peut apporter des avantages dans les entreprises, et pas seulement dans la dimension technique mais aussi humaine et relationnelle.

Termes à définir

Materials Management : regroupement sous une même responsabilité de tout ce qui concerne le " flux matières " dans 1'usine : programmation, achat, approvisionnement, gestion des stocks, magasinage et mouvements physiques.

Éléments de réponse

1) Les motivations pour utiliser le BBZ

- 1re société : réduire les frais généraux.
- 2e société : dynamiser l'encadrement.
- 3e société : analyser le coût d'un service public.

Il faut donc remarquer que les objectifs du BBZ peuvent être très diversifiés.

2) Les apports du BBZ

a. Première société

Le BBZ a permis une baisse des coûts indirects de 10% par une formation et une participation plus grande du personnel. La qualité du produit n'a pas été touchée et le prix de vente a pu être diminué. (Une baisse des coûts directs a été obtenue avec une analyse de la valeur).

b. Deuxième société

Le BBZ a montré que le service comptable pouvait fonctionner avec moins de personnes, en donnant des responsabilités accrues à celles qui restaient. Donc les acteurs les plus compétents ont été motivés pour mieux travailler et décider ; ainsi les frais généraux ont aussi été réduits de 15 %.

Des essais de dynamisation des budgets

c. Troisième société

Par une analyse précise des besoins et des coûts de services publics, le BBZ a permis de choisir les documents peu utiles à supprimer pour diminuer les frais généraux.
De manière générale, le BBZ peut être :
- un outil de management, un outil tactique au service d'une stratégie, une aide à la décision.
- un outil de planification et d'allocation des frais d'exploitation.
- un outil de participation de l'encadrement et de remise en question de l'organisation
- un outil concernant les coûts indirects résumé dans le schéma ci-joint :

Domaines d'application du BBZ

La détermination du résultat	Les méthodes de budgétisation
Volume des ventes X Prix de vente unitaire	Prévision des ventes par articles et objectifs Politique des tarifs
+ chiffre d'affaires ou montant des redevances, des cotisations ou allocations budgétaires − coûts directs des produits vendus ou services fournis • matières premières • main-d'œuvre • certains frais généraux variables (énergie, etc.)	Coûts standards
= marge sur coûts variables − frais fixes de production − frais fixes de distribution et des ventes − frais fixes d'administration et de direction	Résultante des décisions d'investissements Budgétisation selon les principes du BBZ
= Bénéfice avant impôt	

Exemple de service concernés par le BBZ

Frais fixes de production	Frais fixes de distribution et de ventes	Frais fixes d'administration et de direction
Achats Encadrement indirect Contrôle de qualité Entretien Méthodes Bureau d'études Ordonnancement, lancement, etc. Magasins Chaîne de traitement de chèques, de billets, dossiers, etc.	Fonction marketing Publicité et relations publiques Force de vente Service des devis Dépôts Administrations commerciales	Direction générale Comptabilité Contrôle de gestion Planification Informatique Service juridique Service du personnel Services généraux : reprographie, gardiennage, nettoyage, etc.

> D'une manière plus générale, l'efficacité du BBZ peut être résumée ainsi, à partir des expériences des entreprises qui l'ont mis en pratique :
> – le BBZ est mieux adapté à la nécessité du redéploiement ;
> – le BBZ est conçu pour maîtriser les frais de structure et les frais indirects ;
> – le BBZ suscite la participation du personnel ;
> – le BBZ permet la négociation entre supérieurs et subordonnés ;
> – le BBZ facilite les choix budgétaires car il met en évidence le lien entre budgets et résultats.
> Ses finalités sont multiples et vont bien au-delà de la seule diminution des coûts comme la budgétisation classique :
> – meilleures planification et organisation,
> – développement et meilleure communication des hommes.
> En contrepartie, la direction comme le personnel doivent s'impliquer davantage.
> Le BBZ ne peut et ne cherche pas à rivaliser avec d'autres techniques spécifiques pour chacun de ces points (planification, organisation, communication et participation des individus) mais il essaie de concilier ces différents aspects.

3) Le service public et le BBZ

Deux spécificités de ce service public modifient quelque peu l'approche BBZ :
- les finalités d'une entreprise publique sont plus difficiles à cerner, or la phase de définition précise des objectifs est impérative pour le BBZ ;
- ce service désirait maîtriser une inflation de documents, source de coûts. Il fallait donc que le système BBZ mesure le coûts de ces documents pour déterminer ceux à supprimer.

Le BBZ a montré que l'essentiel des coûts provenait de l'organisation, pas des salaires et qu'il fallait donc analyser les relations entre les fonctions services proposés et leurs coûts. La suite logique de l'étude était donc une analyse de la valeur : quels sont les services rendus les plus importants qu'il faut maintenir et quels sont ceux qui coûtent sans être très utilisés ? L'analyse était d'autant facilitée que le service disposait d'indicateurs (nombre de coups de téléphone, nombre de pages publiées, etc.).

Remarque : un livre décrit bien les avantages et les inconvénients rencontrés par les entreprises qui ont introduit le BBZ : T. Vailhen, C.-A. Garivian, *La pratique du budget Base Zéro*, InterEditions, 1983 (d'où est tiré l'extrait de l'exercice).

② INSTRUMENTS DE MESURE MANAGÉRIAUX

Idée directrice

Il est difficile d'élaborer des outils de mesure pertinents pour le management.

Éléments de réponse

Les critiques sur la DPPO et la MBO ne portent pas sur leurs objectifs et leurs principes qui sont reconnus et acceptés mais sur la qualité et la fiabilité des mesures de ces outils :
- les objectifs sont difficiles à fixer et à négocier entre les acteurs et la direction ;
- les résultats des acteurs ne peuvent être évalués de manière objective ;
- des antagonismes peuvent apparaître entre les objectifs individuels et les objectifs de groupe, entre les résultats individuels et les résultats du groupe ;
- la compétence n'est pas toujours mesurée et n'entraîne pas nécessairement l'atteinte des objectifs ;
- la motivation et l'implication individuelle recherchées par la DPPO peuvent se traduire par une concurrence entre les acteurs, nuisible à l'esprit d'équipe et donc au résultat global. Cela aboutit à une critique de la rémunération au mérite ;
- les mesures seraient plus faciles à faire dans les domaines commerciaux que dans la production.

③ LES PRINCIPES DE DÉLÉGATION

Idée directrice

La mise en place de délégation au sein d'une organisation doit intégrer avec attention la dimension humaine.

Éléments de réponse

Les conditions de réussite de la délégation et de la participation portent sur des variables différentes :
- la participation n'est pas une fin en soi ; les acteurs doivent participer pour réaliser une action commune, pour résoudre ensemble un problème ;
- l'engagement des acteurs ne se fait que si l'organisation les rend responsables, à tous les échelons de la hiérarchie.

Sony France n'a pas bien su gérer les hommes au début de son activité ; compétition interne, modes de management directif sans communication. Pour améliorer la participation des hommes, il a été nécessaire de :
- tenir compte de la culture nationale et des mentalités du pays (PDG français) ;
- mettre en place une véritable délégation de pouvoir (ne pas donner des responsabilités mais permettre aux acteurs de les prendre eux-mêmes) ;
- simplifier les procédures et les niveaux hiérarchiques ;
- informer et se concerter en permanence.

22. Le surplus de productivité globale

① ENTREPRISE CANOPLUS

L'exercice est une application directe de la démarche du calcul du surplus de productivité.

Démarche
- Etablir le compte de résultat des 2 périodes N et N+1 en indiquant bien les prix et la quantité de chaque charge et chaque produit.
- Etablir le surplus de productivité globale SPG en calculant les variations de quantité valorisées aux prix de l'année N.
- Déterminer la répartition du surplus en calculant les variations de prix pondérés par les quantités de l'année N+1
- Construire le compte de surplus pour mettre en évidence les partenaires ayant bénéficié de surplus (emplois faits par l'entreprise) et les apporteurs de ce surplus.

1) Comptes de résultat et de surplus de productivité

a. Établissement des comptes de résultat

Charges	N	N + 1	Produits	N	N + 1
• Consommation tôle (1 300 x 1 350) x 4,25F (1 300 x 1 500) x 4,20F	7 458 750	8 190 000	– Chiffre d'affaires 1 350 x 13 000F 1 500 x 13 500F	17 550 000	20 250 000
• Autres MP 820F x 1 350 830F x 1 500	1 107 000	1 245 000			
• Frais de personnel FV : (47 x 1 350) x 52 (46 x 1 500) x 56	3 299 400	3 864 000			
FF : 92 000 x 12 100 000 x 12	1 104 000	1 200 000			
• Charges sociales (FV + FF) 0,4	1 761 360	2 025 600			
• Frais fixes x 12	2 220 000	2 280 000			
• Frais financiers	39 000	-			
RÉSULTAT	560 490	1 445 400			
	17 550 000	20 250 000		17 550 000	20 250 000

FV : Frais variables   FF : Frais fixes

Le surplus de productivité globale

La différence de résultat est donc : 1 445 400 − 560 490 = 884 910 (ou 945 910 si on calcule le résultat avant frais financiers)

b. Calcul du surplus de productivité globale SGP

Le compte de résultat différentiel N+1 exprime les variations de quantités valorisées au prix de l'année N.

	Charges				Produits		
	Variation du volume des facteurs de production				Variation du volume de production		
	$\Delta Q.$	P_N	Total		$\Delta Q.$	P_N	Total
Tôle	+ 195 000	4,25	828 750	CA	150	13 000	1 950 000
MP	+ 150	820	123 000				
Frais de personnel							
Δ de X	+ 6 900 (1)	① 52	358 800 } 288 600				
Rendement	− 1 350 (2)	② 52	− 70 200				
Charges sociales	288 600	0,40	115 440				
		SPG	594 210				
			1 950 000				1 950 000

① (1 500 − 1 350) 46 = 6 900 } Il est possible aussi de le calculer globalement :
② (46 − 47) 1 350 = − 1350 } (46 × 1 500) − (47 × 1 350) = 5 550
5 550 × 52 = 288 600

Remarque : Seules les charges directes constituant les coûts variables des facteurs de production sont pris en considération ici.

2) Analyse

a. Répartition du surplus

Le compte de résultat différentiel n+1 exprime les variations de prix

	Charges				Produits		
	Variation du prix des facteurs de production				Variation du prix de vente de production		
	$\Delta P.$	Q_{N+1}	Total		$\Delta P.$	Q_{N+1}	Total
Tôle	− 0,05	1 950 000	− 97 500	Ventes	500	1 500	750 000
MP	+ 10	1 500	+ 15 000				
Frais de personnel							
Variable	+ 4	69 000	+ 276 000 }				
Fixe	+ 8 000	12	+ 96 000 } 520 800				
Charges sociales	(372 000 × 0,4)		+ 148 800 }				
Frais fixes	+ 5 000	12	+ 60 000				
Frais financiers			− 39 000				
Résultat (Δ)			+ 884 910				
Total charges			1 344 210	Total produit =			750 000
				Δ − SPG			594 210

Le SGP est égal à 594 210 et correspond donc à la différence positive entre le volume des produits et le volume des facteurs.

Le surplus de 594 210 combine la somme des avantages pour l'entreprise et les partenaires ainsi que des désavantages subis par l'entreprise et les partenaires.
Il faut maintenant déterminer quels sont les apporteurs et quels sont les bénéficiaires du surplus.
Le surplus SPG plus les avantages apportés (cédés) par les partenaires constituent le surplus de productivité totale SPT qui est réparti entre différents bénéficiaires. Il faut donc déterminer le compte de surplus.

b. Compte de surplus

- Les variations négatives du prix des facteurs de production sont des ressources pour l'entreprise. Les partenaires fournissant ces facteurs sont donc des apporteurs d'avantages.
- Les variations positives des prix des facteurs de production sont des charges supplémentaires pour l'entreprise. Les partenaires qui ont reçu ces sommes supplémentaires sont donc des bénéficiaires du partage des surplus.
- Les variations positives du prix de vente des produits (donc les clients qui ont payé plus cher) sont bien sûr aussi des apporteurs d'avantages.

A partir de la répartition du surplus, il est alors possible de dresser le compte de surplus.

Ressources de l'entreprise		Emplois faits pas l'entreprise	
SPG	594 210	Four. de MP	15 000
Apports provenant de :		Personnel	520 800
– pour. tôles	97 500	Four.. FF	60 000
– établissement	39 000	Etat (1)	294 970
– clients	750 000	Actionnaires	589 940
SPT.	1 480 710	(1) taux de 33 1/3 %	1 480 710

} 884 910 résultat

c. Conclusion

- L'analyse est plus riche lorsque le calcul du surplus et son évolution peut être fait sur plusieurs années.
- Ici on constate que ce sont les clients qui apportent la plus grosse part du SPT (750 000 / 1 480 710 = 51 %) et que c'est le personnel qui bénéficie du SPT (520 800 / 1 480 710 = 35 %) ainsi que les actionnaires (584 040 / 1 480 710 = 40 %).
- Les négociations avec les fournisseurs peuvent ainsi être orientées ainsi que la stratégie commerciale et la politique de distribution des dividendes.

② ÉTABLISSEMENT SICOPLA

1) Définition, rôle, intérêt du surplus de productivité

Se rapporter au chapitre 24 du manuel qui développe complètement l'analyse.

Le surplus de productivité globale

2) Calcul du surplus de productivité globale et de la répartition du surplus pour l'année N

a. Démarche

A partir des comptes de résultat des 2 périodes, il faut décomposer les charges et les produits en quantité et en prise. Il est alors possible de calculer le surplus de productivité globale par la variation de quantité des facteurs de production valorisée au prix en N – 1. Puis il est possible de déterminer sur la même période la variation des prix des facteurs de production appliquée aux quantités de l'année N. Ainsi le compte de surplus peut être élaboré pour distinguer les avantages reçus par différents partenaires et les avantages donnés par l'entreprise à d'autres partenaires.

b. Calculs

Calcul du SPG (surplus de productivité globale) pour N

	Variation des quantités			Prix n – 1	Montant
Produits d'exploitation					
• Continu	216 – 215 (milliers)	=	1	129	+ 129
• A plat	31 – 30 (milliers)	=	1	738,30	+ 738
• Production stockée	(– 7 600) – (+ 2 360) unités	=	– 9 960	102,12	– 1 017
					– 150
Facteurs de production					
• Consommation matière	1 940 – 2 470	=	– 530	7,10	– 3 763
• Crédit-bail	16 070 – 14 063	=	+ 2 007	29 %	+ 582
• Service liés	5 815 x 1,4246 x 0,001	=	+ 8,28	99,20 %	+ 8
• Impôts & taxes	5 458 – 4 924	=	+ 534	19,7 %	+ 105
• Charges de personnel					
– continu	49 000 – 47 500	=	+ 1 500	65,14	+ 98
– à plat	89 500 – 80 000	=	+ 9 500	40,95	+ 389
– administratif	46 000 – 44 000	=	+ 2 000	122,91	+ 246
• Charges sociales	12 216 – 11 778 ①	=	+ 438	42 %	+ 184
• Amortissements	23 866 – 17 982	=	+ 5 884	11,1 %	+ 653
• Charges financières	10 244 – 6 571	=	+ 3 673	10,5 %	+ 386
• Impôts/bénéfices	259 – 0		259	42 %	+ 109
				–	1 003
Surplus de productivité globale	(–150) – (–1 003)		=		853

① Base = Salaires des années concernées.

Calcul du SPT (Surplus de Productivité Totale)

	Variation des prix			Quantité N	Montant
Volume de production					
• continu	132,50 – 129	=	+ 3,5	216	756
• à plat	775 – 738,30	=	+ 36,7	31	1 138
• production stockée	– (106,05 – 102,12)	=	– 3,93	7,6	– 30
					1 864

	Variation des prix			Quantité N	Montant
Facteurs de production					
• Matières consommées	8,70 – 7,10	=	1,60	1 940	+ 3 104
• Crédit bail	26 % – 29 %	=	– 3 %	16 070	– 482
• Services extérieurs	1,0366 – 0,9920	=	0,0446		+ 301
• Charges de personnel					
– continu	45,41 – 65,14	=	– 19,73	49 000	– 967
– à plat	45,12 – 40,95	=	4,17	89 500	+ 373
– administratif	129,41 – 122,91	=	6,5	46 000	+ 299
• Charges sociales	43 % – 42 %	=	1 %	12 216	+ 122
• Amortissements	11,2 % – 11,1 %	=	0,01 %	23 866	+ 24
• Charges financières	9 % – 10,5 %	=	– 1,5 %	10 244	– 154
• Impôts/bénéfices	39 % – 42 %	=	– 3 %	259	– 8
• Impôts & taxes	19,2 % – 19,7 %	=	– 0,5 %	5 458	– 27
• Résultat					2 717
Surplus de productivité globale			– (1 864 – 2 717)	=	853

Compte de surplus

Avantages reçus		Avantages donnés	
S. P. Globale	**853**	• Fournisseurs de matières	3 104
Clients produits " continus "	756	• Fournisseurs de S. Extérieurs	301
Clients produits " à plat "	1 138	• Personnel " à plat "	373
Fournisseur crédit bail	482	• Personnel administratif	299
Personnel " continu "	967	• Organismes sociaux	122
Etat (27 + 8)	35	• Prélèvement de l'entreprise (amortissements)	24
Organisme financiers	154	• Production stockée	30
		• Actionnaires	132
Surplus total	4 385		4 385

3) Analyse et comparaison des surplus de N – 1 et N

a. Surplus N – 1

On constate un surplus négatif de 6 670 000 F qui s'explique par :
– une diminution du volume de la production "continu",
– une consommation en augmentation de nombreux facteurs de production : matières, crédit-bail, services extérieurs, personnel surtout dans le secteur "à plat".

L'entreprise bénéficie d'héritages de la part de ses clients (augmentation des prix de vente) et de certains de ses fournisseurs (matières et services extérieurs) . De même l'embauche de nouveaux personnels s'effectue à des prix inférieurs à ceux pratiqués par l'entreprise.

b. Surplus N

L'entreprise dégage un surplus positif de 853 MFS et maintien sa pression sur ses clients (prix de vente en hausse). Elle reçoit des avantages de ses fournisseurs de crédit-bail et impose au personnel " continu " des conditions de rémunération en baisse.

Le surplus de productivité globale

Le surplus est globalement accaparé par les fournisseurs de matières (70 % du SPT) et dans une moindre part par le personnel " à plat " et administratif (15 % du STP).

Pour comprendre la politique mise en place par l'entreprise dans les négociations avec ses partenaires, il faut suivre l'évolution poste par poste des deux comptes de surplus.

Par exemple :
– les fournisseurs de crédit-bail passent de bénéficiaires à apporteurs de surplus,
– les fournisseurs de matières passent d'apporteurs à bénéficiaires,
– le personnel " à plat " passent d'apporteurs – clients, personnel " continu ", etc.
– à bénéficiaires.

Il peut aussi être intéressant de compléter l'analyse par l'étude de l'évolution des comptes de résultats.

Quelques éléments sont proposées ci-après.

c. Commentaires sur les comptes de résultat

- *Calculs préliminaires*

	N – 2	N – 1	N
Variation de la valeur ajoutée	-	+ 3,62 %	+ 9,68 %
VA/CA HT	43,44 %	40,68 %	42,28 %
EBE/CA HT	8,93 %	5,21 %	7,10 %
RE/CA HT	3,56 %	1,20 %	2,02 %
RCA/CA HT	1,87 %	– 0,18 %	0,27 %

- *Constatations*

Augmentation continue et non négligeable de la valeur ajoutée sur les 3 ans.
Baisse généralisée des ratios en N – 1 et un redressement sur l'année N sans retrouver le niveau de N – 2.

- *Analyse*

Analyse de la baisse des ratios en N – 1
Augmentation très importante des loyers de crédit-bail (x 2,5).
Augmentation des services liés à l'activité (+ 40 %).
⇒ baisse des ratios VA/CA HT.

Analyse du redressement amorcé en N
Stabilisation des consommations intermédiaires malgré une augmentation de la production vendue (+ 5,5 %).
Maintien de recrutement dans le secteur " à plat " et " administratif " mais compensé pour partie par des débauchages dans le secteur " continu ".
⇒ Redressement du ratio EBE/CA HT.
MAIS
Forte augmentation des amortissements (+ 34 %) ainsi que des charges financières (+ 34 %).
⇒ Faiblesse du ratio RCAI/CA HT et du résultat net.

• *Diagnostic*

Cette entreprise mène une politique de croissance :
- augmentation des effectifs,
- forts investissements,

et de restructuration : désengagement du secteur " continu " et développement du secteur " à plat ".

Mais des difficultés à maîtriser les consommations intermédiaires et les charges de personnel expliquent la faible rentabilité.

Cependant, cette entreprise semble au début de son cycle de restructuration et les investissements pratiqués n'ont pas encore permis un retour sur investissements…

23 La gestion de la qualité totale

① **ALARM**

1) Risques des centres A et B, signification et analyse des résultats

a. Calcul du risque du fournisseur α (centre A)

	Plan 1	Plan 2	Signification
Paramètres de la loi binomiale	NQA = 97 % n = 120 p = 0,03	NQA = 95 % n = 180 p = 0,05	Risque de se voir refuser un lot de 3 000 pièces qui présente un niveau de qualité réel supérieur au NQA parce que l'échantillon aura présenté un nombre de défaut supérieur à celui énoncé dans la règle de décision.
Paramètres de la loi de Poisson	m = np m = 3,6	m = np m = 9	
Probabilité recherchée	$P_{t=0,97}(D>7)$ $= 1 - P(D \leq 7)$ $= 1 - 0,969$ $= 3,1\%$	$P_{t=0,95}(D>8)$ $= 1 - P(D \leq 8)$ $= 1 - 0,456$ $= 54,4\%$	

Le risque du fournisseur augmente énormément car il résulte de deux éléments contradictoires :
– une augmentation importante de la taille de l'échantillon (+ 50 %) ;
– un maintien ou presque du nombre de défauts retenus dans la règle de décision.

Pour maintenir le niveau du risque autour de 3 %, il faudrait dans le plan 2, retenir une valeur de 15 défauts dans la règle de décision.

b. Calcul du risque du client β (centre B)

	Plan 1	Plan 2	Signification
Paramètres de la loi binomiale	NQT = 90 % n = 120 p = 0,10	NQT = 93 % n = 180 p = 0,07	Risque d'accepter un lot dont le niveau réel de qualité est inférieur à NQT mais dont l'échantillon présente un nombre de défaut inférieur ou égal à celui de la règle de décision.
Paramètres de la loi de Poisson	m = np m = 12	m = np m = 12,6	
Probabilité recherchée	$P_{t=0,90}(D \leq 7)$ $= 9\%$	$P_{t=0,93}(D \leq 8)$ $= 12\%$	

Ici les paramètres restent sensiblement identiques car ils jouent dans le même sens : l'augmentation de la taille de l'échantillon est compensée par la diminution du nombre tolérable de défauts ce qui assure des paramètres de la loi de poisson proches.

2) Position du centre B

- Si recherche du minimum de risque alors choix du plan 1.
- Pour obtenir un risque $\beta = 0{,}3\,\%$, il s'agit de rechercher la valeur D_0 représentant le nombre de défauts de la règle de décision.

$$\text{Prob}_{t=0{,}93}\,(D \leq D_0) \approx 0{,}03$$

Par recherche dans la table, et compte tenu des paramètres $m = 12{,}6$, il vient : $D_0 = 6$.

Remarque : Avec ces données, le risque du fournisseur s'écrit

$$\alpha = \text{Prob}_{t=0{,}95}\,(D > 6) = 1 - \text{Prob}\,(D \leq 6) = 79{,}3\,\%$$

Minimiser le risque de l'un, conduit à augmenter le risque de l'autre.

3) Position d'arbitrage et taille de l'échantillon

Position du Fournisseur	Position du client
NQA = 0,97 m = n × 0,03 $\alpha = 1 - P_{t=0{,}97}\,(D \leq 7) = 0{,}08$	NQT = 0,92 m = n × 0,08 $\beta = \text{Prob}_{t=0{,}92}\,(D \leq 7) = 0{,}08$
Par lecture dans la table, il vient $\text{Prob}_{t=0{,}97}\,(D \leq 7) = 0{,}92$ pour m ≈ 4,4 donc $n = \dfrac{4{,}4}{0{,}03} = 146{,}6$	$\text{Prob}_{t=0{,}92}\,(D \leq 7) = 0{,}08$ pour m ≈ 12,2 donc $n = \dfrac{12{,}2}{0{,}08} = 152{,}5$
Le choix de la taille de l'échantillon portera sur un effectif de 150 unités ce qui assurera un risque partagé.	

② NON-QUALITÉ

Analyse de la situation de l'entreprise

Processus productif	1	2	3	→ P
Coût de production ajouté à chaque phase	20 F	50 F	80 F	
Coût de production cumulé en fin de phase	20 F	70 F	150 F	
Taux de défaut (1)	4 %	4 %	2 %	

(1) Exprimé en % des produits entrés en fabrication à chaque phase.

Nous nous plaçons dans l'hypothèse où, en fin de processus, les produits sont soit conformes, soit porteurs d'un défaut.
Il est possible de dire que :
- sur un lot de 1 000 produits entrés en fabrication, le nombre de produits conformes en fin de la troisième phase peut s'écrire :

    1 000 × 0,96 × 0,96 × 0,98 = 903,168 produits, arrondis à 903 unités,
- le taux global de défaut est égal à :

$$1 - 0{,}9032,\ \text{soit}\ 9{,}68\,\%.$$

La gestion de la qualité totale

1) Coût de non-qualité en cas d'absence de contrôle

Dans le cas d'absence de contrôle, on ignore quels sont les produits porteurs de défauts et les 1 000 produits fabriqués sont proposés à la vente.

Le coût de non-qualité est composé de deux éléments :

- le coût de malfaçon des produits défectueux, soit 97 produits (1 000 − 903 pdts conformes). Ce coût s'évalue à :
  97 x 150 F = 14 550 F

- le coût du préjudice commercial composé de :
- le coût de fabrication des produits de remplacement, compte tenu du même pourcentage de défaut ; soit, pour remplacer 97 produits défectueux, il faut mettre en fabrication :

$$97 \text{ pdts} \times \frac{1}{0{,}9032} = 97 \text{ pdts} \times 1{,}1072 \approx 107 \text{ produits}$$

  et donc un coût de : 107 pdts x 150 F = 16 050 F
- la marge perdue sur ces produits puisqu'ils sont remplacés gratuitement :
  (200 F − 150 F) x 107 pdts = 5 350 F

Le coût de non-qualité en l'absence de contrôle est donc égal à :
  14 550 F + 16 050 F + 5 350 F = ⎡ 35 950 F ⎤

En comptabilité générale, le compte de résultat s'écrit :
Ventes :	200 F x 1 000 pdts	= 200 000 F
Coût de production :	150 F x 1 107 pdts	= 166 050 F
		33 950 F

2) Coût d'obtention de la qualité en cas de contrôle

Le contrôle a posteriori permet d'éliminer les produits défectueux mais il ne modifie pas les fréquences d'apparition des défauts à chaque phase ; pour pouvoir proposer à la vente 1 000 produits conformes, il faut mettre en fabrication :

$$1\,000 \text{ pdts conformes} \times \frac{1}{0{,}9032} = 1\,107 \text{ produits}$$

Le coût de gestion de la qualité est composé de deux éléments :
- le coût de contrôle des produits conformes, à savoir :
  1 000 pdts x (2 F + 3 F + 2 F) = 7 000 F
- les coûts de fabrication et de contrôle des pièces rebutées : ce coût diffère selon la phase à laquelle a été découvert le défaut :

	Phase 1	Phase 2	Phase 3	Total
Nombre de produits entrant en fabrication	1 107	1 107 − 44 = 1 063	1 063 − 43 = 1 020	1 000 pdts conformes
Nombre de produits défectueux	1 107 × 0,04 = 44,28 arrondi à 44 pdts	1 063 × 0,04 = 42,53 arrondi à 43 pdts	1 020 × 0,02 = 20,4 arrondi à 20 pdts	107 pdts défectueux
Coût de fabrication des produits défectueux	44 pdts × 20 F = 880 F	43 pdts × (20 F + 50 F) = 3 010 F	20 pdts × 150 F = 3 000 F	6 890 F
Coût de contrôle des produits défectueux	44 pdts × 2 F = 88 F	43 pdts × (2 F + 3 F) = 215 F	20 pdts × 7 F = 140 F	443 F

Les coûts de fabrication et de contrôle s'élèvent à : 6 890 F + 443 F = 7 333 F

Donc au total le coût de gestion de la qualité s'établit à :

7 000 F + 7 333 F = $\boxed{14\ 333\ F}$

En comptabilité générale, le compte de résultat s'écrit :
   Ventes :   200 F × 1 000 pdts = 200 000 F
Pièces conformes
   Coût de fabrication :   150 F × 1 000 pdts = 150 000 F
   Coût du contrôle :   7 F × 1 000 pdts =   7 000 F
Pièces rebutées
   Coût de fabrication pour 107 pdts :   6 890 F
   Coût du contrôle pour 107 pdts :   443 F
                                                                   35 667 F

Soit un gain de 35 667 F − 33 950 F = 1 717 F sur la situation sans contrôle.

3) Gain attendu de la mise en place de la gestion de la qualité

Ce gain a été chiffré juste au-dessus à 1 717 F. Il s'analyse en :
− une économie sur la fabrication des pièces présentant un défaut : celles-ci, en cas de contrôle, sont éliminées du processus productif. Cette économie se monte à :
(107 pdts × 150 F) − 6 890 F   = 16 050 F − 6 890 F
                                     = 9 160 F
− l'apparition d'un coût de contrôle qui se chiffre à : 7 000 F + 443 F, soit au total à 7 443 F ;
d'où un gain net de 1 717 F.

Ce gain est, ici, peu élevé : il représente 5 % du résultat obtenu sans contrôle de la production. En effet, le contrôle a posteriori ne modifie pas la fréquence d'apparition des défauts ; seul un contrôle en cours de phase permettrait d'éliminer ces derniers. Par contre, il améliore l'image de marque de l'entreprise puisque les défauts ne sont plus perceptibles par le client qui n'a pas à supporter le remplacement des produits défectueux.

La gestion de la qualité totale

③ QUALITÉ MICRO

Première partie : Maîtriser le coût du service

1) Mesures extrêmes de tolérance

Soit X, mesure des résistances exprimée en ohms.
On sait que $X \to N(1\,000\,;\,75)$
On cherche les mesures extrêmes M_{min} et M_{max} de sorte que 95 % des observations soient situés entre ces limites.

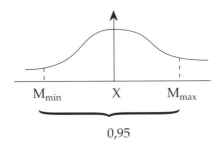

$$\text{Prob}\{M_{min} < X < M_{max}\} = 0{,}95$$

ce qui est équivalent à :

$$\text{Prob}\{-t < T < t\} = 0{,}95$$

On obtient, par lecture dans la table : $t = 1{,}96$. Donc :

$$M_{min} = 1\,000 - 1{,}96 \times 75 = 853$$

$$M_{max} = 1\,000 + 1{,}96 \times 75 = 1\,147$$

2) Proportion de résistances livrées non conformes

Soit R, le nombre de résistances respectant les normes précédentes, on cherche la Prob $\{853 < R < 1\,147\}$ et comme $R \to N(981\,;\,100)$ on obtient en centrant et réduisant cette probabilité :

$$\text{Prob}\left\{\frac{853-981}{100} < R < \frac{1\,147-981}{100}\right\} = \pi(1{,}66) - \pi(1{,}28)$$

$$= \pi(1{,}66) - [1 - \pi(1{,}28)]$$

$$= \pi(1{,}66) + \pi(1{,}28) - 1$$

$$= 0{,}8512$$

La probabilité de pièces ne respectant pas la norme est donc de :

$$1 - 0{,}8512 = 0{,}1488 \text{ soit} \approx 15\,\%.$$

Ce taux de défectueusité est 3 fois égal à celui qui est acceptable. Si ces taux perdurent dans les contrôles suivants, il sera nécessaire d'intervenir auprès des fournisseurs afin d'améliorer la qualité des livraisons.

Deuxième partie : Augmenter la diversité des prestations offertes

1) Vente de formations sur logiciel

Prix d'acceptabilité

Prix proposé pour une formation d'une journée	Prix jugé insuffisant pour un niveau acceptable	Prix jugé excessif	Pourcentage de clients potentiels satisfaits
4 000	100 %	0 %	100 % − 100 % − 0 % = 0%
5 000	68 %	0 %	100 % − 68 % − 0 % = 32 %
6 000	42 %	0 %	58 %
7 000	25 %	4 %	71 %
8 000	10 %	8 %	**82 %**
9 000	4 %	47 %	49 %
10 000	0 %	75 %	25 %
11 000	0 %	100 %	0 %

2) Marge supplémentaire

8 000 F/jour x 40 journées x 6 participants x 25 % = 480 000 kF.

Troisième partie : Suivi de la qualité des interventions des SAV

1) Missions du SAV

La qualité d'une unité de «service après-vente» peut s'analyser comme la capacité de ce centre à satisfaire les besoins de l'utilisateur en produisant des interventions performantes en termes de :
– dépannage,
– prix/coût,
– délai/durée,
– disponibilité.

Ces quatre aspects doivent être mis en évidence par rapport à chaque grande mission du SAV.

Ici le SAV a des missions variées dans le fond et dans la forme :

- Aspect réparation-dépannage :
  – au titre de la garantie,
  – hors garantie.

- Aspect entretien (préventif) :
  – sur site,
  – en atelier.

La gestion de la qualité totale

- Assistance générale :
  - service hot line,
  - formation sur matériel, sur logiciels.

Les points clés à évaluer ont été énumérés plus haut. Les paramètres à choisir peuvent être :
- quantitatifs monétaires : coût par exemple d'une prestation,
- quantitatifs physiques : durée de l'intervention,
- mais aussi qualitatifs : taux de satisfaction, etc.

2) Proposition de tableau de bord

TABLEAU DE BORD QUALITÉ				
Date :				
Responsable :			Périodicité :	
	Réalisations	Prévisions	Écart	Normes/secteur

RÉPARATIONS-DÉPANNAGES
Contrat de garantie
• Nombre de réclamations
• Durée de l'intervention
• Lieu d'intervention
  – sur site
  – en atelier
• Coût moyen de l'intervention
dont pièces
    MOD
Hors contrat
• Nombre d'interventions
• Durée moyenne				

• Taux de facturation Taux de réclamations/interventions				
ENTRETIEN PRÉVENTIF • Nombre de contrats • Nombre d'interventions • Délai d'interventions • Durée d'interventions • Facturation (kF) • Coût mensuel (kF)				

ASSISTANCE GÉNÉRALE
• Coût
  – Hot line 24H/24
  – Formation matériel
  – Formation logiciel
• Tarif de prestations horaires				

Taux de satisfaction clientèle				

④ UNE CLÉ POUR L'AVENIR : L'ANALYSE DE LA VALEUR

Idée directrice

L'analyse de la valeur peut apporter des améliorations et des avantages à l'entreprise sous certaines conditions d'élaboration et de mise en place.

Termes à définir

Analyse de la valeur : méthode d'analyse d'un produit pour l'améliorer en augmentant son utilité (par rapport aux clients) tout en diminuant son coût.

Éléments de réponse

1) Les conditions de réussite d'une analyse de la valeur

- Désir et motivations des participants.
- Groupe de travail pas trop important : une dizaine de personnes.
- Compétence et dynamisme de l'animateur indispensable.
- Importance de la communication au sein du groupe.

2) Les entreprises françaises et l'analyse de la valeur

Cet outil de gestion se développe largement dans les grandes entreprises privées ou publiques mais beaucoup moins dans les PME. C'est pourquoi des efforts sont développés par le ministère de l'Industrie vers les PME pour les inciter et les aider dans cette démarche.

Les entreprises françaises communiquent peu leurs impressions et leurs résultats après l'utilisation de cette méthode ; pourtant les ingénieurs et les techniciens français sont sensibilisés à cette méthode qui est enseignée dans les établissements de formation.

De plus, les entreprises françaises, conscientes de l'utilité de l'analyse de la valeur, ont œuvré pour son développement au sein de la communauté européenne.

3) Les apports de l'analyse de la valeur

L'utilité première concerne l'amélioration des fonctions et des coûts des produits analysés, pour mieux répondre aux attentes des clients et minimiser les ressources affectées.

Mais des avantages peuvent être obtenus aussi avec l'étude des produits pour l'exportation en intégrant les spécificités de la demande ainsi que les conditions fiscales et techniques du pays.

24 Les tableaux de bord

① ENTREPRISE DELYSE

1) Tableau de bord du centre " Fermentation et contrôle biologique "

Éléments		Réalisations (coût réel constaté)			Objectifs (coût imputé à la production réelle)			Écarts	
		Quantités	Coût unitaire	Montant	Quantités	UCI	Montant	+ Défavo-rable	– Favo-rable
Produits et services entrants									
Mélasse	V	2 698	4	10 792	2 687	4	10 748	44	
Fournitures de laboratoire	V	2 696,4	0,25	674,10	2 687	0,28	752,36		78,26
Services extérieurs indirects	V }	2 692,3	0,156	420	2 687 }	0,05 }	134,35 }	151,3	
	F }				2 687 }	0,05 }	134,35 }		
Charges de personnel	V	2 933,33	0,075	220	2 687	0,075	201,53	18,47	
Prestation des centres auxiliaires									
Gestion des personnels	V	2 500	0,02	50	2 687	0,02	53,74		3,74
Gestion des bâtiments	V	2 540	0,1	254	2 687	0,1	268,70		14,7
Gestion des matériels		Forfait		270	Forfait		270		
Prestation connexes	V	2 700	0,05	135	2 687	0,05	134,35	0,65	
Total				12 815,10			12 697,38	214,42	96,70
Produits sortants									
Moût		2 418,3			2 418,3				
Résultat industriel								117,72	

2) Calcul des écarts

(*Cf.* tableau ci-dessus.)

3) Analyse des écarts significatifs

Seuil d'analyse = 10 % du coût préétabli.
Sont donc à analyser l'écart sur fournitures de laboratoire et celui services extérieurs indirects.

a. Fournitures de laboratoire

E/coût :	(0,25 – 0,28) 2 696,4 =	– 80,892 FAV
E/Quantité :	(2 696,4 – 2 687) 0,28 =	+ 2,632 DEF
		78,260 FAV

b. Services extérieurs indirects

$A_N = 23\,000$ Coût standard = 0,1   Coût variable standard : 0,05

Frais réels	420	
BF (AR)		E/Coût variable = 135,385 DEF
(0,05 × 2 692,3) + 150	284,615	
BS (AR)		E/Coût fixes = 15,385 DEF
0,1 × 2 692,3	269,23	
BS (AP)		E/Rendement travail = 0,53 DEF
0,1 × 2 687	268,70	151,30 DEF

4) Prise en compte d'un montant forfaitaire des charges "Gestion de matériel"

L'affectation d'un forfait à un centre de coût signifie que ce dernier est *a priori* jugé non responsable des quantités de services consommés ni de leur coût.

Dans ce cas précis, cela peut s'expliquer par l'existence d'un entretien préventif selon des normes constructeur par exemple sur les matériels mis à disposition du centre de production. Ainsi les interventions de l'unité " Gestion des matériels " est indépendante du niveau d'activité du centre consommateur. Dans ce contexte un éventuel écart de consommation est *a priori* de la responsabilité du service «entretien» sauf utilisation des matériels par le centre consommateur selon des procédures non conformes qui entraineraient des pannes non prévues.

L'analyse des causes de l'écart peut se révéler complexe et source potentielle de conflit.

5) Expliquer l'intérêt des Unités de Comptes Industriels (UCI)

Les UCI tiennent lieu de coût standard d'unité d'œuvre des centres fournisseurs de prestations. Ce mode de valorisation permet de mettre en avant la localisation des responsabilités :
– au centre consommateur, la responsabilité des écarts de quantités puisqu'il doit maîtriser ses consommations ;
– au centre fournisseur, la responsabilité des écarts de coûts puisque sa mission est de fournir certaines prestations à un prix donné.

L'utilisation des UCI évite le transfert vers le centre consommateur de l'inefficacité ou de l'efficacité du centre émetteur de la prestation.

② GARAGE DU LAURAGAIS

Rappel sur le tableau de bord

Outil d'information qui met en relation les performances obtenues et les objectifs pour la même période. Il attire l'attention sur les écarts à analyser.

• *Caractéristiques générales*

Concordance parfaite avec le découpage des responsabilités.
Contenu synthétique et synoptique qui concilie deux soucis :

Les tableaux de bord

- donner à chaque responsable des indicateurs pertinents par rapport à son champ d'action et aux objectifs qu'il a contracté avec le niveau supérieur,
- agréger des indicateurs de plus en plus synthétiques,

Édition très rapide (10 jours après la fin de période de référence).
Rôle d'incitation à la communication et à la décision…
Analyser les écarts importants. Expliquer les causes d'écarts. Décider des actions correctives. Mettre en œuvre les décisions et obtenir l'adhésion des équipes.

- *Contenu d'un tableau de bord*

On distingue quatre zones :
a) zone d'*analyse économique* ; ex : liste des centres de responsabilité supervisés par le destinataire du tableau de bord ; ensemble des paramètres retenus par le responsable et qui doivent présenter un poids économique significatif par rapport au total des activités ;
b) zone de *résultats réels* ; en général, ceux de la période et le cumul depuis le début de l'année.
c) zone des *objectifs* ; idem *b* ;
d) zone des *écarts*. Les zones *b* ; *c* ; *d* peuvent être exprimées sous forme de graphiques.

1) Objectifs et missions du centre " Travaux de réparation mécanique "

Compte tenu des missions de ce centre (cf le texte) qui sont :
- assurer la réparation des véhicules de la clientèle ;
- assurer la remise en état des véhicules d'occasion acquis ou " repris " par l'entreprise ;
- assurer la préparation et la vérification des véhicules neufs ;

la conception du tableau de bord suivra la démarche ci–après :

Définir les objectifs du centre de responsabilité	– assurer la **satisfaction** de la clientèle par la **qualité** des prestations fournies ; – **développer le chiffre d'affaires** des pièces détachées et accessoires
↓	↓
Retenir les points clés qui peuvent traduire les objectifs	FACTEURS–CLÉS DE SUCCÈS : – compétence du personnel ; – respect des délais prévus ; – respect des devis établis.
↓	↓
Définir le ou les paramètres capables d'exprimer les points clés	PARAMÈTRES – activité de l'atelier ; – productivité ; – qualité du travail ; – pièces détachées.
↓	
S'accorder sur les indicateurs de gestion qui traduiront les paramètres.	

2) Indicateurs du tableau de bord

- Activité de l'atelier : $\dfrac{\text{Heures productives}}{\text{Heures d'emploi}}$

- Productivité : $\dfrac{\text{Heures facturées}}{\text{Heures productives effectives}}$

- Qualité du travail :

  – prestations courantes = $\dfrac{\text{Nombre de retours}}{\text{Nombre de véhicules réparés}}$

  – activité vente VO = $\dfrac{\text{Nombre de retours VO sous garantie}}{\text{Nombre de véhicules d'occasion vendus}}$

- Pièces détachées : $\dfrac{\text{Montant des PD facturées}}{\text{Montant des heures facturées}}$

Ces ratios peuvent être calculés de façon hebdomadaire, en comparaison avec des normes établies si elles existent, ou avec des valeurs réelles obtenues aux périodes précédentes.

3) Système de mesure des performances " Véhicules d'occasion "

Remarque

Quelle que soit sa nature, le centre "véhicules d'occasion" n'a pas la maîtrise du volume d'affaires qui dépend essentiellement des " reprises ", ni la maîtrise de la marge brute qui dépend du prix de reprise négocié par le centre "Véhicules neufs " .

a. Objectifs du centre

Revendre les véhicules acquis ou repris dans un délai raisonnable au meilleur prix.

b. Indicateurs de performance possibles

- Nombre de véhicules vendus/période.
- Marge brute moyenne par véhicule.
- % des véhicules vendus par rapport à l'ensemble des véhicules à vendre.
- Durée de stockage par véhicule.

c. Moyens à la disposition du centre

On peut juger de leur utilisation par les éléments suivants :
– coût de remise en état des véhicules,
– marge sur coûts directs,
– nombre de véhicules vendus/effectifs du centre.

A noter que le centre ne maîtrise pas :
– l'état d'origine des véhicules repris,
– la qualité de la remise en état effectuée.

25 Le pilotage permanent de l'organisation :
management par activités et méthodes des coûts cibles

① LA COMPTABILITÉ PAR ACTIVITÉ/LA DOUBLE QUESTION DE SENS

Idée directrice

La comptabilité par activité est fondée sur une conception différente, plus contemporaine et plus riche, de l'organisation.

Éléments de réponse

1) L'intérêt de l'approche par les processus d'activité

Si l'on veut répondre au système d'objectifs/satisfaction du client/qualité/coût/productivité/ il faut intégrer toutes les variables quantitatives et qualitatives depuis l'amont – la conception – jusqu'à l'aval – la distribution.

Il devient nécessaire de contrôler les coûts sur toutes les étapes et comme la chaîne de valeur montre les interdépendances, il ne faut plus raisonner verticalement en séparant les fonctions et les activités mais au contraire en ayant une vision transversale horizontale des étapes ; c'est l'approche par les processus.

À partir de la compréhension d'un processus (suite des étapes nécessaires pour fabriquer un bien), il est possible de simplifier des tâches, de réduire les délais et les coûts, d'améliorer la qualité et la productivité.

Les processus obligent à une restructuration de l'organisation et donc à des modifications d'informations, de communication et de pouvoir.

En résumé l'approche par les processus répond mieux aux contraintes de l'environnement complexe, incertain et contingent actuel mais suppose des évolutions organisationnelles importantes donc une remise en cause des systèmes d'information et en particulier du contrôle de gestion.

2) Relations entre performance et valeur

Si la performance est appréhendée sous son double aspect EFFICACITÉ (atteinte des objectifs de l'entreprise dans son environnement) et EFFICIENCE (meilleure allocation des ressources de l'organisation), la dynamique de l'entreprise est analysée par la gestion des interdépendances entre les variables externes environnementales et les variables internes organisationnelles.

Alors les concepts de VALEUR et de CHAÎNE DE VALEUR s'insèrent bien dans cette logique.

La chaîne de valeur montre que tous les services et toutes les fonctions de l'organisation sont en interdépendance et génèrent ensemble une valeur ; l'efficience résulte donc des qualités et des compétences de toutes les activités à tous les niveaux de l'entreprise.

Mais la valeur dégagée par une entreprise dépend également des valeurs produites par les fournisseurs en amont et incorporées dans le produit ; ainsi, le choix des partenaires, des objectifs de prix, de qualité définis en fonction de l'environnement conditionnent l'efficacité.

Il est possible de visualiser ces relations :

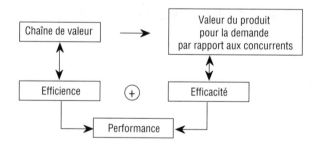

② SOCIÉTÉ ALIX

Partie I

1) Prix de cession s'appuyant sur le coût de revient

a. Calculs préliminaires

- *Calcul du coût minute*

Total des charges indirectes (annexe 4) :
Frais de personnel	4 437 720
Frais de fonctionnement	2 339 220
	6 776 940

Le pilotage permanent de l'organisation

Nombre de minutes de piquage (annexes 2 et 4) :
- 90 000 B_1 x 6,5 mm
- 57 000 B_2 x 11 mm
- 30 000 B_3 x 9,5 mm   l'ensemble représente 1 893 000 minutes
- 22 000 B_4 x 13 mm
- 11 000 B_5 x 10 mm

Coût d'une minute de piquage :
6 776 940 / 1 893 000 = 3,58 F

- *Coût matière par modèle*

Modèle B_1 : (0,002 x 50F) + (0,16 x 80 F) + (2 x 4 F) + (2 x 0,20 F) + (1 x 1,20 F) + (0,8 x 2,50 F) + (1 x 0,50 F) = 25 F

Modèle B_2 : (0,002 x 50 F) + (0,05 x 115 F) + (0,15 x 73 F) + (2 x 4 F) + (2 x 0,20 F) + (2 x 0,05) + (1 x 1,20 F) + (1 x 0,50 F) = 27 F

et ainsi de suite…

b. Tableau de calculs

	B_1	B_2	B_3	B_4	B_5
Matières premières	25,00	27,00	30,00	33,00	31,00
Autres charges (Temps piquage x 3,58 F)	23,27	39,38	34,01	46,54	35,80
Coût de revient	48,27	66,38	64,01	79,54	66,80
Prix de cession (Coût de revient / 0,90)	53,63	79,75	71,12	88,37	74,22
Prix de cession arrondi	53,70	73,80	71,20	88,40	74,30

2) Commentaire

Le problème de gestion soulevé par l'affirmation sur la place du coût de revient dans la fixation des prix de vente est au cœur de la remise en cause du contrôle de gestion actuel.

Fixer un prix de vente en partant des coûts de l'entreprise et en y ajoutant la marge désirée (démarche traditionnelle de fixation de prix), c'est admettre que la demande accepte les prix imposés par l'entreprise : cela suppose des marchés «de pénurie» relative où le consommateur est peu exigeant et la concurrence entre producteurs peu active. Ces caractéristiques ne sont plus celles des marchés actuels où le consommateur volatile, difficile, est face à des offres de produits comparables très diversifiés et où la concurrence est très forte.

Maintenir ce mode de détermination des prix de vente c'est alors risquer de se trouver «hors du marché» et d'entrer ainsi dans la spirale de l'échec : les ventes diminuant, les coûts de revient unitaires augmentent du fait de la répartition des charges fixes sur de plus petites quantités ; le système de calcul des coûts indique alors la nécessité d'augmenter les prix ce qui ne fait qu'aggraver le phénomène…

• *Conséquences sur les méthodes de suivi des coûts*

Le contrôle de gestion actuel doit promouvoir un système de calcul des coûts qui évite ces invonvénients et permet des décisions de gestion pertinentes. Il s'agit donc moins de répartir les charges sur les objets de coûts que de mettre en place un système qui permette de comprendre pourquoi les coûts existent et ce qui les génèrent afin de pouvoir prendre des décisions qui permettront de les supprimer à bon escient. L'analyse par activités en reliant chaque coût à un facteur de causalité, en permettant de relier le coût des activités à la chaîne de valeur, offre un moyen de résoudre le problème.

• *Conséquence sur les méthodes de fixation des prix*

À l'heure actuelle, c'est le marché qui fixe (impose) à l'entreprise le niveau des prix de vente. Compte tenu des objectifs de profitabilité désirés par l'entreprise, la variable d'action devient le coût de revient du produit. C'est à son niveau que l'entreprise doit agir pour le réduire par des décisions d'amélioration de sa performance en termes de valeur et de fonctionnalité du produit. La démarche du coût-cible offre une ouverture pour permettre de réconcilier système de calcul des coûts et choix pertinents de gestion.

Partie II

1) Prix de cession, coût cible et méthode de calcul du coût minute

a et b. Prix de cession et coût cible

À partir du prix de vente TTC, on obtient le prix de cession en appliquant la formule suivante (annexe 5) :

Prix de cession = Prix de vente HT x 0,60 x (1 – taux de marge)

Ainsi le modèle B_1 présente un prix de cession égal à :

Prix de cession B_1 = (131,20/1,206) x 0,60 x (1 – 0,25) = 49 F

Compte tenu des impératifs de rentabilité, le coût cible est égal à :

Prix de cession x 0,90 soit pour le produit B_1 = 49 F x 0,90 = 44,10 F

Le tableau suivant fournit les résultats pour les 5 modèles :

	B_1	B_2	B_3	B_4	B_5
Prix de vente TTC	131,20	187,35	249	365,4	486,20
1) Prix de cession	49	70	62	91	121
2) Coût cible	44,10	63	55,80	81,90	108,90

c. En quoi la démarche du coût minute est-elle insuffisante ?

La méthode de calcul des coûts, reposant sur le coût minute est insuffisante pour mettre en œuvre une politique de réduction des coûts pour les raisons suivantes :
– une clé de répartition unique des charges indirectes ne respecte pas la causali-

Le pilotage permanent de l'organisation

té que le système de calcul des coûts est sensé traduire ; afin de réduire les coûts, il faut accéder aux causes ;
- l'augmentation du coût minute est un symptôme ; la méthode mise en œuvre pour son calcul ne permet pas de diagnostic ;
- l'objectif de progrès global nécessite le développement des démarches transversales, absentes dans l'élaboration du coût minute ;
- le rôle d'un système de coût est d'aider au pilotage et non de fournir des informations vagues.

2) Volume et coût de chaque inducteur

En partant du tableau des charges ventilées par activités (annexe 7), on regroupe les charges des activités présentant le même inducteur :

Exemple : Référence matière

49 000 F   +   98 000 F   +   36 000 F   +   175 000 F   = 358 000 F
Contrôle réception   Relation   Suivi stocks   Compt.
                     fournisseurs   fournisseurs

a. Calcul du volume d'inducteur

Exemple : Inducteur «Nombre de manipulations»
Il faut connaître la nomenclature des produits (annexe 3) et le nombre de lots mis en fabrication (annexe 6).

Nombre de manipulations pour B1 = (30 lots x 2 références matières)
(doublure fond coton + broderie)

Appliqué à tous les modèles, on obtient :

(30 x 2) + (23 x 3) + (265 x 3) + (212 x 3) + (106 x 2) = 1 772

b. Calcul du coût unitaire de l'inducteur

Les résultats d'une telle démarche sont regroupés dans le tableau ci-après :

Nature des inducteurs	Montant global	Volume d'inducteurs	Coût unitaire
Références matières	358 000	18	19 888,89 F
Manipulations	1 254 600 (a)	1 772	708,01 F
Lot de fabrication	444 200 (b)	636 (c)	698,43 F
Référence produit	395 000	5	79 000,00 F
Minute piquage	3 185 340	1 893 000	1,69 F
Prod. vendu en magasin	198 000	63 000 (d)	3,14 F
Lot vendu en centrales d'achat	85 500	53 (e)	1 613,21 F
Valeur ajoutée	846 300	5 930 640 (f)	14,27 %

(a) 301 700 + 952 900
(b) 87 000 + 215 000 + 142 200
(c) 30 + 23 + 265 + 212 + 106
(d) 30 000 + 22 000 + 11 000
(e) 30 + 23
(f) 6 776 940 – 846 300

3) Calcul des coûts estimés et comparaison

a. Calcul des coûts estimés par la méthode des coûts à base d'activités

	B_1	B_2	B_3	B_4	B_5
Matières	25	27	30	33	31
Coûts des inducteurs					
a) inducteurs «référence matières»					
doublure (1)	0,08	0,08	0,12	0,12	0,12
dentelle élastique					1,81
dentelle extensible		0,16	0,19	0,25	
maille 48 %		0,35			
maille 92 %			0,66		
maille 95 %				0,90	
broderie anglaise	0,22				
bretelles réglables	0,11	0,11	0,11		0,11
boutons pressions	0,08	0,08	0,13	0,13	0,08
crochets soutien-gorge					1,81
boutons et attaches				0,90	
armature		0,23	0,23		
motif	0,11	0,11	0,11		
dentelle 5 cm				0,90	
dentelle 8 cm				0,90	
ruban élastique	0,18			0,18	
cintre	0,14	0,14			
emballage			0,32	0,32	0,32
b) autres inducteurs					
manipulation (2)	0,47	0,86	18,76	20,47	13,65
lot de fabrication (3)	0,23	0,28	6,17	6,73	6,73
référence produit (4)	0,88	1,39	2,63	3,59	7,18
minute de piquage (5)	10,99	18,59	16,06	21,97	16,90
produit vendu en magasin			3,14	3,14	3,14
lot vendu en centrale (6)	0,54	0,65			
Coût de revient hors administration	**39,03**	**50,03**	**78,63**	**93,50**	**82,85**
Inducteur «valeur ajoutée»	2	3,29	6,94	8,63	7,40
Coût de revient estimé	**41,03**	**53,32**	**85,57**	**102,13**	**90,25**

Notes et commentaires

a) Sur l'inducteur «référence matières»

Chaque référence matière (il y en a 18) engendre un coût global de 19 888,89 F. Ce coût doit être réparti entre les produits consommateurs de cette référence.
Ainsi, pour le modèle B1, l'imputation du coût de la référence doublure s'établit ainsi (*renvoi* (1)) :

$$\frac{(19\ 888,89 \times 0,002)}{((0,002 \times 90\ 000) + (0,002 \times 57\ 000) + (0,003 \times 30\ 000) + (0,003 \times 22\ 000) + (0,003 \times 11\ 000))}$$

b) Sur les autres inducteurs

Le principe reste le même. Le détail des calculs est expliqué pour le modèle B1 :
Renvoi (2) :
Le produit B1 consomme 30 x 2 manipulations, à répartir entre les 90 000 produits B1 soit :
(708,01 x (30 x 2)) / 90 000 = 0,47.

Le pilotage permanent de l'organisation

Renvoi (3) :
Le produit B1 nécessite 30 lots de fabrication, à répartir entre les 90 000 produits B1 soit :
(698,43 x 30) / 90 000 = 0,23.
Renvoi (4) :
Le produit B1 représente une référence produit, donc 79 000 / 90 000 = 0,23.
Renvoi (5) :
Le produit B1 nécessite 6,5 minutes de piquage soit 1,69 x 6,5 minutes = 10,99.
Renvoi (6) :
Le calcul est le suivant (1 613,21 x 30) / 90 000 = 0,54.
Renvoi (7) :
Le coût hors administration pour le produit B1 s'élève à 39,03, la valeur ajoutée est égale à 39,03 – 25 soit 14,03.
On obtient 14,03 x 14,27 % = 2.

b. et c. Tableau de comparaison

	B_1	B_2	B_3	B_4	B_5
Coût estimé	a) 41,03	53,32	85,57	102,13	90,25
Coût d'après coût-minute	b) 48,27	66,38	64,01	79,54	66,80
Écart : (a) – (b)	– 7,24	– 13,06	21,56	22,59	23,45
Coût cible	c) 44,10	63	55,80	81,90	108,90
Écart : (a) – (c)	– 3,07	– 9,68	29,77	20,23	– 18,65

b. et c. Commentaires

- *Comparaison coût estimé et coût de revient utilisant le coût minute*

On constate des distorsions importantes entre le coût des produits selon le mode de calcul choisi : quel est le coût obtenu qui traduit le mieux la réalité des conditions de fabrications ? Celui qui est le plus pertinent ?
La clé unique de répartition «coût minute» répartit toutes les charges indirectes quelle que soit leur cause sur chaque produit en ne retenant que le temps de main-d'œuvre directe. Ce faisant cette méthode de calcul néglige d'autres critères explicatifs de l'évolution des charges comme la taille des lots, les manipulations.
Les distorsions mises en évidence indiquent bien que des subventionnements ont lieu entre produits fabriqués en grandes séries et ceux fabriqués en petites série : ici les produits B1 et B2 fabriqués en grandes séries subventionnaient les produits B3, B4 et B5.
Intégrer plus de facteurs explicatifs permet d'améliorer la prise de décision quant au positionnement des différents produits et aussi de voir où il est possible de réduire les coûts : diminuer le nombre de composants d'un produit réduit le coût de revient de la part relative au coût de gestion des références.

- *Comparaison coût estimé et coût cible*

Sur la même démarche que celle évoquée plus haut, il s'agit de faire en sorte que le coût estimé soit égal ou inférieur au coût cible : ici, il s'agit principalement des coûts de revient des produits B3 et B4. En reprenant les éléments constitutifs du coût des produits on constate :
– que les produits concernés sont fabriqués en petites séries et sont ainsi forte-

ment pénalisés par la prise en compte des inducteurs «manipulation», «lots de fabrication» ;
- que ces produits sont constitués des références matières spécifiques (particulièrement le B4) qui sont onéreuses telles que maille 95 % ou dentelle. Une simplification de la nomenclature de ces produits permettrait d'alléger leur coût et peut-être leur temps de montage.

Cette réduction de coût ne sera effective que si la simplification proposée fait disparaître la charge (plus d'achat de telle référence) mais si celle-ci est fixe à court terme et ne peut donc être supprimée, on assistera à un transfert :
- sur le coût des autres produits (calculs en coûts complets),
- sur le coût rationnel (coût de sous-activité).

4) Optimisation des coûts globaux

a. Montant global d'économie de coût à réaliser

Coût total prévu = (25 x 90 000) + (27 x 57 000) + (30 x 30 000) + (33 x 22 000) + (31 x 11 000) + 6 776 940
= 12 532 940 F

Coût cible global = (44,10 x 90 000) + (63 x 57 000) + (55,80 x 30 000) + (81,90 x 22 000) + (108,90 x 11 000)
= 12 233 700 F

> Économies globales à réaliser : 299 240 F

2. Optimisation des coûts globaux

- *Temps de piquage*

Économie de temps de piquage :
$$[(1 \times 30\,000) + (2 \times 22\,000)] / 60 = 1\,233{,}33 \text{ heures.}$$

Temps de piquage nécessaire avec le temps de battement tel que défini par Mme Marocatir :
$$(31\,550 \text{ heures} - 1\,233{,}33 \text{ heures}) \times 1{,}10 = 30\,316{,}66 \text{ h}$$

ce qui reste inférieur au temps disponible de 33 696 heures.
Donc : On peut proposer le transfert de deux ouvrières du piquage sur la société mère Alix.
Économie : 50 000 F x 2 = 100 000 F.

- *Suppression éventuel du contrôle*

Économie de salaires : (42 000 F x 2) 1,40 =	+ 117 600 F
Coût supplémentaire :	− 18 930 F
Économie nette :	**98 670 F**

Donc : On peut proposer la suppression des fonctions de contrôle en bout de chaîne. Attention : Ces deux transferts (4 personnes) ne sont intéressants que dans la mesure où la société mère peut récupérer le personnel et donc les coûts de la société Alix sont réduits à court terme.

Le pilotage permanent de l'organisation

- *Proposition de Bruno Durand*

Augmentation des coûts réels de 12 000 F sans suppression de charges correspondantes.

- *Acquisition d'un nouveau dispositif de coupe*

Économie de tissu : [(0,16 x 11 000 x 130) + (0,05 x 57 000 x 115) +
(0,06 x 30 000 x 115) + (0,06 x 22 000 x 115) + (0,15 x 57 000 x 73) +
(0,15 x 30 000 x 77) + (0,14 x 22 000 x 90) + (0,16 x 90 000 x 80)] x 5 % = 168 290 F
Coût supplémentaire : 69 994 F.
Économie nette : 98 296 F.

- *Amélioration proposées par Armelle Majape*

Elle propose :
– une économie sur les emballages :

$$(75\,600 \times 1\,F) - (63\,000 \times 1{,}50) = 18\,900\,F$$

– une économie sur la dentelle : gain de 3 F du fait du changement de référence et ce sur toute la production de B4 :

$$3\,F \times 0{,}4 \times 22\,000 = 26\,400\,F.$$

Économie sûre : 45 300 F.

L'ensemble de ces propositions conduit à une économie globale de :
100 000 + 98 760 + 98 296 + 45 300 = 342 266 F
alors que l'objectif de réduction des coûts était fixé à 299 240 F. Il semble donc que l'on puisse facilement améliorer nos conditions de fabrication, afin de respecter les objectifs de profitabilité demandés.

26 L'organisation du contrôle de gestion

① L'ÉVOLUTION DES MISSIONS DU COMPTABLE DE GESTION

Idée directrice

Le comptable devient un conseiller et un animateur.

Éléments de réponse

- Avant 1960 : rôle limité au calcul des coûts, à la valorisation des stocks et à la détermination du résultat.
- 1960 : le comptable doit déterminer le coût pertinent pour orienter les décisions (CIBERT, 1968).
- 1954, SIMON (et sa diffusion vers les années 70) : le comptable doit mesurer et suivre la performance pour motiver les acteurs de l'organisation.
- Depuis 1980 : au-delà de la mesure et du suivi de la performance, le comptable doit aider à construire et à gérer cette performance. Il faut manager la performance pour mobiliser, motiver les individus et le groupe afin d'atteindre les objectifs stratégiques.

Le comptable de gestion doit contribuer à la convergence des buts des acteurs pour que l'entreprise atteigne ses objectifs, donc gérer des individus pour la performance de l'entreprise.

② CONTRÔLEUR DE GESTION ET COMPTABLE

Idée directrice

Les rôles du comptable et du contrôleur de gestion se rapprochent.

Éléments de réponse

1) Rôles du comptable

Rôle du comptable : calculer et présenter des comptes précis, réguliers, sincères.
Rôle du contrôleur de gestion : donner des indicateurs de gestion rapidement même s'ils ne sont pas tout à fait justes.

Deux tâches différentes dans le temps, l'espace et parfois même en contradiction.

L'organisation du contrôle de gestion

2) Les causes du rapprochement des deux fonctions

- L'environnement turbulent qui nécessite des réactions rapides et demande donc des délais de décision plus courts réalisés grâce à des outils informatiques.
- L'importance accrue de la communication financière pour les groupes (liée au développement de l'économie financière mondiale) qui nécessite des comptes consolidés.

Il faut donc des chiffres précis rapidement ; ainsi :
- le dialogue doit s'instaurer entre les deux professionnels et chacun doit aider au travail de l'autre ;
- des difficultés apparaissent car les problématiques sont différentes et l'intégration nécessaires des deux tâches peut aboutir à la suppression de certains (comptables ou contrôleurs).

③ LA PERFORMANCE STRATÉGIQUE

1) Démarche proposée pour évaluer la performance

La performance des organisations actuelles dans l'environnement incertain est multidimensionnelle. Elle passe par la gestion de nombreux processus et de nombreux contrats entre des partenaires très divers internes et externes.

La performance est évolutive et des démarches d'amélioration et d'apprentissage continues sont nécessaires pour que les compétences de l'organisation procurent des avantages concurrentiels.

En raison de toutes ces variables stratégiques et organisationnelles, l'évaluation de la performance est difficile.

D'après les auteurs, le gestionnaire doit mettre en place trois fonctions pour piloter la performance :
1. **fonction de diagnostic** pour déterminer les facteurs clés de succès et orienter les choix stratégiques ;
2. **fonction de coordination** pour faire coopérer les acteurs et les compétences ;
3. **fonction de suivi** pour recentrer les actions en fonction des résultats.

A chacune de ces fonctions il est possible d'associer une évaluation de la performance.

- *Performance pour la coordination*

  Pour coordination horizontale :
  Pour objectifs primaires de la stratégie :
  - indicateur sur les contrats ;
  - indicateur sur les processus.

  Pour objectifs secondaires de l'organisation :
  - indicateurs de délai ;
  - indicateurs de qualité.

Pour coordination verticale :
Pour la planification :
– niveaux de résultats attendus.
Pour le niveau tactique :
– indicateur de mise au point des processus ;
– indicateur de résultat des processus ;
– indicateur d'amélioration des processus.

- *Performance pour le suivi :*

    – indicateur de résultats ;
    – indicateur d'efficacité des processus ;
    – indicateurs d'amélioration des processus.

- *Performance pour le diagnostic :*

    – identifier les relations cause/effet des résultats ;
    – comparer les résultats sur les objectifs primaires et secondaires.

La **mesure de la performance** passe donc par une batterie d'indicateurs de nature et d'horizon variés qui doivent s'intégrer et se compléter.

2) Pertinence de la démarche

- Deux éléments positifs pour justifier la pertinence de la démarche :
– il est vrai que les seuls indicateurs **financiers** sont insuffisants pour mesurer et piloter la performance d'une organisation ;
– la performance ne peut se limiter à la mesure de **résultats** : il faut analyser les **causes** de ces résultats.
Sur ces deux points la démarche proposée est intéressante.

- En revanche, il est possible de repérer deux éléments qui relativisent la pertinence de cette démarche :
– il semble difficile d'élaborer des indicateurs dans un système d'interrelations entre plusieurs niveaux (stratégique, tactique) ;
– la mise en œuvre pratique peut faire apparaître de nombreux problèmes et résistances.